U0574663

"中国廉洁创新奖"

主办单位
中国管理现代化研究会廉政建设与治理研究专业委员会
清华大学廉政与治理研究中心（北京廉政建设研究基地）

廉洁创新的中国实践

POLICY INNOVATION IN FIGHTING CORRUPTION

第二届"中国廉洁创新奖"
获奖案例集

CHINA INTEGRITY INNOVATION AWARDS

过 勇　任建明　何增科　主编

社会科学文献出版社
SOCIAL SCIENCES ACADEMIC PRESS (CHINA)

目录
CONTENTS

社会组织篇

附　录

序 言

鼓励廉洁创新探索 继续讲好"中国廉洁创新故事"

过 勇 任建明 何增科

习近平总书记在党的十九届中央纪委六次全会上指出:"全面从严治党是新时代党的自我革命的伟大实践,开辟了百年大党自我革命的新境界"①。党的十八大以来,在以习近平同志为核心的党中央坚强领导下,我们党以前所未有的勇气和定力推进全面从严治党,推动新时代全面从严治党取得了历史性、开创性成就。在这一过程中,各级党政机关、各类企事业单位和社会组织等积极发起廉洁创新项目,有的已经发挥一定的示范作用。为深入挖掘并系统提炼这些廉洁创新实践经验,推动先进经验的推广与应用,中国管理现代化研究会廉政建设与治理研究专业委员会与清华大学廉政与治理研究中心(北京廉政建设研究基地)在 2018 年组织发起首届"中国廉洁创新奖"评选活动。首届获奖项目在党政机关、企事业单位和社会组织等方面产生了积极反响和示范效应,在第十八届国际反贪污大会等国际平台也受到国际同行好评。评选活动的成功开展,进一步鼓励了基层的廉洁创新探索,同时通过出版创新案例集等多种方式向国内外讲述"中国廉洁创新"的故事,引起国内社会各界和国际社会相关人士的高度关注。

第二届"中国廉洁创新奖"评选活动于 2020 年 3 月正式启动,2020年 7 月完成终审评选,2020 年 11 月举办颁奖典礼,顺利完成评选的全部工作。作为国内廉政治理领域的首个学术性奖项,第二届"中国廉洁创新

---

① 《习近平在十九届中央纪委六次全会上发表重要讲话强调 坚持严的主基调不动摇 坚持不懈把全面从严治党向纵深推进》,《人民日报》2022 年 1 月 19 日。

奖"的宗旨主要体现在三个方面。

一是鼓励地方廉洁创新探索。地方廉洁创新探索是国家治理体系和治理能力现代化的重要组成部分。党的十九届四中全会强调，要推动社会治理和服务重心向基层下移，把更多资源下沉到基层，更好提供精准化、精细化服务。要深化标本兼治，推动审批监管、执法司法、工程建设、资源开发、金融信贷、公共资源交易、公共财政支出等重点领域监督机制改革和制度建设。本届廉洁创新奖的获奖项目主要涉及上述重点领域和关键环节，并且有的廉洁创新项目已经发挥一定的示范作用，充分展现出党的十八大以来特别是十九大以来地方廉洁创新实践的最新成果。

二是深化廉洁建设理论研究。马克思主义实践论要求我们必须坚持理论与实践的统一，始终坚持用科学的理论指导实践，并在实践中不断丰富发展科学理论。深化廉洁建设理论研究同样离不开廉洁创新的实践探索。第二届"中国廉洁创新奖"获奖项目，是中央全面从严治党战略部署在地方和基层的生动实践，对推动廉政领域的理论创新具有非常重要的启发价值。

三是继续讲好"中国廉洁创新故事"。第二届"中国廉洁创新奖"颁奖典礼上除设置颁奖环节外，还专门举办了"中国廉洁创新"高端论坛，邀请党政机关、企事业单位、专家学者以及新闻媒体等代表参会研讨，讲述"中国廉洁创新故事"。同时，还携手实务界、学术界、媒体和全社会力量持续开展理论研讨、学术交流，借助国内外各种平台讲好"中国廉洁创新故事"，深化中国与世界各个国家和地区的双向交流，推动中国先进廉洁创新经验在全国乃至全世界的传播、推广与应用，为促进廉洁治理国际合作、提升全球廉洁治理水平提供"中国方案"。

第二届"中国廉洁创新奖"的评选原则为非营利性、学术中立、客观公正、公开透明。具体的评选标准包括五个方面：一是创新程度，申请项目须在理念、方法或实际操作层面具有创新性，而不是简单地执行上级任务或简单模仿已有做法；二是重要程度，申请项目应当能够解决廉洁治理面临的实际问题，对于推进反腐败工作、建设廉洁政治具有较强的理论和实践意义；三是效益程度，申请项目应当在实践中已经产生良好的工作成效，并且得到了相关方面的支持和社会层面的认可；四是持续程度，申请项目应当具有较强的可持续性；五是推广程度，申请项目的具体做法、先进经验应当能在同类组织或部门有效推广，具有高度的扩散和借鉴价值。

第二届"中国廉洁创新奖"评选活动自 2020 年 3 月正式启动，经过首轮评选会对项目进行的两轮现场评选和公示，最终确定了 19 个入围项目。另外，为鼓励更多单位积极投入廉洁创新，发掘更多做出特殊创新贡献的案例，本届"中国廉洁创新奖"增设特色创新项目，经过严格评审，最终评选出 28 个特色创新项目。2020 年 7 月 5 日，评选会采取清华大学现场主会场与线上云评审相结合的方式举行。通过入围单位陈述、专家提问、入围单位回答等环节，评审专家按照评选标准，对 19 个最终入围项目进行独立投票和打分。最终，江苏省苏州市纪委监委的"地方政治生态监测预警与分析研判——'衡镜'系统"等 6 个廉洁创新项目荣获第二届"中国廉洁创新奖"，广东省深圳市光明区纪委监委的"'三不'一体推进机制创新与探索"等 13 个廉洁创新项目荣获第二届"中国廉洁创新奖"提名奖（具体名单详见"附录"）。

从获奖项目和提名奖项目的廉洁创新领域看，这些项目涉及监督监管、廉洁教育、透明公开等方面。从获奖单位性质看，这些单位涵盖党政机关、事业单位、国有企业、民营企业、社会组织等，体现出我国廉洁创新的格局和领域正在日益扩大，党和国家监督体系正在不断健全。从项目地域分布看，这些项目主要分布在东部的北京、上海、广东、山东、浙江、江苏、福建等地，中部的河南、安徽、湖北、湖南等地以及西部的四川、重庆、广西、陕西、甘肃等地，体现出这些省份廉洁创新动力较为强劲、质量和成效较为突出。总体上看，第二届"中国廉洁创新奖"获奖项目具有较为广泛的代表性，能够展现出党的十八大以来特别是十九大以来我国党政机关、企业单位、社会组织廉洁创新实践的最新成果，能够为推动全面从严治党向纵深发展、向基层延伸提供借鉴和参考。

为了助力全面从严治党取得更大战略性成果、巩固发展反腐败斗争压倒性胜利，"中国廉洁创新奖"组织委员会特别邀请廉政研究领域的青年学者，针对第二届"中国廉洁创新奖"19 个获奖项目，从专业学术的视角逐一撰写案例分析报告。这支作者队伍来自清华大学、北京航空航天大学、中国政法大学、中国矿业大学（北京）等著名高校，其中既有廉政研究领域深耕多年、颇有影响力的知名学者，更有近年来在学术界崭露头角、颇为活跃的后起之秀以及青年学生。这些案例报告叙事鲜活、语言生动，既有丰富的实践总结，又有前瞻的理论思考，读来令人耳目一新，颇受启发和鼓舞。

需要指出的是，本书的编辑和出版得到了中央纪委国家监委等中央国家机关及相关领导的亲切关怀和有力指导，得到了《人民日报》《光明日报》《中国纪检监察报》等中央权威媒体和国内外学术界的密切关注与大力支持。全国各级党政机关、各类企事业单位和社会组织等各方面经常来电询问进展，各获奖单位也对本书提出了具体意见和建议。在此，我们向前述有关单位和领导，向评选委员会各位专家，以及关心支持本书编辑出版的各界人士表示衷心的感谢！

期待我们编辑出版的这本《廉洁创新的中国实践——第二届"中国廉洁创新奖"获奖案例集》能够为取得全面从严治党更大战略性成果提供来自实践一线的鲜活探索，为巩固发展反腐败斗争压倒性胜利提供借鉴。未来我们将继续坚持每两年举办一届"中国廉洁创新奖"评选活动，鼓励实务部门富于创造性地深化廉洁治理实践，推动廉洁创新在中华大地乃至全世界蔚然成风！

2022 年 1 月 21 日

党政机关篇

苏州市政治生态监测预警与分析研判——"衡镜"系统[*]

创新简介

　　苏州市搭建数字化、智能化的"衡镜"系统，构建了关于政治生态的监测指标体系，并对地区政治生态进行实时的、全面的、客观的监测，利用信息化手段将地区政治生态可视化、精准化，解决了被监测地区政治生态情况"看不见""听不到""说不出"的"三不"难题，为加强党委责任、强化监督检查、督促整改落实提供了具体的政策依据，是对信息化技术运用的成功尝试。

　　政治生态是党内政治生活现状及政治发展环境的集中体现，也是一个地方党风、政风、社会风气的综合反映。江苏省委、省纪委就政治生态检测评估部署开展了一系列探索性、创新性、引领性工作。苏州作为全省构建地区政治生态监测预警与分析研判机制试点地区，将试点工作作为推动全面从严治党纵深发展的首要任务，在政府部门、专家教授、智库学者及法律顾问等单位与人才的共同参与下，率先在全省开发数字化、智能化的政治生态监测预警与分析研判——"衡镜"系统。

　　"衡镜"系统上线以来为苏州市的政治生态建设提供了有力的抓手，为我国构建良好政治生态、提升现代化治理能力提供了宝贵的经验。苏州市"衡镜"系统起源于什么？它究竟是什么？能做什么？带来了什么改

---

[*]　作者简介：吴彼伦，清华大学公共管理学院硕士研究生。

变？取得了哪些成效？是否可以进一步推广？这些问题值得我们探究与解答。

一 "衡镜"系统的研发背景

苏州市的"衡镜"系统是利用信息技术和大数据对政治生态监测预警与分析研判的成功尝试。"衡"，是一种量器，可以量轻重；"镜"，可以照美丑。唐代李白在《送杨少府赴选》中感叹"大国置衡镜，准平天地心"，唐代张说在《中书令逍遥公墓志铭》中描述"衡镜高悬，文武矫首"，以"衡镜"为名符合苏州国家历史文化名城的人文底蕴，体现协助党委加强地区政治生态建设的工作要求。

苏州市"衡镜"系统的研发上线，是党的十八大以来全面从严治党背景下对构建良好政治生态的积极尝试，也是信息化、技术化时代下提升地区治理能力的创新建设。"衡镜"系统的诞生，离不开党中央对政治生态建设的坚决强调，产生于江苏省对地区政治生态监测评估工作的积极支持，更得益于苏州市各单位与专家学者的共同努力。

（一）党中央要求：营造风清气正的政治生态

党的十八大以来，以习近平同志为核心的党中央，把严肃党内政治生活、净化党内政治生态摆在更加突出的位置来抓，习近平总书记多次强调要严守政治纪律和政治规矩，营造风清气正的政治生态。2018 年，习近平总书记强调，形成风清气正的政治生态，是旗帜鲜明讲政治、坚决维护党中央权威和集中统一领导的政治要求，是持之以恒正风肃纪、推动全面从严治党向纵深发展的迫切需要，是锻造优良党风政风、确保改革发展目标顺利实现的重要保障。[①] 从"政治要求""迫切需要""重要保障"可以看出政治生态在党的建设中占有关键位置。

---

① 《习近平李克强栗战书赵乐际分别参加全国人大会议一些代表团审议》，《人民日报》2018 年 3 月 11 日。

2019 年 2 月 27 日发布的《关于加强党的政治建设的意见》提出，"加强党的政治建设，必须把营造风清气正的政治生态作为基础性、经常性工作"，"基础性""经常性"对维护良好政治生态提出了更高要求。这些重要论述和文件精神观点鲜明、内涵深刻、指向具体，对于准确把握全面从严治党与维护政治生态的关系具有重大的指导意义，也进一步指明了营造风清气正的政治生态的重要性、紧迫性和艰巨性。

（二）江苏省委重视：发展与支持地区政治生态监测评估工作

在党中央对政治生态建设的坚决强调下，江苏省委高度重视政治生态监测评估工作。时任省委书记娄勤俭专门做出批示，并以省委办公厅名义印发试点工作实施办法，建立联席会议制度，形成省委统一领导、纪委监委组织实施、职能部门指导衔接、市县协作配合的工作机制。

江苏省纪委监委负责牵头抓总，抓好组织实施。2018 年 2 月 9 日，江苏省印发《构建地区政治生态监测预警与分析研判机制试点工作方案》，将苏州等地列为试点地区，指导开展试点工作，并将该项工作作为省纪委 2018 年实践研究的首要课题，列入 2019 年党建创新重点项目。

（三）苏州市协调落实：创新开展地区政治生态监测评估试点

试点工作开展以来，在江苏省纪委监委和苏州市委的领导下，苏州市纪委监委将试点工作作为纵深推进国家监察体制改革、深化标本兼治改革目标的重要举措，多次召开常委会专题研究，全力以赴抓好试点工作。市委常委、市纪委书记、市监委主任刘乐明多次调度推进，给予具体指导，督促抓好落实。

为推动工作求实落实，市纪委监委定期召开工作联席会研究工作举措，先后走访调研了 15 家职能部门，征询了十多名苏州大学专家教授、"廉石"智库成员和法律顾问的意见建议，委托专业单位就系统搭建、算法模型、数据采集等进行研究、设计和开发，率先在全省开发数字化、智能化的政治生态监测预警与分析研判——"衡镜"系统。

2018 年 6 月，"衡镜"系统上线试运行，对昆山、太仓、相城 3 个试点地区政治生态状况进行监测评估，2019 年 1 月，逐步推广到 10 个市、区常态化运行。2019 年 10 月，在总结地区试点经验的基础上，选取市委台办、市司法局、市公积金中心、城投公司、苏州工职院等 5 家市级部门开展试点，率先探索部门政治生态监测评估工作。

二 "衡镜"系统的特色

"衡镜"系统在创建和推进过程中，将技术、理论与实践相结合，逐步解决了政治生态是什么、如何监测、如何监管的三个问题，利用信息化手段将地区政治生态可视化、精准化，并对地区政治生态进行实时的、全面的、客观的监测，形成了"衡镜"系统特有的技术特色。

（一）"衡镜"系统的内容特色

"衡镜"系统聚焦于对一个地区政治生态状况的客观衡量，回答"监测什么""怎样监测""怎么用好监测结果"三个问题，找准问题短板，推动工作整改。"衡镜"系统涉及政治、经济、文化等十多个方面，设置一级指标 4 个、二级指标 14 个、三级指标 20 个、四级指标 47 个。为突出政治评价，将其中 5 个具有明显政治导向的指标，设置为一票否决项。2018 年初运行以来，"衡镜"系统将依托"纪检监察云大数据平台"采集的 100 多万条有效数据与苏州市 50 多万名党员干部和监察监督对象数据相结合，构成了庞大的数据库。

1. 构建监测指标体系，解答"监测什么"的问题

筛选监测内容，机器与人工相结合。为减少"拍脑袋"的主观判断，在确定监测内容时，需要改变以往人为设置指标、主观打分的常规思路，运用系统的数学方差原理计算数据，根据数据的波动幅度，确定数据的评估价值以及评估权重。结合这一工作思路，"衡镜"系统将党的十八大以来全市与政治生态相关的 100 多万条数据导入系统清洗，通过计算找准数据之间的波动值和关联度，自动确定 39 个重点监测指标。但机器计算毕竟不能代替人脑，一些必须评估的政治类数据或者上级关注的重点工作数

据，可能会因波动幅度不大被系统筛除。例如，"贯彻习近平总书记系列重要讲话特别是对江苏工作重要指示批示精神"，各地区都能很好完成，数据波动幅度不大，系统默认排除，只能通过人工干预设置 8 个监测指标，最终合成 47 个监测指标，即最低一级的第四级指标。

完善指标体系，数据与指示相结合。根据系统确定的 47 个监测指标，通过反向推导，系统构建了三级指标 20 个、二级指标 14 个、一级指标 4 个，最终合成四个层级的指标体系。通过学习习近平总书记关于政治生态的系列重要讲话精神，结合《关于加强党的政治建设的意见》提出的 20 条工作要求，中央纪委副书记、国家监委副主任徐令义撰文提出的《政治生态的"七看""七着力"》等，"衡镜"系统将良好政治生态定位在"维护党章党规党纪、贯彻党的路线方针政策、全面从严治党、社会综合测评"四个方面。例如，以习近平总书记在《之江新语》中指出的"一个好的领导班子，要善于团结协作"为遵循，将评估党政领导班子建设情况的指标明确为"建设团结协作的领导班子"。对政治生态评估中可能遇到的极端情况，例如"党委因全面从严治党不力被上级问责""党政主要领导因严重违纪违法被查处"等 5 个具有明显政治导向的指标，设置为一票否决，一旦出现，整个政治生态直接给予红色预警。

2. 运行监测功能模块，解答"怎样监测"的问题

评估结果直观，巧用热感地图。借鉴波士顿城市指数的设计理念，"衡镜"系统以热感地图的形式直观显示监测评估结果。各级领导登录系统可以看到苏州各市、区的热感地图，系统按月份采集数据，以客观数据综合评估政治生态状况，根据得分情况，分别用绿、蓝、黄、橙、红五种颜色，代表优秀、良好、一般、较差、很差五种评价，无须培训和指导，各级领导就能够快速查看评估结果。热感地图右边显示了所属板块的总体评分、各项指标内容以及具体分值。未达指标项则发出红色预警，提示加强改进。在全面显示监测结果的基础上，注重构建重点监测功能，设置"发挥党委领导作用""推动高质量发展"等 22 个指标标签，集中显示重点工作涉及指标的得分情况。例如，分析某地区"营造营商环境"的工作情况，点击标签就会显示"亲清政商关系的营造情况""形成紧接苏州地气的经济发展特色亮点情况"等 6 个相关的指标分数。

研判功能便捷,快速分析结果。操作人员可以根据工作需要选择月度、年度和自定义时间段进行分析,研判结果通过图表形式直观呈现。例如"贯彻党的路线方针政策"指标,系统以坐标图的形式,直观反映 10个市、区的分数,点击任何一个市、区,都可以查看该市、区分数的历史变化趋势图。系统构建面上的分析功能,既可以横向对比所有市、区的得分情况,又可以纵向分析每个市、区历史分数变化情况;既能查看一、二、三、四级指标的具体得分,每个指标的全市平均分值,又可以查看每个指标全市最低分的三个地区及分数,方便查找共性问题。系统还强化个性分析功能,每个市、区不仅可以查看本地区所有指标的历史数据、变化趋势,还可以查看每个指标在全市的排名情况,搜索本地区最低分的十项指标,找准工作中存在的短板与不足。此外,所有评估结果和数据均可以实时下载,便于后台精准分析。

3. 探索结果运用机制,解答"怎么用好监测结果"的问题

形成分析报告,精准刻画政治生态。系统可以根据工作需要,生成某一时间段的政治生态监测评估报告,在指出工作成绩的同时,着重列举每个被监测地区存在的不足与短板,明确整改方向,推动分类处置,促进成果运用。2019 年,根据系统推送的研判结果,苏州市纪委监委形成上半年各市、区政治生态监测评估结果分析报告,并报送市委,省委常委、苏州市委书记蓝绍敏专门批示:"要用好监测评估结果,并在实践中不断总结完善。"监督检查室结合日常监督,进一步细化分析报告,精准"画像"联系地区的政治生态状况,形成专题报告,有针对性地提出强化监督检查、督促整改落实的具体措施。

督促整改提高,定向推动整改落实。系统为党风政风、监督检查、案件监督管理等部室设置账号,赋予相应的职责权限。例如,联系地区的监督检查室登录系统,不仅可以填录日常监督工作中掌握的数据,还可以审核地区自行上传的数据和系统自动抓取的数据,通过线上核对、线下核查,找准提升监督质效的切入点。对系统提醒的共性问题,加强分析研判,查找问题发生规律。例如,对指标体系中关于农村集体"三资"监管、民营企业营商环境等具体类别，组织相关职能部室深入基层开展调查研究，提出有针对性的意见建议，督促各地党委、纪委提升整改成效。对系统推送的个性化问题，深入分析，分类处理。例如，对长期处于全市末位、反复出现在地区最低分指标中的工作，视情制发抄告提醒单，督促整改落实。对系统发现的问题多发、易发地区，及时启动专责监督，以纪律检查建议或者监察建议等形式，定向施策、精准发力、推动整改。

（二）"衡镜"系统的技术特色

为避免"衡镜"系统成为简单的电子记录系统，苏州市纪委监委坚持重点与全面、定量与定性相结合的原则，以定量数据支撑定性判断，重点打造指标动态筛选、数据自动抓取等功能，形成了智能计算、自动链接、全面监测、客观评价的系统特色，有效用于地区政治生态监测预警与分析研判中。

1. 智能计算

系统利用数学方差等算法原理，科学赋予每个指标在整个指标体系中的权重和得分。各地数据在全市范围内进行横向对比，可看到其在全市所处的位置，再与过去几个月的数据进行纵向对比，可清晰地看到其是进步还是退步。如果变化大，说明指标数据的波动幅度较大，可以衡量该项工作的地区差异和变化情况，具有监测价值；如果变化小，说明该数据反映不出各地的工作进度，不能完全体现一个地区的工作特性。在此基础上，结合数据与政治生态监测之间的关联度，最终筛选评估指标，利用机器设定的计算公式赋予指标权重。

2. 自动链接

系统依托苏州市纪委监委建设的"纪检监察云大数据平台"优势，积极构建数据自动链接功能，减少不必要的工作量。抓取政府数据开放平台、统计月报、金融统计等外部公开数据，整合纪检监察机关内部系统数据资源，导入职能部门日常工作中形成的数据，将市委巡察组自2016年9月以来在巡察工作中形成的数据等录入系统。现采集有效数据58万余条，涵盖政治、党建、宣传等十多个方面。对多个渠道抓取的同一数据，自动比对校验,发现差异或矛盾,及时发出警示信息,要求系统管理员审核确认。

3. 全面监测

系统注重从党委的角度推进工作,综合评估被监测地区的党风、政风和社会风气。不仅考量党风廉政建设和反腐败工作,更突出对党的建设、意识形态、经济社会发展等指标的综合评价,多维度评估被监测地区政治生态状况。每一项监测指标,以多项数据综合评价,避免单一数据评价。监测指标兼顾负面清单和正面清单,但更侧重于负面清单。例如,在"意识形态工作责任制考核结果"指标中,既有"文化特色产业或文化特色精品工程被上级推广的数量"等正面评价内容,又有"党员干部因舆情应对、处置不力被追责数量"等负面评价内容。

4. 客观评价

系统坚持以定量数据支撑定性判断,以客观数据评价指标中涉及工作的完成情况。对政治学习、调查研究、创新经验等指标数据,注重从"全面从严治党履责记实"等系统中抓取已有数据评判,避免人为填报、主观评判。尽量采集已有客观数据,尤其是党的建设考核、高质量发展监测评价等考核结果,让评估结果更具说服力。例如,在评估"污染防治攻坚"指标时,采用"263"专项行动综合考核结果、空气质量优良天数比例等多个客观数据。弱化打分考核和排名功能,规定被监测地区登录系统后,只能查看自己的数据和得分,不可以相互攀比成绩,防止因追求名次而补漏洞、造数据。

三 "衡镜"系统的运行效果

"衡镜"系统为地区日常监督工作插上了科技的翅膀,帮助实现苏州政治生态画像从"样本"到"全本"呈现的转变,为实现政治生态精准画像提供决策依据。客观、准确、全面地显示苏州市下辖十个县级市、区的评价结果,为被监测地区政治生态情况"看不见""听不到""说不出"的"三不"难题提供了崭新的解决路径。通过"衡镜"系统对地区政治生态状况的刻画，各级组织能够更清楚地把握当地政治生态，找准主要问题并"对症下药"，推进从严治党，提升部门工作实效，营造风清气正的政治生态。

（一）"衡镜"系统的运行优势

"衡镜"系统利用其技术特色和优势，在运行中显示出可推广性、实用性、及时性等效果，实现地区特色与政治生态的协调发展，突出反映政治生态特点，充分发挥了政治生态监测评估的作用，多地前来考察、借鉴"衡镜"系统的工作思路，并开展当地的政治生态监测评估工作。

1. 开放式系统：因需调整便于推广至多地区、多部门

作为开放式系统，"衡镜"从指标内容、权重得分、数据采集到用户权限，可以根据工作需要进行调整，容纳更多地区和部门上线监测。试运行期间，系统首先选择3个地区开展试点，待条件成熟后，逐渐推广至10个地区和5个部门，积累了一定的实践经验。目前江苏省纪委监委正部署运用"衡镜"系统原型，对全省13个设区市的政治生态进行监测评估。江苏省司法厅先后3次专程来苏州考察，致函要求借鉴运用，并结合"衡镜"系统，探索构建司法系统的政治生态监测评估系统。省内外先后有30多个纪委监委来苏调研考察，借鉴"衡镜"系统的工作思路，探索当地的政治生态监测评估工作。

2. 特色性系统：分析构建具有地方特色的政治生态

系统根据对苏州10个市、区区域特点的深度分析，在综合考量坚定政治方向、加强党的组织建设、严肃党内政治生活等通用指标基础上，将与苏州经济发展、城市定位紧密结合的指标纳入指标体系，例如，纳入了"农村集体'三资'监管工作推进情况""深化专责监督工作情况""形成紧接苏州地气的经济发展特色亮点情况"等一些能够反映苏州工作特点的指标，实现了地区特色与政治生态的融合。

3. 实用性系统：动态及时地反映地方政治生态状况

系统按月份进行分析研判，突出反映政治生态特点。例如，某市3月份突发燃爆事故致7人死亡、5人受伤，造成不良社会影响。在3月份的

监测评估结果中,"突发公共事件及安全生产工作情况"成为该市低分指标,直接给予红色预警,该市的评估总分也会出现下降。下半年,该市压紧压实企业安全生产主体责任,安全生产事故数和死亡人数呈现"双下降",评估得分又逐步回升。但全年评估时,3月份发生的这起安全生产事故仍影响该指标的最终得分,持续反映该市政治生态的特征。

(二)"衡镜"系统的运行成效

"衡镜"系统是提升信息化治理水平的成功尝试,为监测、评估和构建地区政治生态环境起到了重要作用,各级组织通过系统研判结果找准主要问题并"对症下药",有效推进从严治党,提升了部门工作实效。该系统值得进一步推广。

1. 党委把握政治生态,落实主体责任

被监测地区党委通过"衡镜"系统把握地区政治生态总体状况,针对推送的预警问题,逐条制定有针对性的改进措施,推动整改提高。例如,2019年上半年,相城区"营商环境"得分连续两个月处于末位,区委掌握这一情况后,坚持问题导向,推动形成14项改善营商环境具体措施,下半年净增高新技术企业178家,高层次人才和人才总量分别增长52.4%和24.5%。2019年上半年,昆山市进出口总额、高新技术产业投资等经济数据降幅较大,昆山市委根据系统的预警信息,压实主体责任,推动经济发展提质增效,实现全年地区生产总值同比增长6.8%,增速位居全市前列。

2. 纪检监察机关突破薄弱环节,加强监督检查

苏州市纪委监委监督检查室根据系统评估结果,精准"画像"联系地区的政治生态状况,找准抓住工作中存在的问题,解决对被监测地区政治生态情况"看不见""听不到""说不出"的问题。对系统推送的低分指标,列出问题清单和整改措施,有针对性地提出强化监督检查、督促整改落实的具体措施。例如,根据系统推送的农村集体"三资"分析结果,深入查找"三资"管理领域存在的问题,部署开展"纠偏清违镇村行"专项行动,完成清缴欠租金额3.17亿元,废止20年以上合同250笔,推动全市34宗6761亩存在土地租金与涉农补贴"倒挂"问题的农田整改。

3. 巡察组织抓准重点问题，推进政治巡察

巡察组织根据系统研判结果，因地制宜运用"相、描、刻、校"工作法，找准抓住被巡察党组织的问题与不足，压实全面从严治党责任。苏州市委巡察办通过系统发现，各地巡视巡察反馈意见整改、巡视巡察转交信访件办结等进度不一，总体偏缓，为此开展了有针对性的督促指导，提高了各市、区的整改率和办结率。在制定《被巡察党组织政治生态综合评价表》过程中，统筹兼顾"衡镜"系统指标体系，根据"社会综合测评"指标需求拓展延伸，完善评价内容，实现无缝对接，相互补充运用。

4. 职能部门跟踪工作进展，督促整改提高

系统为 15 家职能部门设置账号，赋予权限，这些部门登录系统后，可以查看涉及本部门的指标数据，了解全市和各地区的工作推进情况。例如，审计部门根据 2019 年上半年监测结果发现不足，强化审计监督作用，完成审计（调查）项目 1049 个，下半年环比增加 857 个，发现问题查处违纪违法案件 18 件，下半年环比增长 25%。常熟市委政法委根据未获评全省法治建设示范县（市、区）、法治县（市、区）创建工作先进单位的情况，不断加强法治建设，于 2019 年获评全国"七五"普法中期先进城市。

四 "衡镜"系统的研发经验与思考

在十九届中央政治局第六次集体学习时，习近平总书记强调指出，"营造良好政治生态是一项长期任务，必须作为党的政治建设的基础性、经常性工作，浚其源、涵其林，养正气、固根本，锲而不舍、久久为功"。① 政治生态监测评估是各级纪检监察机关推进政治监督具体化、常态化的重点工作，多地都在探索建立政治生态监测评估体系。"衡镜"系统的建设经验值得各地借鉴学习，系统背后体现的党和国家对政治生态的重视更值得我们思考。

---

① 习近平：《增强推进党的政治建设的自觉性和坚定性》，《求是》2019 年第 8 期。

（一）"衡镜"系统的研发经验

在短时间内，该系统完成了对政治生态指标的构建，实现了对地区政治生态的及时监测与客观分析。它的成功离不开各级机关对政治生态建设的高度重视，相继出台的各项制度保障了系统的常态化运行，而系统的开放性也为其进一步推广提供了技术支持。

1. 各级机关对政治生态的高度重视

江苏省委常委、省纪委书记王常松在 2020 年 4 月召开的第十三届江苏省纪委五次全会上指出，"苏州积极构建政治生态监测预警与分析研判系统，及时研判地区政治生态状况"，对"衡镜"系统给予肯定。江苏省纪委副书记、省监委副主任周广智，江苏省纪委监委法规研究室和第十一纪检监察室领导等多次开展专题调研，精心指导。苏州市委对抓好"衡镜"系统十分重视，原江苏省委常委、苏州市委书记蓝绍敏在专题调研纪检监察工作时强调"运用信息化手段打造政治生态监测预警与分析研判'衡镜'系统"，并对推进工作做出部署要求。

从党中央对严肃党内政治生活、净化党内政治生态的强调，到江苏省委开展地区政治生态监测预警与分析研判机制试点工作，再到苏州市各部门与单位的共同配合与研究，是推动全面从严治党纵深发展的政策落实过程，也是党对建设风清气正的政治生态的决心之体现。

2. 系统常态化运行的政策保障

政治生态建设是一项以廉洁为核心价值，以严格党内生活、加强党的纪律为目标的公共政策，"衡镜"系统作为其中的一项信息化手段，其常态化运行与政策的持续具有相互促进与支持的紧密关系。

为保障系统的顺利运行，苏州市纪委监委制定出台《苏州市政治生态监测预警与分析研判实施办法（试行）》《关于综合运用履责记实平台、衡镜系统做深做细做实日常监督的工作方案》等 3 项制度，健全指标调整、数据收集、评估分析和结果运用四个方面工作机制，定期召开由组织、宣传、统计等 15 家职能部门参加的工作联席会，协调监测评估内容修改和数据自动抓取等工作事项。党风政风、监督检查等职能部室创新监督方式，根据系统推送信息、研判结果，定期分析联系地区政治生态状况，有针对性开展日常监督、长期监督和协同监督。被监测地区建立配套工作机制，明确负责此项工作的职能部门和责任人员，保障系统正常运行。

3. 系统进一步推广的技术基础

"衡镜"系统具有很强的兼容性，预留链接端口，对上可以对接省纪委监委监测评估系统，对下可以将乡镇、街道等基层纳入监测的范围。系统也具有很强的拓展性，可以根据工作需求，增添相关分析与研判功能模块，方便形成监测评估结果。系统定期升级更新，提升数据自动抓取能力，增强系统后台的数据分类和算法功能，使指标筛选和权重设置更加合理、科学。

基于其兼容性和拓展性，"衡镜"系统可适应大多数地区和部门的实际需求，经过适当的修改即可上线运用。系统及其数据库均分布在政务外网，大多自动抓取数据，容易打破数据壁垒，形成数据采集工作机制。监测指标体系通用性强，在推进党风廉政建设和反腐败斗争、意识形态、选人用人、高质量发展等多个方面可以直接借鉴。例如，严明党的政治纪律和政治规矩、突出政治标准选人用人、发展积极健康的党内政治文化等政治导向强的指标，与《关于加强党的政治建设的意见》《关于新形势下党内政治生活的若干准则》等要求相一致，可以直接运用。对于体现地区和部门特点的监测指标，只要收集历年来的数据导入系统计算，根据数据的波动幅度，就能够找到衡量当地和本部门的重点指标数据，从而完善整个评估指标体系。结合党政机关的部门特点和历史数据，更多党政机关可纳入该试点工作。

（二）对"衡镜"系统的思考

要理解"衡镜"系统的成功，仍需回到对政治生态本质的探索上来。政治生态源自生态学的启发，在政治生态视野下，政治生活中的人与政治生活环境相互作用共同构成了政治生态。一方面，党员干部的价值取向和政治行为影响着政治生态的构建；另一方面，政治生态环境又影响着党员干部的价值取向形成和政治行为的选择。然而政治生态不仅仅代表着党的纪律、党的建设，更代表着党的形象和人心向背，一个良好的政治生态，可以内聚人心、外树形象，可以抓好班子、带好队伍，可以集中精力、形成合力；一个污浊的政治生态，将导致人心涣散、形象崩塌、风纪混乱、贪污腐败，脱离群众、丧失支持。

党的十九届四中全会强调，中国共产党领导是中国特色社会主义最本质的特征，是中国特色社会主义制度的最大优势，党是最高政治领导力量，要发展积极健康的党内政治文化，全面净化党内政治生态，才能确保党始终成为中国特色社会主义事业的坚强核心。① 推进国家治理体系和治理能力的现代化需要良好的政治生态做支撑，然而良好政治生态的标准是什么？良好政治生态有哪些识别点？关于这些问题，政界、理论界、学界都有大量表述，但是关于政治生态实质内涵的理解却不尽相同。

"衡镜"系统将大数据的信息化处理和对学习文件的深入研究相结合，形成了一套包含 4 个一级指标、14 个二级指标、20 个三级指标、47 个四级指标的四层级指标体系，从"维护党章党规党纪、贯彻党的路线方针政策、全面从严治党、社会综合测评"四个方面构建了具有中国特色的政治生态监测体系。进一步来说，"衡镜"系统的创新性不仅在于构建了政治生态监测体系，更在于将政治生态具体化、客观化，并利用信息技术将政治生态监测及时化、可视化，为地区日常监督插上了科技的翅膀，有效解决了以往的政治生态监测中"看不见""听不到""说不出"的"三不"问题，有利于各级组织落实工作责任，提高工作实效，为全面从严治党提供了有力抓手。

从更长远的目标来看，政治生态建设是国家治理体系和治理能力现代化的基础环节，"衡镜"系统所体现的也是国家治理体系和治理能力现代化的必然趋势。随着纪检监察体制改革的深化，纪检监察工作与信息化技术的融合优势正在凸显。

---

① 《中共中央关于坚持和完善中国特色社会主义制度推进国家治理体系和治理能力现代化若干重大问题的决定》，《人民日报》2019 年 11 月 6 日。

广州市切实提高实名举报率的创新探索[*]

创新简介

广州市纪委监委围绕纪检监察工作中实名举报率偏低的现实痛点，聚焦举报人的行为动机，以制度的集成创新为工作抓手，通过加强实名举报受理、压实办理责任、建立保护奖励机制等方式，显著提升了实名举报率，有效提高了信访举报的工作质量，结构性地优化了人民群众的政治信任，激发并巩固了人民群众的反腐败意愿，为提升实名举报率和改善人民群众政治参与提供了具有创新性的参考范本。

信访举报是人民群众行使监督权的有效形式，也是纪检监察机关案件线索的重要来源，因此信访举报既是监督执纪的第一道程序和第一个关口，也是党内监督和群众监督相结合的重要途径。然而，在纪检监察工作的实际开展中，各地的实名举报率却普遍偏低，这成为阻碍反腐败绩效提升的现实困境。怎样更好地保障实名举报人的权利，提升信访举报件的办理质效？广州市纪委监委将切实提高实名举报率作为提高廉政治理效能的切入点和突破口，通过一系列体制机制创新，在加强实名举报受理、压实办理责任、建立保护奖励机制等方面做出了创新性探索。

一 提升实名举报率的起因背景

信访举报可进一步区分为实名举报与匿名举报，其中实名举报一般指

---

* 作者简介：李论，清华大学公共管理学院博士研究生。

举报人使用本人真实有效的身份信息及联系电话，向纪检监察机关检举控告党组织、党员或监察对象的违纪、职务违法犯罪问题的行为。

与实名举报相比，匿名举报具有 3 个明显弊端。一是容易陷入调查核实难的困境。面对匿名举报，纪检监察机关无法与举报人联络核实具体情况与细节，导致查实率和成案率往往较低，这既消耗了行政成本和办案资源，也打击了群众信访举报的积极性。二是容易受到诬告的干扰影响。由于缺乏责任约束，匿名举报的动机往往难以判断，内容也相对随意，甚至夹杂了大量捕风捉影的臆测或别有用心的诬告，往往在毫无事实依据的前提下给被举报人的工作、生活、名誉带来不良影响。三是无法及时有序地予以回应反馈。纪检监察机关难以向匿名举报人实时反馈调查情况，导致举报人误以为举报内容没得到重视，从而进一步诱发了举报人的重复信访甚至越级信访的行为，扰乱了信访举报秩序，不利于问题的及时解决。

考虑到实名举报较之于匿名举报的比较优势，《中央纪委 监察部关于保护检举、控告人的规定》和《纪检监察机关处理检举控告工作规则》都明确提倡和鼓励实名举报。然而，实名举报的比例却偏低，成为中国反腐败工作中面临的挑战，也成为制约廉政治理绩效与人民群众有效政治参与的因素。党的十八大以前，广州市实名举报的比例长期在 20% 左右徘徊，反观以新加坡和中国香港地区为代表的廉政治理绩效得到公认的国家和地区，它们的实名举报率则长期保持在 70% 以上。由此可见，广州市的实名举报率仍有较大的提升空间。

在上述认识的基础上，广州市纪委监委在推动纪检监察工作高质量发展的背景下，充分发挥人民群众在反腐败斗争中的主体作用，把提高实名举报率作为重要切入点与突破口，通过实名举报来解决发现问题难、线索质量不高、群众参与度不足等现实问题，持续提升廉政治理绩效。

二 提升实名举报率的创新举措

提升实名举报率的关键是激发举报人的举报动机。广州市纪委监委在开展创新前进行了专项调研，深入探析党员和群众对实名举报的看法和顾虑，发现举报人此前之所以不愿实名举报而将匿名举报作为优先选项，往往源于几种心理：①"怕"，既怕被打击报复，也怕因掌握信息不全、举报不属实而被追究问责；②"烦"，烦恼于举报渠道不畅通；③"疑"，对举报的实际效果存有疑虑，担心举报"石沉大海"；④"耻"，耻于被贴上"告密者"标签。

针对在专项调研中获悉的举报人心理动因，广州市纪委监委围绕实名举报受理办理、回应反馈、安全保护、打击诬告、宣传激励的完整闭环，建立了"1+3+1"的制度体系："1个方案"，即《广州市纪委监委机关进一步加强实名举报工作方案》，全方位提升实名举报的办理质效，形成群众的正面预期；"3项制度"，即《关于保护、奖励实名举报有功人员的暂行办法》《广州市纪委监委关于主动交代问题和自动投案的信访处理工作规程（试行）》《广州市纪委监委查处诬告陷害信访举报行为工作规程（试行）》，从正反两方面入手，营造出依法有序实名举报的社会环境；"1个通知"，即《广州市纪委办公厅关于加强协调联动共同促进实名举报率提升的通知》，对纪检监察机关内部各职能部门在实名举报工作中的职责分工与协同配合做出了清晰的界定，保障了实名举报工作的协同性。

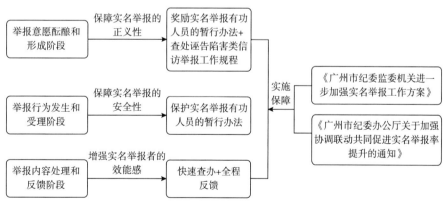

广州市提升实名举报率的思路与举措

新制度主义认为，制度能够通过塑造个体偏好和提供激励来影响个人行为。广州市纪委监委所推行的廉洁创新正是围绕着制度，从制度对行为的影响入手，通过制度变革创新，激发举报人的举报动机，进而影响和鼓

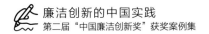
励举报人的实名举报行为。

（一）奖惩并重，激发具有正义性的举报意愿

在举报意愿的酝酿和形成阶段，广州市纪委监委坚持激励与约束结合、"扬善"与"惩恶"并重，保障实名举报的正义性。

一方面，广州市纪委监委为实名举报人的善举提供"强激励"，实施奖励实名举报有功人员制度，即向纪检监察机关反映检控类信访问题并经查证属实的或对突破案件起到重要作用的举报人，将视举报问题的严重程度和查处结果给予0.3万元至20万元的奖励金。同时，通过市纪委监委微信公众号持续开展《信访小剧场》系列宣传，专题制作《实名举报安全吗》动漫剧，印制19万份宣传海报和折页发放至基层社区，向市民群众普及实名举报人的权利义务，实名举报的优先办理制度、奖励措施和保护制度等知识，打消人们怕被打击报复、反映问题查处不力、承担责任等顾虑。

另一方面，广州市纪委监委也坚决打击诬告陷害行为，对恶意诬告施加"严惩治"，通过制定《广州市纪委监委查处诬告陷害信访举报行为工作规程（试行）》，主动为受到诬告的干部澄清正名，并对涉嫌诬告陷害的恶意举报人依规依纪依法处理。同时区分因情况了解不清或认识上出现偏差而错告、检举失实的行为，不作诬告陷害处理并规定任何单位和个人不得擅自追查信访举报人。

在制度创新过程中，广州市纪委监委既出台了实名举报有功人员奖励办法，又制定了查处诬告陷害信访举报行为工作规程，从正反两个方面重塑群众反腐败政治参与的权利意识、道德目标与价值理性，营造了鼓励实名举报的良好舆论氛围。

（二）保障举报受理的安全性，消除举报人的安全隐患

在举报行为发生和受理阶段，为充分保障实名举报的安全性，广州市纪委监委与公安机关联合制定了《关于保护、奖励实名举报有功人员的暂行办法》，以严格的规范流程和保密举措建立了可靠的保护制度，消除举

报人遭受打击报复的安全隐患。

针对举报材料的安全隐患，广州市纪委监委要求实名举报及调查材料须由专人在专门场所进行保管，并采用指定管辖和回避被举报人的举措，严禁将举报材料转送无关单位和个人，调查过程中还严禁出示举报材料原件或者复印件，全程防止失密泄密。

针对举报人的人身安全隐患，广州市纪委监委补齐了保护措施的短板，多措并举地消除举报人的"后顾之忧"，一方面联合公安机关对举报人实施精准保护，另一方面按需将保护范围从举报人拓展延伸至近亲属。

针对举报人此前一直担心的打击报复行为，广州市纪委监委对打击报复行为予以明确界定，将以暴力、威胁或者非法限制人身自由等方法侵犯举报人及其近亲属人身安全，以及对举报人及其近亲属无故给予党纪、政务处分或者故意违反规定加重处分等十种行为定性为打击报复行为，锁定惩处范围，依纪依法予以严查。

（三）提供有效及时的处理反馈，增强举报人的参与效能感

在举报内容处理和反馈阶段，广州市纪委监委通过"快速查办＋全程反馈"的创新机制来提速增效，增强举报人的参与效能感，具体包括以下三个方面。

第一，广州市纪委监委建立了受理实名举报的"绿色通道"，承办部门在受理实名举报件后须立即对实名举报人进行受理告知，加盖"实名举报"专用印章后呈送领导优先阅批，并自告知举报人受理之日起60日内限期办结，如果确因特殊情况不能按期办结的则要由承办部门向举报人说明理由，这一时限要求比中央出台的《纪检监察机关处理检举控告工作规则》规定的时间更短、要求更严。

第二，广州市纪委监委不仅要求纪检监察机关按照《纪检监察机关处理检举控告工作规则》的规定在"实名检举控告受理时""办结后"这两个时间节点向检举控告人反馈，还进一步要求承办部门须在"审查调查过程中"和"初步结论得出前"这两个额外的时间节点向检举控告人反馈情

况、交流信息并补充收集有关证据，就此构建了"受理—办理—反馈"的完整工作回路。这一完整工作回路不仅通过较高频度的沟通联络，增强了实名举报人的参与效能感，还能够从实名举报人那里获得更多有价值的线索和证据信息，降低信息成本，提高查办效率。

第三，广州市纪委监委还进一步强化了交办督查机制，要求实名举报须全程实施"挂牌督办"，建立实名举报的专门台账，通过领导包案接访、电话催办、轨迹跟踪、发函督促、实地检查、约谈督办、会议督查等方式开展全程检查督办，多措并举确保实名举报工作"底数清、责任明、措施实"，保障实名举报件的处置成效。

三 提升实名举报率的创新成效

通过加强实名举报受理、压实办理责任、建立保护奖励机制、加大社会宣传力度等方式，广州市纪委监委有效地提高了信访举报工作质量——实名举报率得到显著提升，反腐败工作绩效也因线索收集与反馈环节的提质增效而获得大幅提升，人民群众的政治信任感得到了结构性的优化，人民群众对反腐败工作的参与热情得到了激发，风清气正的政治生态也得到了进一步的巩固。

（一）实名举报率大幅提升

自构建实名举报的"绿色通道"以来，全市的初次举报实名率由改革前 2017 年的 31.9% 稳步提升至 2019 年的 47.2%，并在 2020 年第 1 季度达到 52%，实名举报成为检举控告类信访举报的主流。目前，广州市实名举报率位居全省之首，在 2019 年度全省纪检监察信访举报目标管理检查中得到了充分肯定。

（二）反腐败绩效稳中有升

在提升实名举报率的一系列制度创新实施后，实名举报的优势得以彰显，反腐败工作也因信访部门与监督检查、审查调查、案件监督管理等部

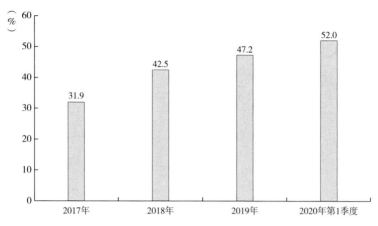

2017 年至 2020 年第 1 季度广州市实名举报率

门的协调联动，较好地实现了对腐败增量的遏制和对腐败存量的清减。2019 年，广州市处置问题线索 9489 件，同比增长 22.6%，立案 4130 件、涉及 4155 人，同比分别增长 27.2% 、27.8%。2019 年，广州市纪委监委还通过协调市区多个部门，解决了一宗长达 23 年的疑难信访案件，年逾八旬的实名举报人当场表示完全同意市纪委决定，无任何异议。随着反腐败绩效的持续彰显，2019 年的初次举报件数量为 7609 件，同比下降 6.2%，主动投案人数达到近百人，广州市的反腐败工作迎来重要拐点。

（三）政治信任差序格局得以扭转

在政治信任差序格局下，政治信任水平随政府层级的降低逐渐递减，人民群众往往舍近求远，"信上不信下"，这也导致信访举报难以在基层拓展，矛盾问题层层累积。伴随着广州市实名举报率的持续提升，群众反映的问题得到了更加及时的回应，举报办理质量也显著提高，特别是广州市在推动监察职能向村（社区）延伸的过程中还建立了 2866 个基层监察站，成为人民群众身边的"监督哨"，为就近就地解决信访难题奠定了坚实基础，同时也使得原有的政治信任差序格局得以全面重构。2019 年广州市检举控告信访件中自收件占比 84.3%，比上一年提高 11 个百分点，且上级转交办件仅占 15.7%，有效破解了信访举报长期"倒挂"的问题，扭转了

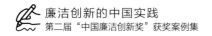

群众"信上不信下"的差序信任格局。

（四）人民群众的反腐败参与意愿得以激发

反腐败机构的工作力度和成效往往会对民众实名举报的意愿产生重要影响，如果民众认为自己的举报无足轻重，就会寄望于他人举报"搭便车"现象。在广州市纪检监察机关受理实名举报的过程中，实名举报件的办理成效得到了显著提升：一是速度快，实名举报的平均办理时间相对匿名举报明显更短，在新冠肺炎疫情防控常态化时期更是做到了涉疫情信访件当日收、当日转、当日办；二是互动好，2019年全市实名举报的受理告知率为100%，反馈率为100%。实名举报件办理成效的重要突破，鼓励了人民群众有序参与反腐败斗争，2019年全市纪检监察机关共接收群众信访举报16440件，同比上升了33.2%，此外由中山大学开展的广州市纪检监察工作高质量发展评估结果显示，2019年广州市公众的反腐败意愿指数相较于2017年在总分上提升了2.94。

四 提升实名举报率的经验启示

广州市纪委监委在提升实名举报率方面的廉洁创新，之所以能够取得上述成效，原因在于该创新的制度设计与多项举措均符合纪检监察领域的工作规律：既找准了焦点——围绕着举报人的行为动机开展制度调整，也选对了工作抓手——以制度集成创新来激励举报人并对纪检监察机关提出工作要求，还因紧抓现实问题的需求痛点和上级机关的政策支持而展现出可持续性与可复制性。

（一）聚焦举报人行为动机，降阻与赋能并行

举报人是实名举报的主要行动主体，抓住了举报人的行为动机，就牵住了提升实名举报率的"牛鼻子"。哪些因素影响举报人的行为动机？如前文所述，广州市纪委监委在走访调研中探知：虽然实名举报作为一种更加负责且更具担当的举报形式，在党员群众心中堪称正义之举，但党员群

众在政治现实中也因多种顾虑——怕被打击报复、怕"告密者羞辱"、担心反映问题查处不力——而不愿实名举报。这些担忧正是横亘在举报者面前的"拦路虎",阻碍着举报人选择实名举报,并反向激励着举报人选择低成本低风险的匿名举报。在对举报人行为动机的影响因素有了调查研究和初步结论后,广州市纪委监委在提升实名举报率的创新过程中,紧密围绕举报人的行为动机,既减少了阻力因素的干扰,也增强了实名举报的正面激励。

一方面,通过一系列制度优化和政策调整,遏制了阻力因素。针对举报人担心的"打击报复"问题,广州市纪委监委强化全过程保密管理,联合公安机关实施精准保护,并对打击报复行为进行了明确的界定,多维度地保护举报人免遭打击报复。针对举报人担心的"告密者羞辱",广州市纪委监委加大对实名举报的解读说明,从组织文化与政治文化的角度重塑广大党员群众对于有担当的、出于公心的实名举报的正确认知,批判具有封建思想残余的"告密可耻"的错误认知。针对举报人所苦恼的"反映问题查处不力"的问题,广州市纪委监委着力提升了举报人的效能感,既在过程中增强举报人的参与感,通过首创"二次反馈",构建了"受理—办理—反馈"完整工作回路,以更高频次的沟通反馈让举报人及时知悉举报事项的办理进度,也在结果上保障了举报人的效能感。通过为实名举报设置办理速度更快的"绿色通道"以及全程"挂牌督办",广州市纪委监委保障了举报事项"事事有着落,件件有落实"。

另一方面,在降低阻力的同时,广州市纪委监委还持续加大正面激励的力度,为实名举报人赋能。通过实施奖励实名举报有功人员制度,视举报问题的轻重和查处结果向实名举报人提供奖励金,在物质激励层面激发实名举报人的内生动力。除却物质激励,广州市纪委监委还通过新媒体手段,加大对实名举报的正面引导,逐步强化出于公心的实名举报的正义性,从正面强化对举报人的精神感召,进而在精神激励层面为举报人选择实名举报赋能。

广州市纪委监委通过对举报人行为动机的精准把握,开展制度创新,有效地激发了实名举报过程中举报人的行为动机,继而显著地提升了党员和群众的实名举报率，增强了党员和群众对全面从严治党的参与度。这对于廉政治理和提升反腐败政治参与质量而言，具有重要的创新意义。

（二）精准区分目标受众，实现制度的集成创新

在新制度主义理论看来，制度作为一种驱动力量，能够塑造行为者个体的偏好并影响着个体的行为输出。在提升实名举报率的创新实践中，广州市纪委监委在精准识别和区分不同受众的基础之上，有针对性和创新性地开展了一系列受众清晰、目标明确、执行有力、彼此协调贯通的制度集成创新，通过作用于不同目标人群的制度变革来实现实名举报工作的提质增效。

广州市纪委监委提升实名举报率的制度集成创新

对象	工作目标	制度手段与工作举措
举报人	"扬善"的激励：提供较为丰厚的物质激励	《关于保护、奖励实名举报有功人员的暂行办法》中的奖励举措
	"惩恶"的约束：惩治恶意的诬告陷害	《广州市纪委监委查处诬告陷害信访举报行为工作规程（试行）》
举报人和纪检监察机关	保护实名举报人信息不泄露	《关于保护、奖励实名举报有功人员的暂行办法》中的保护举措
	保护实名举报人免遭打击报复	
	快速查办＋全程反馈：增强实名举报人的效能感	《广州市纪委监委机关进一步加强实名举报工作方案》中"启动'绿色通道'，突出实名举报高效性"和"构建'完整回路'，彰显实名举报互动性"的有关要求
	针对主动交代问题和自动投案的工作提出精细化要求，保障程序规范、应对及时、处置得力	《广州市纪委监委关于主动交代问题和自动投案的信访处理工作规程（试行）》
纪检监察机关	传导压力，压实责任，强化督查，以查促改	《广州市纪委监委机关进一步加强实名举报工作方案》中"强化交办督查，提升实名举报办理精确性"的有关要求
	完善实名举报制度体系的衔接配套，强化各职能部门在实名举报工作中的协同性	《广州市纪委办公厅关于加强协调联动共同促进实名举报率提升的通知》

在该项创新中，其最为核心的"1+3+1"制度体系实现了对不同受众对象设置差异性目标定位和针对性工作举措的功能：①针对举报人，《关于保护、奖励实名举报有功人员的暂行办法》中的奖励举措为举报人提供了正面激励，《广州市纪委监委查处诬告陷害信访举报行为工作规程（试行）》则对部分举报人的诬告陷害行为进行了约束；②针对举报人和纪检监察机关之间的互动过程，《关于保护、奖励实名举报有功人员的暂行办法》中的保护举措对纪检监察机关提出明确的工作要求，保证了举报人信息不被泄露，保护了举报人免遭打击报复，《广州市纪委监委机关进一步加强实名举报工作方案》则通过对实名举报件的办理效率和反馈环节的明确要求，保障了举报人与纪检监察机关之间的互动质量，增强实名举报人的效能感，《广州市纪委监委关于主动交代问题和自动投案的信访处理工作规程（试行）》还针对主动交代问题和自动投案的工作做出了相应规定，既为主动投案人提供了保障，也对相应的工作人员提出了精细化的工作要求；③针对纪检监察机关各职能部门和工作人员，《广州市纪委监委机关进一步加强实名举报工作方案》对实名举报件的交办督查做出了明确部署，要求层层传导压力、压实责任，《广州市纪委办公厅关于加强协调联动共同促进实名举报率提升的通知》则对纪检监察机关内部各职能部门在实名举报工作中的职责分工与协同配合做出了清晰的界定，保障了实名举报工作的协同性。

综合来看，"1+3+1"制度体系运用了系统思维，发挥了集成效应：以"1个方案"作为总纲，明确了对于实名举报必须优先、必须专管、必须保密、必须反馈、必须保护、有功必须奖励的总体工作要求；以"3项制度"落实保护奖励、主动投案、查处诬告陷害等工作细则；以"1个通知"推动责任落实，形成工作合力，制度之间环环相扣、前后呼应、协同配合，形成制度体系。

（三）立足现实问题，加之上级支持，可持续可复制

评估一项制度创新，除考量其创新特质外，还应评价其可持续性与可复制性。其中，可持续性决定了该项制度创新在何种程度上能够长时间存

续并从静态的制度设计走向动态的运作执行，进而长效地产生创新成效。可复制性则直接影响着这一制度创新的应用推广价值，决定了其创新举措能够为其他地区或单位提供借鉴。难能可贵的是，由广州市纪委监委推动的、旨在提升实名举报率的一系列廉洁创新举措，在取得突出创新成效的同时，兼具可持续性和可复制性，具备超越广州市的"地方经验"、成为跨地区的"普遍经验"的条件。

首先，该项创新具有深厚的现实土壤和长期的现实需求，可持续性具备坚实的现实基础。实名举报因其在线索追溯、调查取证、回应反馈等方面的突出优势，对于提升反腐败工作绩效而言意义重大，提升和保持较高的实名举报率将是纪检监察机关长期面临的重要任务，也是现实刚需。实名举报率偏低的客观存在和通过提升实名举报率来提高监督执纪工作水平的客观需要，一并决定了纪检监察机关在提高实名举报率方面必须持续发力和久久为功，这无疑保障了这一制度创新的可持续性。

其次，该项创新具有自上而下的、强有力的政策支撑与上级支持，可复制性较强。2020 年初，中共中央办公厅印发了《纪检监察机关处理检举控告工作规则》，对实名检举控告的处理做出专章规定，明确了纪检监察机关要提倡、鼓励实名检举控告，对实名检举控告要优先办理、优先处置、给予答复，并要求对符合条件的有功检举控告人给予奖励，对有需要的检举控告人要按规定提供保护等。在此背景下，提高实名举报率，将是未来各级纪检监察机关的重要工作任务和工作目标。广州市纪委监委的这项廉洁创新正是对中央工作部署的具体落实，其创新举措符合中央精神，其可复制性也就得到了保障。

最后，该项创新具有完善的制度配套体系，既在可复制层面提供了详尽的操作指南，又在可持续层面提供了长效保障。在可复制性层面，广州市在实践探索中形成的"1＋3＋1"制度体系，回应了监督执纪工作规则、监督执法工作规定以及处理检举控告工作规则的要求，构建了实名举报的"绿色通道"，形成了包括全程督办、二次反馈、保护检举控告人、奖励有功检举控告人、实名检举控告宣传等在内的完整制度闭环，为提升实名举报率提供了全面的、可复制、可操作的参考指南，能够为全国各地区各部门提供有益借鉴。在可持续层面，这一渐趋成形、日益完善的制度体系，能够在其自身的优化调整中持续加强体系内部不同制度规范间的衔接配套、系统集成与协同配合，为提升实名举报率的创新探索提供可持续的长效制度保障。

五　提升实名举报率的前景展望

围绕着纪检监察工作中实名举报率偏低的痛点，广州市纪委监委以举报人的行为动机为聚焦点，以制度变革与集成创新为工作抓手，通过加强实名举报受理、压实办理责任、建立保护奖励机制等方式，显著提升了实名举报率，有效提高了信访举报工作质量。在取得阶段性创新成效的同时，广州市纪委监委在提升实名举报率方面的廉洁创新也面临着新情况与新挑战。

一方面，数据显示广州市的实名举报率在超过50%之后，增速明显放缓，而这一实名举报率水平较之于新加坡与中国香港70%以上的实名举报率仍然具有不小的上升空间。如何理解实名举报率的这种增长瓶颈？哪些因素在阻碍着实名举报率的持续攀升？是因为民众对实名举报仍然心存顾虑，进而阻碍了实名举报率提升，还是因为当前创新举措的执行力度有待进一步加大，抑或是仍然存在一些尚未进入改革者视野中的因素在影响着实名举报人的行为？只有进一步对这些问题做出扎实调研、审慎评估和综合判断，才能对增长放缓的实名举报工作产生更全面、更深入以及更包容的理解，继而有针对性地清除梗阻，让实名举报率更上一层楼。

另一方面，实名举报工作是信访举报工作的一部分，而信访举报又是纪检监察工作的起始端口之一，这意味着实名举报工作之后的纪检监察工作仍然面临着道阻且长的压力。实名举报率在获得显著提升后，其提升成果在何种程度上能够转化为成案率与查实率，这仍然是对纪检监察机关的考验。随着实名信访件的大幅增加，纪检监察机关办案资源也日益紧张，此时就极易出现个别案件无法及时办结和反馈的情况，这又会在一定程度上形成工作绩效与群众期盼的落差。

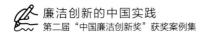
　　尽管面临新挑战，但考虑到此项廉洁创新所展现出的清晰的创新思路、良好的可持续性条件以及不断集成优化的制度体系，我们有理由相信这项廉洁创新将不断发现新规律、想出好办法、解决新问题，持续为信访举报工作和人民群众反腐败政治参与的提质增效贡献新知识、新经验。

亲清新型政商关系建设的义乌实践[*]

创新简介

　　义乌市以"干事不受礼、办事不求人"为改革目标，大力推进以办事"一次不跑"、需求"一号响应"、监管"一网通管"、政策"一次到位"、信用"一网通享"、服务"一生相伴"为内容的"六个一"工程，既简化了企业信息获取、政务办理、沟通反馈的流程，优化了政府的监管方式，也压缩了人为操作、权力寻租的空间，减少了腐败发生的可能，为构建亲清新型政商关系、推进基层廉洁治理提供了可借鉴的"义乌经验"。

　　2018年，义乌市积极响应中央、省、市的政策部署要求，提出了"清廉义乌"的建设目标。义乌是举世闻名的小商品之都，保持市场经营与市场服务中的廉洁，对于义乌的长远发展至关重要。义乌市委坚持问题导向，紧密结合义乌的地方发展现状与实践特色，针对义乌市出现的"干事受礼、办事求人"的问题，持续深入推进"最多跑一次"改革，利用相对成熟的互联网技术和大数据平台，为企业打造信息获取、业务办理、监管监督的全流程服务平台。义乌市委以"干事不受礼、办事不求人"为改革目标，秉持"让义乌没有难办的事"的改革理念，大力推进以办事"一次不跑"、需求"一号响应"、监管"一网通管"、政策"一次到位"、信用"一网通享"、服务"一生相伴"为内容的"六个一"工程，为构建亲清新型政商关系、打造廉洁的营商环境提供了具有参考价值的"义乌经验"。

---

[*]　作者简介：刘梦滢，清华大学公共管理学院博士研究生。

一 义乌建设亲清新型政商关系的背景

党的十八大以来，党中央高度重视非公有制经济的健康发展。习近平总书记提出了建设亲清新型政商关系的任务目标。义乌市认真落实党中央、浙江省、金华市关于廉洁城市建设的政策部署，提出了建设"清廉义乌"的廉洁治理目标。在"清廉义乌"建设过程当中，义乌市委通过调查研究发现，"干事受礼、办事求人"是影响义乌清廉营商环境建设的主要问题，于是结合已有的网络技术和信息平台，通过完善网络业务办理、制定制度规范、加强监督等方式对已有的政务办理方式和监管方式进行了创新，取得了显著的治理成效，很好地净化了义乌的营商环境。

（一）党中央关于构建亲清新型政商关系的政策部署

党的十八大以来，习近平总书记站在全局和战略高度，持续关心关注非公有制经济健康发展和民营企业家健康成长。2016 年 3 月全国"两会"期间，习近平总书记在看望出席全国政协十二届四次会议的民建、工商联界委员并参加讨论时，首次用"亲""清"两个字阐述新型政商关系，创造性地提出要构建亲清新型政商关系。习近平总书记在党的十九大报告中指出："构建亲清新型政商关系，促进非公有制经济健康发展和非公有制经济人士健康成长。"2018 年 11 月，习近平总书记在民营企业座谈会上强调，民营经济是社会主义市场经济发展的重要成果，是推动社会主义市场经济发展的重要力量，并要求各级党委和政府把构建亲清新型政商关系的要求落到实处，把支持民营企业发展作为一项重要任务。① 党的十九届五中全会强调，要优化民营经济发展环境，构建亲清新型政商关系，促进非公有制经济健康发展和非公有制经济人士健康成长。

构建亲清新型政商关系有助于净化营商环境和政治生态，通过优化政务办理方式和政府监管模式，净化当地的营商氛围，保障企业之间能够公

---

① 《在民营企业座谈会上的讲话》，人民出版社，2018，第 5、17 页。

平有序地开展竞争，从而促进当地非公有制企业健康发展，在法治框架下建立政商之间平等合作互助共享的融洽关系，为地方经济的长远健康发展提供良好的政策环境和制度保障。

（二）浙江省、金华市关于清廉建设的政策部署

2018年7月8日，习近平总书记对浙江工作做出重要指示，明确提出了"干在实处永无止境，走在前列要谋新篇，勇立潮头方显担当"的新期望。7月20日，中共浙江省委第十四届委员会第三次全体会议通过了《中共浙江省关于推进清廉浙江建设的决定》，对推动全面从严治党向纵深发展做出了系统性部署，要求：一是保持政治上的清醒坚定；二是推进权力运行公开规范高效；三是确保干部队伍忠诚干净担当；四是引领全社会崇廉倡廉促廉。

金华市深入贯彻中央和省委的政策部署，金华市纪委市监委提出"十个重点"、推进"十个深化"，要求各级纪检监察机关致力打造敢打硬仗、能打胜仗的金华铁军，印发了《中共金华市委关于推进清廉金华建设的决定》，不断推动清廉金华的建设工作朝着更高质量、更高水平的方向深入发展。

（三）义乌市委全面建设"清廉义乌"的重要决定

2018年，义乌市深入贯彻习近平新时代中国特色社会主义思想和党的十九大精神，积极落实中央、省委及市委的统一部署，通过了《中共义乌市委关于全面推进"清廉义乌"建设的决定》，从全力打造政治生态的绿水青山、推进公共权力运行廉洁高效、打造忠诚干净担当的义乌铁军、着力推进基层监督体系和监督能力现代化以及推动形成全社会崇廉尚廉的良好风尚五个方面对义乌全面从严治党做了系统性部署。义乌市委研究制定《中共义乌市纪委关于落实"十大举措"勇当"清廉义乌"建设排头兵的实施意见》和《2018年度"清廉义乌"建设重点项目》任务清单，把清廉思想、清廉制度、清廉规则、清廉纪律、清廉文化融入经济社会发展的全过程和各方面，努力打造政治生态清朗健康、政务运行

清廉高效、党员干部清正有为、基层治理清淳惠民、社会环境清新崇廉的"清廉义乌"。

（四）优化营商环境对于义乌的长远发展至关重要

义乌作为举世闻名的小商品之都，经济发展是其发展的重点，而非公有制经济的发展则是义乌发展的重中之重，要保障非公有制经济长远健康发展，就要营造良好的营商环境，为民营企业提供清廉高效的政务服务，打造亲清新型政商关系。义乌市委在"廉洁义乌"建设的过程当中发现，虽然义乌近年来在强化政治监督、压实各方责任、推进制度体制改革、持续深化党风廉政建设等方面取得了显著的成效，但是在清廉营商环境建设方面仍有提升的空间。

义乌市委在对 2018 年以来全市违反中央八项规定精神案件进行统计分析时发现，违规收送礼品礼金、接受服务管理对象宴请问题数量位居前两位，分别占 32.6%、19.6%。义乌市委经梳理发现，这两类问题有三个主要特征：一是不知找谁办事，企业需要请客送礼，建立信息通道；二是办事多头跑，企业需要请客送礼，打通便捷通道；三是监管不规范，企业需要请客送礼，降低生产经营综合成本。这些调查分析表明，干事受礼、办事求人已经成为破坏营商环境的突出问题。对此，义乌市委高度重视义乌营商环境的建设和优化，希望能够进一步深化"最多跑一次"改革，将主要面向居民的政务服务进一步扩展至私营企业，通过网上业务办理和信息监管来优化企业的办事流程，压缩腐败空间，建设清廉的营商环境。

二 义乌建设亲清新型政商关系的内容

在 2019 年 2 月 11 日召开的全市总结表彰暨作风建设大会上，义乌市委书记林毅同志发出作风建设动员令，并承诺：在义乌"干事不受礼，办事不求人"。2019 年 2 月 20 日，义乌市"最多跑一次"改革办公室印发《义乌市打造"干事不受礼、办事不求人"城市改革工作要点》，并制定《义乌市打造"干事不受礼、办事不求人"城市改革工作任务分解表》，调动全市力量推进以办事"一次不跑"、需求"一号响应"、监管"一网通管"、政策"一次到位"、信用"一网通享"、服务"一生相伴"为内容的"六个一"工程，全力打造"干事不受礼、办事不求人"的一流营商环境。

（一）"一次不跑"让办事不用再求人

一是开展办事"一次不跑"的政务服务创新。义乌市委对审批事项进行全面清理，创新"无感智办"办理模式，通过主动服务、大数据分析、数据共享等方式，推进"无需办、网上办、无中介代办"业务办理模式。"无需办"，就是无须申请的事项不再要求申报，改为政府部门主动服务，而无须办理的事项采取群众申请、即时智能服务的方式，政府部门不再人工干预，例如，居民达到法定年龄后自动为其办理老年证。"网上办"，就是从"以部门为中心"转为"以用户为中心"，不断提升用户网上办理业务的体验和获得感，实行不能网络办理的负面清单制度，原则上审批"一次不跑"，所有的手续可以通过网上办理和快递送达实现，70%的事项实现"掌上办"，80%以上的办事材料、证照实现数字化。"无中介代办"，就是在商事主体登记、税务、不动产登记和项目审批4个领域推进办理无中介改革，通过持续简化办理流程，优化网上办事流程，降低小事门槛，让有偿代办类中介自然消亡。

二是开展需求"一号响应"反馈机制创新。义乌市委以"围墙内的事情企业干、围墙外的事情政府干"为理念，建立营商需求"一号响应"服务机制，以12345（96150）热线一号对外，设立营商服务受理专席，通过电话、网络（含微信、App、论坛）等全媒体渠道为企业和群众提供信息咨询、投资服务、投诉举报、效果评价、跟踪反馈等全方位、全天候服务，构建专人受理、交办、督办、反馈、回访、办结的服务闭环。义乌市委还实行"企业派单"制，及时将受理事项分类处置、10分钟内按责交办，责任部门1小时内响应，一般问题即时答复、多部门问题限时答复。热线对办理情况进行实时跟踪，督促承办单位按规定时限办理交办事项并回复办理结果，还要对交办事项进行回访和满意度调查，对不满意事项重新交办，从而变"企业有困难找政府"为"企业有困难政府来解决"，实现企业需求"一号响应""有求必应"。

三是开展政策"一次到位"的信息推送创新。针对全市和相关部门出台的涉企政策碎片化、公布方式碎片化，政策配套解读的"颗粒度"和要素结构无法满足用户需求，导致相关政策利好难以全面落地的问题，义乌市委通过清理、整合已有涉企政策，形成涉企政策标签化清单，并推进涉企数据归集和企业"画像"，建设涉企政策综合服务平台。义乌市委针对不同企业的不同情况，依托大数据和综合服务平台，精准推送相关政策，创新集政策发布、无感推送、政策申报、政策兑现、政策修改等于一体的政策全生命周期管理模式，实现政策服务、政策申报、政策兑现全上云、全留痕，从而减少人为介入和干预所产生的自由裁量权问题，消除权力寻租空间。

四是开展服务"一生相伴"的全生命周期服务理念创新。义乌市委围绕自然人和法人两个全生命周期，打破部门壁垒，将多部门关联的事项整合成"一件事"，实现自然人和法人全生命周期能联全联。一方面，义乌市委着力构建企业全生命周期服务体系，以企业视角定义服务事项和流程，以整体政府视角提供服务，通过"工商通办""三十一证合一"改革等，在企业开办、办理施工许可，获得信贷、获得电力、获得用水、获得用气、获得网络等方面，推进多部门、多事项整合为"一件事"。另一方面，义乌市委着力构建自然人全生命周期服务体系，以群众视角定义服务事项和流程，自然人服务事项"从摇篮到坟墓"能联全联，系统推进新生婴儿多证联办、身后事联办、"警医邮"等"一件事"改革创新。

（二）"一网通管"让用权不能再任性

一是开展监管"一网通管"的监管模式创新。义乌市委打破部门壁垒，建立统一的监管信息库，实现监管过程、主体自治、信用管理全程数字化，形成"共享管""掌上管""不见面管"的大数据监管格局。义乌市委通过打通行政执法监管平台与审批许可系统、信用信息系统、镇街综合治理系统以及部门专业监管系统等系统之间的壁垒，打造纵向省市县镇四级贯通、横向部门联通的数字化协同网络，实现"共享管"；通过梳理事项，统一表单，对现场检查标准、监管要求等核心要素颗粒化，实现了监管从"随意管"到"标准管"的转变；统一浙江省行政执法监管平台的移动端——浙政钉·掌上执法系统为全市唯一的掌上执法系统，检查结果实时上传、实时共享，实现"掌上管"；通过创新开发主体自治系统，搭建了"浙里办"平台，企业和监管部门可通过在线平台进行双向互动，实现"不见面管"。

二是开展信用"一网通享"的信用体系管理机制创新。义乌市委通过打造覆盖所有市场主体和个人的信用一张网，将信用一张网与"一网通办""一网通管""一网通服"等"一网通"系列平台全环节打通嵌入，并健全信用归集、评价、奖惩、修复等全流程信用管理机制，实现信用全生命周期管理，形成以信用为核心的新型审批监管机制。义乌市委将信用嵌入"一网通办"，实现信用情况和行政审批、公共资源交易、财政补助等过程自动匹配，实施奖惩措施；把信用嵌入"一网通管"，实现企业准入环节、监管环节、退出环节全链条接入信用并开展应用，构建起"信用管终身"的新型监管机制。强化上述信用数据库、信息应用系统、信用管理制度等的建设，使遵纪守法的企业在金融服务、政策支持、网内监管等方面享受更多优惠和便利，着力打造"信用义乌"。

（三）"专项治理"剑指干事受礼作风顽疾

一是开设网上"跑一次没办成专窗"，解决在创新中出现的问题。在推进行政审批、政务服务等事项的精简和流程数字化再造过程中，由于原有行政管理体制下存在条块分割、信息壁垒、平台差异等问题，一些事项难以实现"一次不跑"。鉴于此，义乌市委专门开设了网上"跑一次没办成代办和投诉窗口"，统一受理和协调网上办事过程中出现的痛点、难点和堵点问题，优化网上办事流程，保障"六个一"工程顺利推进。

二是建设涉外多元化服务平台，解决外商需求特殊的难题。义乌常驻外商超过 1.5 万人、年出入境外商超 53 万人次，面对外商数量多、来源广泛、办事方面存在特殊困难等实际情况，义乌创新性地为境外人士提供全程免费代办和多种形式的社会化服务，努力打造外商多元化服务平台。在义乌国际贸易服务中心，形成了涵盖外资企业设立、外贸企业服务、外国人事务三大块业务的一条龙审批服务模式，以及涉外服务、纠纷调解、信用查询、知识产权维护等完善的涉外公共服务链，从而为义乌开放型经济发展营造了良好的国际交流和外商投资环境。

三是开展专项治理，着力破解作风顽疾。义乌市委市政府坚持问题导向、效果导向，对准群众和企业关注的安全生产、司法执法、行政审批、工程管理、学校教育、卫生医疗等十个方面的突出问题，通过建立工作专班、拓宽信访举报渠道、梳理负面清单、创新监督检查方式等十大举措，强化源头治理、综合治理，肃清党员干部中的作风之弊、行为之垢，推动权力运行更加规范高效。义乌市委大力推动"干事不受礼、办事不求人"理念进机关、进学校、进医院、进企业、进市场、进村居，让"干事不受礼、办事不求人"成为义乌党员干部群众的日常习惯和自觉遵循，成为义乌城市的鲜明特征和响亮品牌。

三　义乌建设亲清新型政商关系的主要成效

义乌市委通过"六个一"工程建设，畅通了企业获取信息的渠道，简化优化了企业业务办理的流程，并加强完善了对于企业行为和信用的监管监督，净化义乌市的营商环境，打造亲清新型的政商关系，促进义乌市经济社会发展，提升义乌的核心竞争力。义乌市委从企业的角度出发，为企业打造全周期的服务体系，简化业务办理流程，畅通沟通渠道，积极回应企业的诉求，打造了"亲"型政商关系。同时，义乌市委还通过互联网大数据平台简化业务办理流程，减少中介介入和人工操作空间，并通过畅通信息提供渠道降低企业信息获取的成本，从而减少了权力寻租的空间，打造"清"型政商关系。

（一）打造"亲"型政商关系

所谓"亲"，是指要求党政机关坦荡真诚地同民营企业家接触和交往，多关心企业的经营发展和遇到的困难，发自内心地从民营企业的角度出发，为他们从根本上解决遇到的困难，不搞形式主义，不做表面工作，真心实意支持民营经济发展。为了打造"亲"型政商关系，义乌市委从企业的角度出发，整理总结了企业在现阶段遇到的各种困难，通过信息化、制度化、规范化的方式解决这些困难。

一是畅通了企业获取信息的渠道。义乌市委梳理整合了与企业相关的各项政策规定，并提供细致的政策解读，结合企业的"画像"为企业提供精准的信息推动和政策解读，降低企业获取信息、分析信息的成本，极大地便利了企业的经营发展。义乌市委通过上线"一网通服"平台，建立"政策知识库"，将碎片化政策"一网打尽"，汇集了全市涉企政策文件557份，政策兑现项均材料从3份缩减至0.8份，兑现时间缩短至一个月以内，极大地提高了涉企政策的落地实施水平，得到了广大企业的高度肯定。

二是便捷了企业各项手续的办理。义乌市委主动通过网络平台为符合条件的企业办理相关的手续，节约了企业线下办理手续的时间，为企业提供了极大的便利。义乌市委持续精简权力事项，333个事项实现"无需办"；建成电子证照库，开发电子证照261个，1067个事项实现仅凭身份证或者营业执照"一证通办"；实现省权力事项库2042个可网办事项100%网办和"掌上办"，网上申报率和办结率分别从90%、82.3%提高至97%、90.9%，破解了节假日办事难题；部门间办事"一次不跑"平台实现338项事项"一次不跑"，309个有时限事项办件时间从8.1天减至2.3天，135个事项实现即时办，办事材料削减了66.8%。

三是积极回应企业的需求和意见。义乌市委通过电话和网络等媒介畅通与企业的沟通渠道，要求政府官员保障信息反馈的速度和质量，真正做到从企业的角度出发，为企业打造更为便捷全面的高质量服务。义乌市委以12345（96150）热线为载体，增设营商专席，建立"1＋X"工作机制，涉企诉求1小时内响应，一般问题24小时内答复、多部门问题48小时内答复。一年多来，诉求满意率稳步提升至99.5%，重复投诉率为0，基本实现企业需求"一号响应"，企业咨询"一口回答"，企业诉求"一追到底"。

四是建立信用评价体系，形成以信用为核心的新型审批监管机制，为遵纪守法的企业提供更多在审批和业务办理方面的优惠和便利。义乌市委打造信用主体库，建成了覆盖全市 60 万市场主体和 230 万个人，涵盖 60 个政府部门、101 家金融机构共 3.5 亿条数据的信用一张网，并在此基础上实现全主体信用评价，为信用在各领域深度应用提供了坚实的支撑。"信用网"累计通过信用承诺简化审批 11.8 万人次，使守信者获得了更多的"信用收益"，既提高了企业遵纪守法的积极性，也便利了合规企业的经营运转。

（二）打造"清"型政商关系

政商关系不仅要"亲"，也要"清"。所谓"清"型的政商关系，是要求政府和企业的关系清白坦荡，既要求政府官员洁身自好，不能够以权谋私、官商勾结，也要求企业遵纪守法、正当竞争、走正道，避免暗箱操作、不正当竞争。义乌市委通过数据化、信息化业务办理和信息提供的方式，减少人为操作的空间，不仅便利了企业的业务办理，也减少了权力寻租的空间，降低了腐败发生的可能。

一是通过便捷化网络手续办理消除需要中介代办的业务，在各个领域推进无中介改革，简化业务办理流程，降低事务办理的门槛，让企业不需要通过花钱聘请中介也可以自主办理各项业务。

二是在网络平台上开展业务办理，实现政策服务、政策申报、政策兑现全上云、全留痕，通过网络办理减少腐败发生的机会，通过信息留痕的方式提升腐败的成本，从而全方面地降低腐败发生的可能，规范政商关系，为企业打造清廉的营商环境。

三是搭建了网上信息化监管平台，规范对于企业的监管方式和监管要求，实现了监管从"随意管"到"标准管"的转变，通过网络平台进行监管既能够更加及时全面地收集企业的信用数据和各项信息，也能够减少政府对企业线下检查监管的频率，通过网络进行留痕记录，减少了人为操作的可能，压缩了权力寻租的空间，规范了政府的监管模式，提升了监管效率。

四是通过专项治理，针对作风顽疾进行集中整顿。义乌市委坚持问题导向，针对在营商环境治理过程当中产生的突出问题进行专项整治。专项治理工作开展以来，共查处"干事受礼"案件21起33人，党纪政务处分19人，诫勉6人，辞退9人，其中2人被追究刑事责任；通报曝光了"干事受礼"典型问题10起，不仅集中力量解决了突出的腐败问题，也起到了很好的威慑作用。

（三）优化营商环境，提升义乌竞争力

义乌作为举世闻名的小商品之都，私营企业和私营经济是其重要的立身之本，良好的营商环境是义乌能够更好更长远发展的重要保障，义乌市委通过规范化管理制度机制、网络化政府服务方式、信息化监管模式等途径，全面建设亲清新型政商关系，打造清廉的营商环境，保障企业健康发展、公平竞争，让本地的私营企业获得更好的发展，吸引更多的私营企业来义乌发展，促进了义乌的经济社会发展，全面提升义乌的竞争力。

义乌市委全力打造"干事不受礼、办事不求人"的国际一流营商环境的廉洁创新取得了令人瞩目的成效，义乌市被列为浙江省行政执法监管平台唯一综合性试点地区，率先建成以大数据监管、标准化监管、信用监管、掌上监管、协同监管为核心的"一网通管"平台。此项改革获李克强总理批示肯定。义乌市代表在浙江省"最多跑一次"改革例会上做经验介绍，全省以义乌试点为蓝本建设统一行政执法监管平台。在工信部研究院赛迪顾问发布的《2019中国县域营商环境百强研究白皮书》中，义乌居第五位；在全国优化营商环境经验交流现场会上，义乌做了典型发言；浙江省营商环境"查短板补弱项"快速抽样调查中，义乌标杆事项数量居全省首位。

四 义乌建设亲清新型政商关系的经验和启示

义乌廉洁创新的成功离不开良好的网络技术支持和全面有力的政策支

撑，更需要合理恰当的政策目标进行引导。义乌以构建亲清新型政商关系为目标，不仅对政府也对企业提出了构建既"清"又"亲"的政商关系的要求，充分利用互联网大数据平台，为企业提供更加便利畅通的事项办理和信息获取渠道，也便于政府进行监督和治理，很好地压缩了权力寻租的空间，减少腐败的发生。

（一）为搭建网络平台提供良好的政策和技术保障

丰富的网络平台管理和使用经验是义乌市委能够成功开展创新的重要原因之一。义乌市委在开展创新之前一直按照省委的政策要求持续深入推动"最多跑一次"改革，拥有开展网络技术创新的良好的技术基础和经验。义乌市委在大力推广"最多跑一次"改革的过程当中成立了义乌市最多跑一次改革办公室，组建了既拥有良好的网络技术又拥有丰富经验的开发和管理团队，积累了丰富的创新经验，为开展此项廉洁创新打下了良好的基础。

搭建相关的网络技术平台需要有专业的技术人员来实现政府的构思想法，还需要有相关的制度机制保障部门之间的信息数据获取畅通，确保各相关部门能够协同配合，形成合力，共同完成网络平台的搭建工作。由义乌市最多跑一次改革办公室专门负责相关的制度制定和政策执行，统筹安排开展廉洁创新的各项工作，既能够很好地积累经验，提升部门的专业能力，也能够确保对于该项创新的统筹领导，能够集中整合相关的资源和力量，合理调动各项资源进行配合，确保廉洁创新开展的秩序和效率。同时义乌市委领导也高度重视这项创新，多次强调要求各相关部门配合最多跑一次改革办公室开展创新，加大了政策执行的力度，为各部门之间的联动配合和信息互通提供了保障，确保了廉洁创新能够获得各相关部门在人力、物力和信息技术上的支持，为廉洁创新的开展提供有力的支持。

（二）利用网络平台减少权力寻租的空间

腐败行为的发生，须具有权力资源（物质条件）、腐败动机（心理条件）和腐败机会（机会条件）三个条件。其中，腐败机会是决定腐败行为的关键因素，也应当是研究和预防的重点，而腐败机会出现的根本原因是制度的缺陷。[①] 完善相关制度机制建设，利用网络平台进行留痕管理，减少人为操作的空间，均可有效地减少腐败机会，进而降低腐败发生的可能。

义乌市委对行政审批、政务服务事项等进行精简和流程再造，对相关政策、信息等进行整合和公开，围绕政府数字化、办事便利化、服务智能化、管理精细化，推进政务服务智办、简办、通办、网办，在降低政务成本、提高办事效率、提升办事体验的同时，使权力在阳光下运行，减少人为介入和干预。通过网络办理审批事项和进行监管，不仅能够减少线下见面和人为操作的机会，还能够通过网络进行信息和办理事项留痕，从而最大限度地挤压、消除权力寻租空间，从源头上杜绝腐败。

（三）利用信息化手段打造信用监管平台

政府工作人员借监管之机吃拿卡要、多头检查扰民等问题，历来让企业、经营户颇为头疼。而精准高效的监管则可以有力护航实体经济发展。为此，义乌市通过建立统一的监管信息库实现了"一网通管"，构建了监管过程、主体自治、信用管理全程数字化的大数据监管格局。既可以通过网络平台进行监管，减少官员和企业家的直接接触，减少权力寻租的可能，又可以通过网络平台的监管留痕形成威慑作用，降低政企双方采取腐败行为的意愿。建立企业信用体系进行监管能够提升监管的合理性和监督内容的全面性，打造更加科学的监管机制，营造健康的营商环境。

通过互联网平台进行监管不仅能够便捷对企业行为规范的监督和审核，也可以对企业的信用情况进行监督和记录。通过网络平台实时记录企业的行为，并对其进行整合分析，设置相关指标，结合专家的主观打分对其信用情况进行评估，能够更全面及时地了解到当地企业整体的信用情况，发现存在的问题和风险，从而更有针对性地开展治理和整顿，并根据

---

① 程文浩：《预防腐败》，清华大学出版社，2011，第 1~9 页。

需要对制度进行改良或创新。对部分信用相对较低的企业，有针对性地进行监督；对信用情况良好的企业，则在审批和业务办理上提供便利，起到良好的督促作用，鼓励企业合规经营。

（四）对为官和为商的要求并重

一些地方党政机关在建设政商关系时，存在只重视对于政府官员的要求，而忽略了对于民营企业家要求的问题。这些地方党政机关在对营商环境进行整治的过程当中，仅是规范化、优化政府的政务服务和沟通渠道，但是没有对民营企业的合法合规行为进行严格的规范要求，也没有对政府的监督手段进行提升和优化，导致虽然开展了对于营商环境的制度或技术创新，但是企业贿赂、"围猎"政府官员的行为仍然存在，并未从根本上解决腐败问题。

针对民营企业贿赂政府官员的问题，也为了更好地规范民营企业的行为，义乌市委对政府的监管模式进行了优化和创新，以信息化监管的方式取代了原本需要官员线下审查的监管方式，减少了官员和民营企业家的直接接触，并进一步详细规范了政府审查的具体内容和方式，通过网络平台信息留痕的方式确保了审查的规范化和合理化，减少了权力寻租的空间，提升了腐败的成本。同时义乌市委还搭建了信用监管平台，构建了企业一体化信用评估机制，为信用程度高、行为符合规范的企业提供了更加优化和便利的政务服务，并加大了对不守信企业的审查力度，对于企业不符合规范的行为进行警告和处罚，从正、反两个方面督促企业按照制度规范开展经营活动，大大提升了企业遵纪守法、按照制度要求开展经营活动的积极性。

（五）建设既"清"又"亲"的新型政商关系

一些党政机关在优化地方营商环境时，还存在只重视建设"清"型政商关系，而不注重建设"亲"型政商关系的问题。一些地方的领导干部在处理政商关系时，可能会认为错综复杂的政商关系蕴含着不确定性，与企业过多接触会存在风险，为了避免麻烦和风险而选择远离企业家，与之划清界限，拒绝接触和交流。这种看似洁身自好的行为其实是一种懒政怠政、为官不为的行为。拒绝与企业家沟通交流就无法知晓他们真实的想法和需求，也难以知晓他们面临的困难和对政府的期望，因此也难以据此开展切实有效的制度创新，无法从根本上解决存在的腐败问题，这样的做法并不利于构建健康的政商关系。

义乌市委在建设清廉营商环境时从企业的角度出发，设身处地地为企业着想，充分了解企业的需求，发自内心地为企业解决遇到的困难，在进行充分调查研究的基础之上，结合企业切实的需求，制定了建设亲清新型政商关系的各项制度安排，从根本上解决企业遇到的问题和困难，为企业的经营和业务办理提供了极大的便利，并打造了良好的营商环境和公正有序的竞争氛围。义乌市委也积极畅通与企业沟通交流的渠道，为企业提供电话、网络等各种意见反馈的渠道，并及时回应企业的问题和需求，重视反馈的效率和质量，很好地促进了政府与企业的沟通交流，既便利了企业进行政策咨询和业务办理，也便于政府及时了解企业的情况和需求，以便及时调整和优化各项制度机制，逐步建设亲清新型政商关系。

五 进一步的思考

清廉营商环境建设是地方党政机关廉政建设的一个重要方面，我国地方党政机关以建设亲清新型政商关系为目标，开展了不少成效显著的廉洁创新实践。一些廉洁创新以解决政商关系中出现的突出问题为目标，通过制定制度机制或者采取网络平台监管的方式优化管理模式，解决腐败问题；一些廉洁创新则以建设清廉城市或清廉营商环境为目标，从全局的角度出发，全面优化或创新管理方式和管理制度，对整个地区的营商环境进行整治和优化。

从已有的廉洁创新来看，地方政商关系中容易存在的腐败问题主要集中在政府招标投资、公款储存和"一家两制"问题上。一些地方党政机关通过规范制度机制，建立网上公开招标平台的方式监督规范政府的招标行为，让群众参与对企业招标的监督，从而减少腐败发生的可能。还有一些地方党政机关对于地方公款储存的规则进行了规范,以统筹分配存储额度的方式取代了原本的竞争性存储,减少了政府官员介入操作的空间,从而减少了权力寻租的可能。"一家两制"主要指党员及国家公职人员近亲属经商办企业或在企业任职的情况,一些地方党政机关通过建立负面清单的方式对这样的行为进行了规范制约,有效减少了腐败的发生。

从全面建设清廉营商环境的廉洁创新内容来看,地方党政机关主要通过制定制度机制和引入互联网大数据平台的方式,采取畅通信息获取渠道,便利企业政务办理,监管企业行为和信用记录,以及公开政府投资招标业务的方式对当地的营商环境进行优化。在这个过程当中,互联网大数据平台的搭建和利用显得尤为重要,一是要有经验丰富的技术人员进行平台的建设和管理;二是要确保信息获取渠道畅通,打通横向部门之间和纵向各级政府之间的信息壁垒;三是要简化整合网络信息平台和业务办理方式,尽可能将各项业务和服务功能集中在同一个网站上办理;四是可以基于网络平台业务办理或是通过其他渠道收集的信息,进行监管和信用监督;五是要从企业的角度出发,不断完善和优化网络平台业务办理方式和办理内容,真正做到从企业的角度出发去发现问题、开展创新,才能够从根本上解决出现的问题,建设健康的、可持续的亲清新型政商关系。

重庆市大足区实施党员干部亲属涉权事项公开制度[*]

创新简介

  重庆市大足区实施基层党员干部亲属涉权事项公开制度，这项制度将全面从严治党向基层延伸，着力整治群众身边的优亲厚友、暗箱操作、以权谋私等"小微"权力腐败问题，畅通了惠民政策"最后一公里"，确保了"小微"权力在阳光下运行，保障了人民群众的切身利益，弘扬了社会公平正义，维护了党和政府形象。

  党的十八大以来，以习近平同志为核心的党中央全面加强党的领导和党的建设，以永远在路上的执着把全面从严治党不断引向深入。在十八届中央纪委六次全会上，习近平总书记指出："'微腐败'也可能成为'大祸害'，它损害的是老百姓的切身利益，啃噬的是群众获得感，挥霍的是基层群众对党的信任。"[①] 在党的十九大报告中，习近平总书记强调："要加强对权力运行的制约和监督，让人民监督权力，让权力在阳光下运行，把权力关进制度的笼子。"[②] 在十九届中央纪委四次全会上，习近平总书记再次强调："要深入整治民生领域的'微腐败'、妨碍惠民政策落实的'绊脚石'。"2016 年起，重庆市大足区纪委开始探索实施"党员干部亲属涉权

---

 * 作者简介：安家好，清华大学廉政与治理研究中心办公室主任。

① 习近平：《决胜全面建成小康社会　夺取新时代中国特色社会主义伟大胜利——在中国共产党第十九次全国代表大会上的报告》，人民出版社，2017，第 67 页。

② 《网言网语丨整治微腐败、保护伞、绊脚石……都说到了老百姓的心坎里》，中央纪委国家监委网站，http://www.ccdi.gov.cn/yaowen/202001/t20200115_207782.html，2020 年 1 月 15 日。

事项公开制度",有针对性地解决了群众身边的"微腐败"问题,让"优亲厚友"无处藏身,使"小微"权力行使公开透明。

一 "党员干部亲属涉权事项公开制度"实施背景

近年来,随着党和国家对民生投入的持续加大,惠民资金项目呈现出"总额大、单个小,数量多、分布广"的特点,监督管理乏力导致以权谋私、优亲厚友等问题在基层易发多发,社会影响恶劣,群众反映强烈。

中央纪委持续部署开展群众身边不正之风和腐败问题整治,释放出"越往后执纪越严"的强烈信号,大足区纪委认真贯彻落实党中央决策部署和中央纪委、重庆市纪委工作要求,围绕治理"微腐败"问题,于2016年底开展了为期2个月的"党员干部利用手中职权优亲厚友问题"专题调研,发现基层党员干部以权谋私、优亲厚友等问题比较突出。同时,大足区纪委对2014~2016年的信访举报件和查办案件进行了梳理分析,发现涉及此类问题的信访举报件占民生类信访件总数的24%;查办案件占民生类案件总数的45%;巡察发现问题线索占问题线索总数的40%。这种"小微"腐败不断啃噬的是党与群众的血肉联系,动摇的是党的执政根基,作为专职履行监督责任的政治机关,大足区纪委为寻求解决这一突出问题不断进行着思考和探索。

按照"实践探索在前、总结提炼在后"的思路,大足区纪委对党员干部亲属涉权事项公开制度进行了周密的制度思考和工作探索,主要分为建立制度体系、实施信息化管理、完善大数据监督三个阶段。2017年5月,在经过充分调研论证后,大足区纪委确定在区农委、区民政局开展试点,集中对涉农、扶贫和低保领域的党员干部亲属涉权情况进行梳理、比对、核查,取得了阶段性成效。2017年10月,在总结试点经验的基础上,大足区出台《党员干部亲属涉权事项报告制度》,正式在全区范围内推广实施。2018年4月,为提高制度的可操作性、保障制度的时效性和真实性,大足区纪委运用信息化管理技术,按照简便、易行、可操作、可复制的原则,搭建党员干部亲属涉权事项信息化管理平台,并在全区各级各部门推广应用。2018 年 5 月，重庆市纪委在大足区召开党员干部亲属涉权事项公开工作现场推进会并在全市各区县推行。2019 年 12 月，为进一步加大对各级各部门制度执行情况的监督力度，大足区纪委开通党员干部亲属涉权事项公开大数据平台，实现对制度执行情况的可视化、数据化、智能化管理。

二　"党员干部亲属涉权事项公开制度"的流程与实践创新

在重庆市大足区"党员干部亲属涉权事项公开制度"这个案例中，制度的每个环节责任清晰，设计报告、比对、核查、公示、说明环节由各级党组织负责，对各环节工作的监督检查和对违纪违法问题的调查处理则由相关纪检监察机构负责。

（一）制度流程

按照简便易行、集约高效、可复制可推广的原则，大足区纪委将党员干部亲属涉权事项公开制度设计为 6 个环节。

一是报告。党员干部主动向所在单位报告自己和亲属信息，包括：本人、配偶、子女及其配偶，本人及其配偶的父母、兄弟姐妹及其配偶，祖父母、外祖父母、孙子女、外孙子女和其他具有法定扶养、赡养关系的亲属。各单位收集非普惠制的财政补助资金项目信息，包括惠民富民、救济救助、以奖代补、先建后补、项目补助、物资采购、工程建设等。在此基础上，分别建立全区党员干部亲属关系数据库和惠民资金项目数据库。

二是比对。各级各部门在审批惠民资金和建设项目时，将其受益人信息数据与党员干部亲属信息数据库进行比对，精准发现党员干部亲属涉权情况，并及时反馈给相关单位，同时告知涉及的党员干部。

三是核查。各相关单位按照"谁主管、谁负责"的原则，对涉权事项进行合规性核查。如果涉权事项中的资金项目此前已经严格按照相关行业规定核查过，经承诺后可不再核查。凡核查发现不符合相关政策和规定的，应及时采取取消、停发等措施进行处置，并作为问题或问题线索移送

49

相应纪检监察机构。

四是公示。对通过核查的涉权事项，按照"分级负责、双向公示"原则，在该党员干部所在单位和惠民资金项目实施地所在的村社区分别进行公示，接受群众监督，公示期限不少于7天。公示期间收到举报投诉的，相关纪检监察机构应及时受理并报送区纪委监委备案。

五是说明。对涉权事项以及由此受到处理的情况，党员干部应在当年的民主生活会或组织生活会上作说明，接受组织监督。不是中共党员的干部，在领导班子会或职工会上作说明。

六是监督执纪。各级纪检监察机关按照一定比例，随机抽查本辖区和综合监督单位党员干部亲属信息填报、资金项目录入和涉权事项等情况；区纪委监委不定期进行随机抽查、复查。同时，严肃查处优亲厚友等问题并通报曝光。

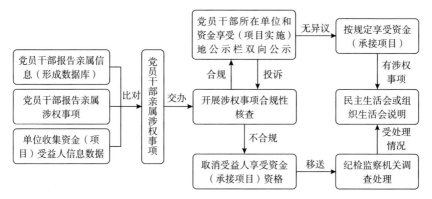

大足区党员干部亲属涉权事项公开制度路径

（二）制度执行

大足区在执行"党员领导干部亲属涉权事项公开制度"的过程中，按照重庆市纪委的指示要求和大足区委的安排部署，狠抓责任落实和监督执纪，将该项制度扎根基层，取得了显著成效。

一是抓宣传发动。党的十九大报告指出，凡是群众反映强烈的问题都要严肃认真对待，凡是损害群众利益的行为都要坚决纠正。该区坚持把为了群众和依靠群众有机统一起来，充分利用报纸、电视、网络、广告和群众喜闻乐见的其他形式，让这项制度走进千家万户，真正把老百姓发动起来，让老百姓参与进来。该区用群众看得懂、好理解的语言，将这项制度的目的、流程、方式进行归纳提炼，印制发放 40 万份宣传单，制作播放宣传动画短片、广播稿等，要求各镇街、各村社通过上街、上门、上墙、上网、上柜台等形式，确保家喻户晓。开通"清廉大足"微信公众号涉权事项子板块，一键查询党员干部亲属涉权事项。该区还配合试点探索进程，通过《中国纪检监察报》、《重庆日报》、重庆电视台、华龙网、党风廉政建设杂志等媒体，对这项制度的推进情况进行了宣传报道，较好地提升了群众的知晓率。

二是抓责任落实。按照大足区委的总体要求，大足区纪委负责牵头抓总和统筹协调，各级党组织是落实这项制度的主体，主要负责人是"第一责任人"，分管领导对其分管领域内的涉权事项公开工作承担直接责任，对党员干部报告亲属信息、涉权事项和民生资金（项目）的比对、核查进行具体审核把关。各级纪检监察机关承担监督责任，对不如实报告、不严格核查等问题进行调查处理。由此倒逼"两个责任"在民生领域的压力层层传导。例如，在报告亲属信息和涉权事项环节，相关负责人对党员干部报告的内容要进行审核并签署意见，倒逼责任领导不仅加强对管辖范围内业务工作的把关检查，同时还注意加强对党员干部"八小时"以外家庭、生活情况的了解掌握，从而使责任落地，让监督不悬空。

三是抓政策执行。这项制度的根本目的，是促使党的各项惠民政策精准落地，让该得的理直气壮、让不该得的一分也不能得。对以权谋私、优亲厚友等问题，则坚决予以纠正和处理。例如，该区三驱镇佛会村综合服务专干段某富，违规将儿子段某某纳入自己父亲的家庭搭车申报成为建卡贫困户。经比对核查后，相关部门取消了其儿子的享受资格，要求其清退已经享受的扶贫资金。对符合条件的，坚持严格执行政策，决不能因为这项制度，简单粗暴地搞"一刀切"，打击基层党员干部的认同感和积极性。例如，该区季家镇石桥村党总支书记唐兴成认为其胞弟唐兴华一家享受低保让自己有优亲厚友之嫌，便劝其退保。入户核查发现，唐兴华家庭经济负担很重，其妻患有严重的慢性疾病，完全符合低保条件。对此，区纪委责成相关部门立即进行了纠正。

四是抓执纪监督。大足区纪委探索这项制度的初衷，是把监督关口前移，减少存量、遏制增量。因此，该区一方面强调各级党组织是具体实施这项制度的责任主体，同时也立足职责、勇于担当，要求各级纪检监察机关切实担负监督责任，聚焦6个环节，较真碰硬、执纪问责，倒逼各级党组织抓落实、见成效。制度实施初期，该区对4名不报告或不如实报告亲属信息的党员干部进行了批评教育，对亲属涉权事项较多的6名处级领导干部进行了函询提醒，对在政府采购中涉权问题突出的1个区级部门发出了监察建议，对1名科长的兄弟同时中标同一项目的两个标段进行了双向公示，较好地发挥了监督和震慑作用。

（三）制度创新

大足区的廉洁创新举措围绕群众最关注的热点问题，以对党员的纪律要求为切入点，抓住从严治党向基层延伸的着力点，不仅结合了组织监督和群众监督，还突破了基层权力运行中"公开透明"的难点，利用大数据监督的方式，让惠民政策精准落实。

一是聚焦党员干部"优亲厚友"这个热点。近年来，村（社区）、镇街和涉及民生领域职能部门的干部"优亲厚友"问题易发多发，是群众身边的不正之风，群众反映大、投诉多、查证难，不仅是群众关心的重点，也是社会关注的热点。涉权事项制度通过厘清党员干部亲属关系，采取比对核查等方式，切实解决了党员干部在民生领域利用职权优亲厚友等问题。

二是选好"忠诚老实"这个切入点。对组织忠诚老实，是评价党员干部政治纪律和政治规矩意识的首要条件。涉权事项制度要求党员干部向组织如实报告亲属基本情况及亲属获取惠民补助情况，并做出公平公正承诺，就是从维护党纪权威出发，考验党员干部的政治意识、规矩意识和对组织的忠诚。一旦发现党员干部不如实向组织报告，一律严肃处理。

三是抓住全面从严治党向基层延伸和治理微腐败的着力点。涉权事项制度切实加大全面从严治党压力传导力度，层层压实治理基层微腐败的政治责任。例如，申报环节各级党组织主要负责人要对党员干部申报内容进行审核；建立数据库、比对、公示等环节，明确了业务科室主抓、分管领导审核、主要领导把关的责任；核查环节，明确业务科室是第一责任主体；监督执纪环节，纪检监察机关履行"再监督"职责，加强监督执纪问责。通过责任分解，做到人人身上有担子，压力层层传递到基层，推动管党治党责任落细落小落实。

四是找准组织监督和群众监督这个结合点。涉权事项制度督促存在亲属涉权的党员干部每年通过民主生活会、组织生活会或者职工大会向组织主动说明情况，并通过党务、政务、村务公开公示栏和区纪委微信公众号将党员干部亲属享受惠民资金项目情况予以公开公示，确保党员干部在民生项目、资金领域运用权力的全过程置于组织和群众的监督之下，让干部说得清楚，让群众看得明白。

五是突破基层权力运行中公开透明这个难点。权力运行不公开不透明是导致"优亲厚友"等群众身边的不正之风和腐败问题发生的重要因素。根据涉权事项制度，将比对出的党员干部亲属涉权事项通过公开公示栏、微信公众号等方式在党员干部所在单位和资金享受（项目实施）地进行双向专项公示，进一步提升了党员干部权力运行的透明度，避免了民生项目、资金管理使用过程中的"群众知晓率低""监督不到位"等问题。

六是打通惠民政策落实"最后一公里"这个堵点。个别基层党员干部利用职权私自截留、挤占挪用、克扣私分惠民资金，搞"雁过拔毛"、以权谋私，致使惠民政策落实不到位，严重啃噬了群众的获得感，降低了政府的公信力，损害了党群干部关系。涉权事项制度有效遏制了党员干部以权谋私的行为，让群众该得的一分不少，不该得的一分不得，使惠民政策精准落实到位。

七是用活"大数据＋监督"这个便利点。涉权事项制度通过构建简便、易用的大数据管理平台，对各级各部门制度执行情况进行实时监督、智能预警和比对分析，打造流畅有序的监督闭环，为涉权事项公开工作插上科技的翅膀，实现整体推动相关工作从"人工跑"向"数据跑"优化升级。

三 "党员干部亲属涉权事项公开制度"的实施成效

该项制度在整治基层"微腐败"方面取得良好的成效，获得社会各界的高度认可。

（一）制度实施的成果

"党员领导干部亲属涉权事项公开制度"的执行成效主要体现在以下三个方面。

一是有效监管保障政策落实。截至 2021 年 6 月 30 日，大足区共计9891 名党员干部报告亲属信息 106969 人次，共涉及惠民资金（项目）6156 项、受益 233.6 万人次、金额 89.71 亿元，发现党员干部涉权 3.41 万人次、金额 4.64 亿元。取消不符合条件的低保、扶贫、移民后扶、困难群众救助对象、CD 级危房改造等 842 人次，清退资金 261.5 万元。重庆市纪委监委第八纪检监察室负责人表示，伴随着党员干部亲属涉权事项公开制度在全市开展，其治理效果正在基层逐步凸显。制度"红利"不止于此。重庆市纪委监委有关负责人称，这项制度给了党员干部对"说情打招呼"说"不"的底气，给基层群众一本"明白账"，确保惠农惠民资金落到实处。有了这项制度，不仅为纳入临时救助对象、慰问对象"说情打招呼"的没有了，有的干部亲属还主动申请退出，党员领导干部的工作更加好开展。

二是严格执纪，持续警示震慑。截至 2021 年 6 月 30 日，大足区纪委监委通过党员干部亲属涉权事项公开制度，累计发现并查处违纪违法问题95 件 143 人，其中给予党纪政务处分 32 人、问责 35 人，移送司法机关 1人，4 个党组织受到处理。在党员干部单位和资金享受（项目实施）地双向公开公示涉权情况 1.28 万次，党员干部在民主生活会或组织生活会上向组织说明涉权情况 1.12 万次。党员干部亲属涉权比例由 7% 下降到目前的

1%，违规涉权比例由 11.3% 下降到 0.03%，查处优亲厚友问题案件占比由 54% 下降到 5%。同时，从涉权事项不合规处置时间看，不合规涉权人次持续下降，2018 年 764 人次，2019 年 36 人次，2020 年 19 人次。党员干部优亲厚友、违纪违规问题的查处量大幅下降，2018 年 87 件 130 人，2019 年 6 件 9 人，2020 年 2 件 4 人。党员干部亲属涉权事项公开制度在惩治和防止"小微权力"腐败上持续发挥着明显作用。

三是持续深化拓展制度成效。2021 年，按照重庆市纪委监委要求，大足区纪委监委从监督扩面、数据提质、流程优化、系统融智、信息共享、隐私保护六个方面对该制度进行了优化升级。升级后，此前未纳入制度实施范围的区级部门和区管医院、学校、国有企业等 107 家单位纳入制度监督范畴，实现对全区党员干部、财政资金项目全覆盖、无死角监督。通过设置数据校验规则、建立项目清单，杜绝个别党员干部虚报、乱报身份信息问题，个别单位搞选择性录入问题。进一步优化制度环节，取消涉权事项党员干部主动申报的规定，涉权事项由核查人自行判定是否需要再核查，无须核查的经承诺后直接进入公示环节；在"清廉大足"微信公众号设置"涉权事项"板块，实时向社会公开全区党员干部亲属涉权事项。运用大数据分析技术，新建数据模型进行全面比对，实时发现异常数据。开通制度执行预警，对交办、登录等制度各环节执行情况自动预警提醒。增设个人、单位廉政风险预警，设置 16 项指标，为各单位及党员干部廉政"画像"提供数据参考。将涉权事项大数据平台服务器迁移上云，实施三级保护，提升数据安全性。2021 年以来，该区通过 12 个第三方数据模型发现死亡人员领取低保等异常情况 825 人次，已核实并督促整改问题 57 个。通过数据校验规则纠正历史错误数据 2391 条，对 15 个单位超期事项进行了提醒督办。

从整治效果可以看出，党员干部亲属涉权事项公开制度"务实管用、简单高效"，重庆市在推广过程中不搞简单复制，各区县结合自身实际在实践中不断完善制度措施。到 2019 年 3 月，重庆全市比对发现党员干部亲属涉权事项 33.6 万余条，核查出不符合条件享受政策 3697 人，发现问题线索 4601 条，组织处理 855 人、处分 71 人、移送司法机关 2 人，有 9370

名干部及其亲属主动向组织说明情况。重庆市长寿区结合深化国家监察体制改革和贯彻落实监察法,将涉权事项人员外延扩展到所有行使公权力的公职人员,在辖区内不留公权力盲区,全面推开。永川区根据惠农惠民政策的变化动态调整党员干部亲属涉权事项公开内容。

(二)社会认可度高

实施党员干部亲属涉权事项公开制度以来,基层干部群众普遍反映良好,给予了积极评价。有的党员干部认为,这项制度打破了基层"人情社会"的困扰,增强了向"说情打招呼"说"不"的底气,对干部来说是一种久违了的"解脱"。例如,大足区龙岗街道西街社区原党委书记张雪梅说:"以前,逢年过节,总有一些干部说情打招呼,想把自己的亲戚朋友纳入临时救助、慰问对象。有了这个制度,不仅说情打招呼的没有了,还有的干部亲属主动申请退出,我们的工作就好做了。"有群众反映,有了这个制度,让大家都看得清清楚楚、明明白白,应该点个赞。例如,大足区棠香街道和平村村民代可海说:"以前我们还以为那些当官的亲戚都享受了低保,公示贴出来以后,我们才晓得不是那么回事,以后没必要再去瞎猜疑。"

(三)经验复制推广快

党员干部亲属涉权事项公开制度经媒体报道后在全国各地引起不小的反响,北京市、上海市、浙江省、河南省、山东省、福建省等纪检监察机关先后来到大足交流学习,北京市丰台区,山东省平度市、莱西市,云南省富源县、耿马傣族佤族自治县,江西省永丰县、崇义县,广西壮族自治区南宁市等多地在借鉴运用党员干部亲属涉权事项公开制度的过程中取得了明显的成效。例如,涉权事项公开制度为重庆市巴南区龙洲湾街道办事处、云南省耿马傣族佤族自治县勐永镇芒来村、江西省永丰县恩江镇文江村的党员干部既洗清了滥用职权的冤屈,又赢得了群众的信任。山东省平度市纪委监委已经对首批移交的48条线索进行了处置,查实40件,给予党纪政务处分24人,组织处理30人,其中发现职务违法犯罪问题线索2

起，对 5 人进行监委立案调查，收缴违纪资金 24 万余元。总的来说，这项制度还了干部一个清白，给了群众一个明白。

四　"党员干部亲属涉权事项公开制度"的创新性

技术的创新与发展对于推动治理具有重要作用。技术能够革新治理工具，其可持续性对于纪检监察机关进行监督的创新与改革具有重要意义。重庆市大足区在推进"小微"权力监督中，积极运用信息技术打造覆盖民生领域资金项目的监督系统，拓宽监督渠道，增强精准发现问题的能力，为民生监督插上科技的"翅膀"。其创新具体表现为以下四个方面。

（一）搭建平台、整合信息数据，开启民生监督新模式

针对民生领域腐败和作风问题，一些地方纪委监委采取了人工筛查、实地走访等措施，但由于此类问题涉及点多面广、信息不对称、人力有限等原因，监督效果往往不尽如人意。运用新技术开展监督，不仅能准确记录民生领域每笔资金的走向和每个项目的内容，还可以依靠对比、排查，速度更快、质量更高地发现问题。重庆市大足区纪委监委通过探索创建"党员干部亲属涉权事项公开制度"，搭建党员干部亲属涉权事项公开大数据平台，建立党员干部亲属关系数据库、惠民资金（项目）受益人数据库，在申请人领取惠民资金、享受惠民项目前即进行系统自动比对，发现异常情况并及时处理，有效确保惠民资金（项目）的安全性，确保党和国家的惠民政策落到实处。

（二）实时比对、主动出击，助推监督更加精准高效

平台是静止的，如果不能让数据活起来，精准发现问题、高效解决问题将是一句空话。为此，在重庆各区县建立党员干部亲属涉权事项公开制度，组织建立信息管理系统，分级录入党员干部近亲属信息及享受民生补贴资金、参与民生项目建设等信息。在此基础上，开发相关软件，让干部信息数据与民生平台数据实现自动比对，将可疑信息抽取出来，及时反馈

给相关部门进行核实处理。此举实现了数据的自动汇总、自动比对、自动分析，纪检监察机关通过"一键筛查"，就能快速锁定疑似问题线索，变"大海捞针"为"精准出击"。例如，大足区高升镇旭光村村委会主任周某某将其6名亲属违规申报为建档立卡贫困户，三年时间都未被发现。通过信息系统比对，周某某违规违纪问题一下子就露出了"尾巴"，并受到严肃处理。

（三）相信不迷信、信赖不依赖，开展监督离不开线上线下相结合

信息科技监督要想充分发挥作用，离不开有效的梳理分析和实地调查走访。重庆市城口县在对民生资金筛查时发现，厚坪乡龙盘村"在不同区县订购的独活种苗单价一模一样"。县纪委监委立即通过信息平台对台账和项目明细进行查对，随后组建调查组到项目地实地调查，严肃查处了时任村党支部书记魏某某以获取差价的方式骗取扶贫产业资金的违规违纪问题。有的地方过分依赖信息技术，以为鼠标一点，便高枕无忧、万事大吉，这种认识是错误的。只有加强相关系统和平台建设，及时更新换代，强化日常监督管理，加强分析研究，对平台发现的问题疑点及时核查，这样才能提升监督的准确性和有效性。

（四）畅通渠道、全面公开，激发群众参与热情，织就监督的天罗地网

平台搭建后，数据躺在"库房"里，仅等待自动比对去发现问题，监督的作用就会大打折扣。通过各种方式，数据得以全面公开，让老百姓看得见、看得懂、看得明白，将党内监督和群众监督相结合，有力提升了监督效能。重庆市在相关区县试点，通过便民一体机、手机App、农村闭路电视等途径，将民生平台数据和党员干部涉权事项在一定范围内公开，接受群众无处不在的监督，效果十分明显。例如，奉节县将信息平台搬上电视，开辟"奉节民生监督电视村务公开专栏"，群众在家里就能查看本村项目资金等的运行情况。

对于许多一心干事创业的党员干部而言，这项制度并不是"紧箍咒"，而是帮他们卸下了沉重的"人情负担"。亲朋好友说情打招呼的没有了，帮助他们从各种人情世故中解脱出来。虽然"党员干部亲属涉权事项公开制度"的实施对民生领域的腐败治理提供了实践性参考，但未来还需进一步提升该项制度的普适性。希望这项制度能逐步向全国推广，成为遏制"蝇贪"的监督利器。

广州市白云区村社换届选举的"六公开"新模式[*]

创新简介

　　广州市白云区创新实施公开报名、公开申报、公开廉洁参选、公开集中竞选、公开宣誓就职、公开履职承诺的"六公开"村社换届选举新模式,"六公开"具有严谨的科学性、较好的实操性和广泛的群众性,有效缓解了村社党组织建设基础薄弱、村社干部违纪违法现象频发、村社换届选举风气不正等突出问题,开创了村社基层组织换届选举的新模式,拓展了村社治理的新思路,创新了基层监督的方法,丰富了基层文化建设的内涵,为推进村社基层治理体系和治理能力现代化提供了宝贵经验。

　　党和国家历来高度重视基层党组织建设。习近平总书记指出:"要从巩固党的执政基础的高度出发,坚持问题导向,进一步加强农村基层党组织建设,完善各项村级民主管理制度,特别是选好、用好、管好村两委'带头人',加大严肃查处不正之风和违法违纪行为的工作力度,为农村改革发展稳定提供有力保障。"[1] 做好村社换届选举工作是推进全面从严治党向基层延伸的重要抓手,是完善和创新基层社会治理的重要基础。2016年初,广州市白云区把村社换届作为解决基层突出问题、提高基层工作标准、强化村社干部教育的重要抓手,从换届风气监督切入,探索推行换届选举"六公开"新模式,选好村社"领头雁",强化村社干部教育监督管

---

*　作者简介:冯旭,清华大学公共管理学院硕士研究生。

[1]　郑平:《把加强基层党组织建设作为整改落实的重要任务》,《求是》2014年第15期。

理，打好村社治理"组合拳"，基层政治生态得到了明显改善。

一　推行"六公开"的起因和背景

党的十八大以来，以习近平同志为核心的党中央全面加强基层党的建设，部署推进基层治理体系和治理能力现代化，着力解决发生在群众身边的腐败问题和不正之风，基层村社发展取得了历史性成就。广州市白云区位于广州市中北部，面积795.79平方公里，现有4个镇、20个街道办事处，共计118个行政村、48个经济联社、284个社区，是广州市中心城区面积最大、人口最多的区。虽是中心城区，但该区城乡二元结构非常明显，尤其是农村行政村和经济联社（以下简称"村社"）基础比较薄弱，干部队伍素质不高、能力不强，治理矛盾和问题突出，与新时代全面从严治党战略、乡村振兴战略以及基层治理体系和治理能力现代化的要求差距较大，亟待解决。

（一）村社党组织建设基础薄弱

农村基层党组织是农村各项事业的领导核心，其作用发挥得怎么样，关系重大。通过巡察和日常监督发现，部分村社党组织党的建设不力，党的领导弱化虚化，党内政治生活泛化边缘化的问题比较突出，"两委"班子核心领导作用发挥不明显。自2017年以来，先后有33个村社党组织（占比19.9%）被区确定为软弱涣散党组织，必须重点加强整治。

（二）村社干部违纪违法现象频发

村社要发展，干部先带头。然而，在一些地方，由于缺乏监督，个别村社干部出现违纪违法现象。村社换届选举"六公开"新模式探索实施之前，白云区村社干部因违纪违法被查处的情况屡屡发生，窝案串案现象明显。据统计，2013～2015年查处的村社干部违纪违法案件量占当年总案件量的比例超过30%。这些发生在群众身边的腐败问题，严重损害了党和政府的形象，侵蚀了党的执政根基。

（三）村社换届选举风气不正

村社换届选举"六公开"新模式探索实施前，部分镇街片面理解"村民自治"，忽视党在"自治"中的领导把关作用，搞"放羊式"自治，村社换届选举中的拉票贿选、暗箱操作、宗族势力干扰和腐败问题屡有发生，选出的村社干部不为民办事，甚至违法乱纪，严重损害了选人用人公信力，破坏了基层政治生态。在 2013 年某街道某经济联社换届选举中，曾有参选人当选后大摆流水席宴请部分村民。2015 年，先后有十多名经济联社及经济合作社领导成员涉嫌违法违纪被立案查处。[①]

二 "六公开"的运行与实践

白云区纪委监委意识到，要解决村社的突出问题，抓住"关键少数"、选好村社"领头雁"至关重要。为从根源上优化村社治理，白云区推出以公开报名、公开申报、公开廉洁参选、公开集中竞选、公开宣誓就职、公开履职承诺等为主的村社换届"六公开"措施，分三个阶段逐步推广，同时推动打造村社干部履职全生命周期"监督闭环"，实现村社换届全流程规范化，真正选准配强村社干部，进而优化基层治理，实现对村社干部的精准监督。

（一）三个阶段逐步推广

为解决基层突出问题、提高基层工作标准、强化村社干部教育，白云区有关部门组织 7 个调研组，深入 22 个镇街集中调研，与村社干部、普通党员和群众座谈，听取意见和建议。为从根源上优化村社治理，白云区探索推行换届选举"六公开"新模式，分三个阶段逐步进行。第一阶段，试点阶段，时间为 2016 年。在充分调研的基础上，在云城街萧岗经济联社、

---

① 罗艾桦、姜晓丹：《广州白云区推行"六公开"制度选准配强村社干部》，《人民日报》2020年7月9日。

"六公开"主要做法示意图

新市街小坪经济联社、嘉禾街望岗经济联社等 3 个联社先行试点"六公开"选举模式。试点中，3 个联社共有 28 名干部通过"六公开"进入村社班子队伍，取得较好效果。第二阶段，进入全面实施阶段，时间为 2016 年底至 2017 年底。2016 年底，白云区在总结试点经验基础上正式印发《关于加强做好白云区村、社"两委"换届风气监督工作的指导意见》，明确村社换届选举"六公开"的适用范围、工作要求和操作程序等，在全区全面推行"六公开"新模式。2017 年全区到期换届的 118 个行政村、9 个经济联社均按"六公开"要求完成换届。"六公开"被广泛接受，并获得基层干部群众的充分肯定。第三阶段，拓展深化阶段，时间为 2018 年初至今。2018 年后，一方面在其他到期换届的村社继续推行"六公开"新模式，另一方面注重强化对被选举出来的村社干部的教育监督管理，建立健全村社干部"村官大讲坛"述职、公开述责述廉述德、履职正负面清单、违纪违法通报曝光、"三资"监管等制度，对村社干部履职情况进行全方位全周期监督，不断提高村社治理体系和治理能力现代化水平。

（二）六个内涵协同发力

"六公开"村社换届选举新模式紧紧围绕"选什么人、怎么选、选后怎么管"的问题，涵盖公开报名、公开申报、公开廉洁参选、公开集中竞选、公开宣誓就职、公开履职承诺共六个方面，规范了村社换届的全流程，在推进村社基层治理现代化系统工程建设，选好、选对村社干部，坚决把住村社带头人"入口关"，夯实村社治理的组织基础等方面发挥了重要作用。

1. 公开报名：把好参选资格关

在属地镇街党（工）委的组织下，要求所有参选人向选举委员会报名，并向选民公示报名情况，把名单晒在阳光下，接受群众的监督，防止选举结果出现"黑马"。在设置报名条件时，对参选条件在省、市"7不提名"的基础上增加4种不提名情形，即正被司法机关追究刑事责任的不提名；"裸官"不提名；有"两违"（参与违法建设、违法用地）情形的不提名；涉"散乱污"的不提名。同时，由纪检监察、组织、公安、农业农村、民政等8个部门组成联合审查组，对参选人逐一"过筛"，对不符合条件的取消其参选资格，防止"带病"参选。

2. 公开申报：传递监督压力

参选人须向镇街党（工）委申报本人及其直系亲属与本村社签订的经营性合同情况，出国（境）证照情况，是否曾受刑罚、组织处理、纪律处分等个人重大事项，并鼓励以适当方式向群众公开。公开申报既是考验参选人对组织忠诚的"试金石"，又能让那些自身不干净、动机不纯的人望而却步，还将今后进入"两委"的村社干部置于上级党委和群众的监督之下。同时，镇街纪（工）委通过调取档案、实地走访等方式抽查申报情况，对部分信访举报问题突出的重点人选，区纪委提级介入核查，持续传导压力，从源头上防止村社干部"带病"上岗。

3. 公开廉洁参选：做实选前教育

组织参选人就遵守换届纪律、依法依纪公平参选等方面签署"廉洁参选承诺书"，并在村社公开栏向选民公开。例如，承诺"不以赠送财物、宴请、安排工作岗位或其他利益输送的方式拉票；不组织、策划、参与或指使他人实施操纵选举、煽动群众上访闹事、挑拨宗族关系制造事端等不正当活动等"。同时，镇街纪（工）委对参选人进行集体廉政谈话和个人廉政谈话，面对面进行廉政教育；组织集中观看区纪委制作的村社干部警示教育片，用身边事教育身边人；在公共场合滚动播放换届选举宣传动漫，逐户发放换届风气监督宣传手册，唤醒村社干部自觉接受监督意识和群众主动监督意识，营造廉洁参选氛围。

4. 公开集中竞选：规范竞选行为

搭建公开集中竞选平台，一方面，由参选人向选民作竞选演讲，向选民介绍个人基本情况、竞选职位及理由、治理村社方案、当选或落选态度等，增进选民对参选人的了解；另一方面，明令禁止私自开展自我宣传等拉票活动，防范不正当竞争行为。同时，镇街纪（工）委成立换届风气监督小组，在各村社、酒店等进行明察暗访，防范请吃贿选等不正之风，营造公开公平公正的竞选环境。例如，在2017年江高镇村社基层组织换届选举中，先后有7名参选人因拉票贿选被取消参选资格。

5. 公开宣誓就职：强化责任担当

由镇街党（工）委书记给当选人颁发当选证书，组织当选人面对党旗、国旗和党员群众代表集体公开宣誓就职，将拥护党中央权威、服从上级党组织领导、严格执行法律法规、服务当前中心工作、团结带领群众发展经济、落实民主管理制度、自觉接受群众监督等作为誓词内容，让村社干部在庄严的仪式中感受组织和群众监督的压力，强化政治意识、法治意识、责任意识和为民服务意识。

6. 公开履职承诺：立下监督"靶子"

组织当选人签署和公开"廉洁履职承诺书"，并存入村社干部廉政档案。"廉洁履职承诺书"把村社干部廉洁履职的基本要求、组织和群众的期望以及当前村社干部履职中可能出现的廉洁风险纳入其中。例如，承诺"'三资'管理要规范，严格遵守农村财务管理规定，集体资产资源全部在'三资'平台交易，执行大额资金异动预警制度""自觉接受监督，严格遵守村社务公开规定，积极推行党务、村务、财务公开'白云模板'，支持村务监督委员会（村民理财小组）开展工作"等。同时，村社干部要在年度"三述"中向组织、党员和群众代表汇报履职承诺情况，在群众面前立下监督的"靶子"。

（三）精准监督查找漏洞

通过"六公开"把好的种子选出来之后，还需要好的制度土壤，方能培养出让组织放心、群众满意的"领头雁"队伍。为此，白云区以"六公开"为牵引，推动制定一系列制度措施，打造村社干部履职全生命周期"监督闭环"，实现对村社干部"微权力"的精准监督。

从白云区查处的村社干部违纪违法案件看，近70%的案件与"三资"失管失控有关。针对"三资"监管漏洞问题，白云区全面实施"大额资金异动预警＋实时记账"，全区所有村社均被纳入预警监控，实现联社"三资"交易平台提级至镇街管理，实施经济社出纳账由村代管、村账镇（街）代管制度；推进党务、村务、财务公开，用微信公众号推送，让群众看得懂、好监督。为摸清村社资产资金底数，2019年以来，白云区还开展大规模合同清理，清理整改问题合同5.1万份，追回合同欠收租金6.09亿元。

为加强对村社干部的日常监督，白云区制定《村社干部履职正负面清单》《白云区防止村（社）干部利益冲突若干规定》，规范村社干部履职行为。从2018年开始，白云区在广州市率先要求村社干部每年面对群众公开述责述廉述德（简称"三述"），接受群众的监督问政，为4100多名村社干部建廉政档案，把"三述"等情况全部纳入廉政档案，并按每年不少于5%的比例进行抽查。

三　推行"六公开"的意义与成效

白云区村社基层组织换届选举"六公开"的实行，既顺应了新时代的发展要求，创新了村社换届选举的理论，又为推动村社治理提供了生动实践，具有鲜明的理论创新和实践特色。谈到2019年参加选举时的变化，云城街道萧岗经济联社党委委员何恺说："以前个别参选人会拉票送礼，现在完全不一样了。联社党委班子选举，参选人要申报个人财产，宅基地多少、外面有没有房产等，也都要登记得清清楚楚。"① 相关的做法也得到了上级纪委的充分肯定，相关信息被广东省纪委监委网站、广州市纪委监委网站采用，相继被人民网、《广州日报》等主流媒体报道，产生了较为广泛的社会影响。2017年"六公开"入选人民网年度"创新社会治理优秀案例"，2019年被评为"广州市加强和规范党内政治生活十大示范项目"。2018年以来，陕西省汉中市、河南省荥阳市、重庆市等兄弟城市先后调研白云区"六公开"做法，"六公开"因其时代性、科学性、群众性而可推广、可复制。

（一）为村社换届选举提供理论创新

"六公开"为村社换届选举提供了新模式、新思路、新方法和新内容，填补了村社换届选举中实操层面的空白，抓住了选人这一主要矛盾，并通过一系列举措加强对村社干部履职的全生命周期监督，让先进的选举模式成为一种潜移默化的文化，根植于人民心间。

1. 新模式：环环相扣，步步推进

我国的《村民委员会组织法》仅对村社基层组织换届选举做了原则性要求。"六公开"弥补了村社换届选举操作层面的欠缺，进行了全流程再造，环环相扣，步步推进，开创了村社换届选举的新模式。这种模式既充分发挥了党组织对基层的领导核心作用，强化了党对一切工作的领导，又有效解决了过去村社干部"抱团选举""轮流当选"的乱象。同时，这种模式能有效激发群众参与监督的积极性，保障群众民主权利的实现，村社基层组织换届选举面貌焕然一新。

2. 新思路：抓住选人的关键一步

基层社会治理重点在村社，难点在村社。村社稳，则社会稳；村社安，则社会安。村社干部在村社治理体系现代化中起主导和关键性作用。"六公开"体现了先解决"人"的问题的思路，把选好"领头雁"作为村

---

① 罗艾桦、姜晓丹：《广州白云区推行"六公开"制度选准配强村社干部》，《人民日报》2020年7月9日。

社治理的关键一步,从"选人难、难选人"切入,真正把熟悉党的理论政策、拥护党的领导、热心村社工作、愿意为民服务、自身清正廉洁、受群众欢迎的人选到村社干部岗位,为村社治理提供队伍支撑,这既是现实客观需要,也是民心所向。

3. 新方法:履职全生命周期"监督闭环"

"六公开"的每一步都离不开组织和群众的监督,特别是公开申报个人重大事项,既是组织关注的重点,也是对群众期盼的积极回应,为组织和群众监督提供了有效抓手。同时,以"六公开"为牵引,通过建立村社干部廉政档案,制定村社干部履职正负面清单,组织村社干部述责述廉述德、推行党务村务财务公开"白云模板"、实行"四议两公开一报告"等一系列举措,打造村社干部履职全生命周期"监督闭环",切实管好村社干部权力,丰富完善了基层监督方法。

4. 新内容:新时代村社文化建设

从"六公开"选人用人开始,到打造村社干部履职全生命周期闭环,"公开"贯穿村社干部权力运行的始终,也是嵌入其中最显著的文化特征。特别是把"六公开"作为一种选举文化,纳入村规民约,成风化俗,以文化人,丰富了新时代村社文化建设的内涵,推动了村规民约等村社文化建设与时俱进。

(二)为村社治理提供生动实践

"六公开"有效解决了村社党组织建设基础薄弱、村社干部违纪违法现象频发、村社换届选举风气不正等突出问题,既顺应了新时代的发展要求,又为推动村社治理提供了生动实践,具有鲜明的时代特色和实践特色。

1. 更加凸显:充分发挥基层党组织领导核心作用

党组织对参选者报名资格、重大事项的审查,既压实了全面从严治党主体责任,又强化了党组织在选人用人上的领导把关作用,还有效矫正了部分村社干部和群众对"村民自治"的错误认识,凸显了党对村社工作的全面领导。2016 年以来,白云区共有 3200 多名村社干部通过"六公开"

竞选上岗，有效夯实了基层发展的组织基础，厚植了党的执政根基。

2. 明显改善：有效营造良好基层政治生态环境

"六公开"使拉票贿选、暗箱操作等换届选举不正之风得到有效遏制。该区 2017 年涉及拉票贿选等选举风气问题信访件较之上届明显减少。特别是群众民主意识、监督意识的增强，选人用人公信度的提高，村社干部履职全生命周期监督闭环的建立完善，化解了村社干部滥用权力的风险，极大地改善了干群关系，群众对村社干部的支持率明显上升。例如，2019年，反映村社干部履职问题的信访量比 2018 年减少 12.3%。

3. 显著提升：明显增强村社干部队伍素质

"六公开"使公民选出了政治素质和基层治理能力强的村社干部，干部队伍的整体素质大幅提升，党在基层的组织力、凝聚力、战斗力明显增强。2017 年白云区村社"两委"换届选举中，通过"六公开"竞选上岗的 2343 名村社干部，45 岁以下成员占比 59%，较上届提升了 37 个百分点；大专以上学历成员占比 65%，较上届提升了 42 个百分点。同时，"领头雁"作用明显，村社经济社会治理效能显著提升。例如，2016～2019 年白云区全区 166 个村社集体经济组织的总资产与总收入均稳步快速增长，其中总收入的平均增长率为 16%。

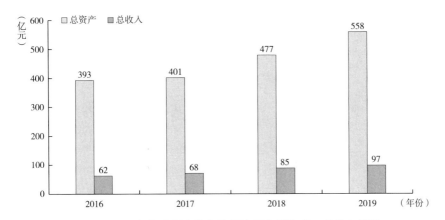

2016～2019 年白云区农社集体经济组织总资产、总收入情况

原白云区委常委、区纪委书记、监委主任张叶东指出，"六公开"新模式是全面从严治党向基层延伸的具体实践，是白云区推进村社治理现代

化的有力探索。特别是通过一系列制度的建立和完善，党组织领导作用得以强化。实现对村社干部的管理监督"无死角""零容忍"，使村社治理体系更加完善、更加规范，基层治理水平有效提高，政治生态明显改善。

（三）为经验推广借鉴提供坚实基础

实践证明，"六公开"既压实了党组织全面从严治党主体责任，又强化了党组织在选人用人上的领导把关作用，凸显了党对基层村社工作的全面领导。"六公开"还有效矫正了部分村社干部和群众对"村民自治"的错误认识，有效唤醒了群众主动监督的意识和参选人自觉接受监督的意识，丰富了新时代村社廉洁文化建设的内涵。"六公开"的推行使拉票贿选、暗箱操作等换届选举不正之风得到有效遏制，选出了政治素质和基层治理能力强的村社干部，干部队伍的整体素质大幅提升，党在基层的组织力、凝聚力、战斗力明显增强。"六公开"具有科学性、实操性、群众性，可为全国各地农村基层从源头上防范村社干部腐败和不正之风提供一定参考。

1. 具有严谨的科学性

"六公开"设计坚持问题导向，各环节均针对当前村社换届选举过程中易发多发的突出问题和潜在风险，对症下药，有的放矢，体现了强烈的问题意识和风险意识。同时，"六公开"各环节以公开为主线，设计严谨，环环相扣，层层推进，各环节既相对独立，又紧密联系。特别是从公开报名到公开申报、公开竞选，每一环节都体现出"过筛子"的功能，真正做到"领头雁"选举好中选优、优中选强，用选举过程的科学严谨实现选人用人的高质量。

2. 具有良好的实操性

从措施的内涵上看，"六公开"的每项公开内容既体现了组织的关注，又回应了选民的关切，内涵清楚，外延明确，易于理解。从具体执行上看，一方面，每一环节的具体操作简单明了，贴合村社实际，便于执行；另一方面，"六公开"通过搭建参选人竞选平台等方式增强选民对参选人的了解和选举全过程的参与，以群众喜闻乐见的形式极大提高了村民群众对换届选举全过程各环节的知晓度和参与度，有效降低了政策推行阻力，使"六公开"能够顺畅推行。

3. 具有广泛的群众性

据统计，2019 年，我国共有 53 万多个行政村已建立党组织，覆盖率超过 99%[①]，"六公开"应用前景广阔。"六公开"每一环节都有群众的参与和监督，为保障群众的知情权、选举权和监督权，激发群众参与"村民自治"的积极性搭建了一个实践平台。特别是以"六公开"为牵引打造的村社干部履职全生命周期闭环，把村社干部的权力时刻置于群众的监督之下，回应了群众的期待，维护了群众的利益，受到了群众的肯定。因此，"六公开"的应用必将有广泛的群众基础。

四 "六公开"的运行经验

白云区"六公开"的推行过程也面临着一定的难点与挑战，尤其长期以来村民与村干部的错误认识与意识在一定程度上影响了"六公开"的有效实施。针对以上情况，白云区从引领、宣传、监督、制度等方面入手，为"六公开"的进一步完善提供了宝贵经验。

（一）深化引领，解决政策理解执行有误区的问题

在以往的认识中，有的镇街错误理解"村民自治"，认为换届选举是村社自己的事，任由村社自己组织，乐于当"甩手掌柜"；有的村社干部把"村民自治"当"挡箭牌"，错误地把党组织的领导当成干涉自治；有的职能部门故步自封，以上位法未明确为由，面对问题不作为；等等。针对这些问题，一方面，强化镇街党（工）委和职能部门的主体责任，由镇街党（工）委对"一村一策"选举方案进行审核把关；另一方面，在报名审核、申报个人重大事项等环节都由镇街党（工）委主导，确保"村民自

[①] 《2019 年中国共产党党内统计公报》，中国政府网，http://www.gov.cn/xinwen/2020 – 06/30/content_5522981.htm，2019 年 6 月 30 日。

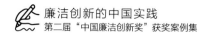

治"是在党的领导下的"自治"。

（二）加强宣传，解决"两个意识"不强的问题

由于受不良选举风气的影响，群众主动监督的意识和村社干部自觉接受监督的意识不强，一方面，有的群众认为谁当选都一样，对选举漠不关心，对选举中的问题视而不见；有的群众贪图短期利益，收受礼金、红包。另一方面，有的参选人无视选举纪律，挖空心思贿选拉票，逃避监督。为唤醒群众主动监督意识和参选人自觉接受监督意识，各镇街充分利用宣传栏、流动宣传车、标语等对换届选举纪律进行宣传，安排专人走村入户发放换届风气监督手册，组织参选人观看村社干部违纪违法警示教育片。同时，对拉票贿选等违反换届纪律的行为快查快结，全区通报。例如，2017年，仅用3天查处人和镇汉塘村李某某贿选行为，并在媒体上报道，形成有力震慑。

（三）强化监督，解决公开中形式主义的问题

在实施"六公开"的过程中，部分参选人抱着侥幸心理，假公开、虚申报、不申报等。例如，有的在报名时刻意隐瞒自己受到刑事处罚的事实；有的申报个人重大事项少报、漏报不动产等情况。为有效解决参选人在"六公开"过程中假公开、虚申报、不申报等形式主义问题，白云区制定《村社"两委"换届选举违纪违法行为查处工作方案》，建立信息线索统一收集、分类处置、分级查处、直查快办、典型案件曝光等五大工作机制，严肃查处不严格执行"六公开"的行为。

（四）完善制度，解决村社干部履好职的问题

好的种子选出来，还得有好的土壤进行培育。鉴于村社干部思想认识水平、能力素质等较低，如何让村社干部履好职、胜任岗位要求也是迫切需要解决的问题。为此，白云区每年都组织村社干部集中培训，学习相关政策，提升履职本领。同时，建立健全包含80余项制度的《白云区基层治理制度汇编》，规范村社干部履职行为。

五 对"六公开"的进一步思考

党的十八大以来，以习近平同志为核心的党中央实施乡村振兴战略，全面深化农村改革，大力加强农村基层党组织建设，为"六公开"可持续发展提供了重要的动力源泉、政治环境和目标指引。

（一）将实施乡村振兴战略与"六公开"紧密结合，为长期可持续发展提供动力源泉

战略引领方向，改革催生动力。2018年，中央出台《关于实施乡村振兴战略的意见》，为乡村产业振兴、人才振兴、文化振兴、生态振兴、组织振兴提供了强劲的发展动能。组织振兴是实施乡村振兴战略的根本保证。党组织是乡村振兴战略实施的"领路人"，村社干部是实施乡村振兴的"带头人"。换届选举"六公开"的实质就是强化党组织领导、选准配强带头人的一项改革措施，是实施组织振兴和人才振兴的内在要求。随着乡村振兴战略不断推进，选准配强带头人的愿望和动力日益增强，这将为"六公开"的持续推进提供强大的内生动力。

（二）将全面从严治党向基层延伸与"六公开"紧密结合，为长期可持续发展提供政治环境

净化选人用人风气，是营造良好政治生态的关键。"六公开"从净化换届风气切入，把好村社干部"入口关"，把忠诚干净担当的村社干部选出来、用起来，抓住了基层政治生态建设的关键环节，将解决全面从严治党向基层延伸中的"关键少数"问题。而全面从严治党向基层延伸，就是要解决以村社干部为"关键少数"的发生在群众身边的腐败问题，并以此为重点促进基层政治生态建设。随着全面从严治党向基层延伸的不断深入，基层风清气正政治生态将得到更加有力有效的修复，这既为基层选人用人的风清气正提供了政治保障，也为"六公开"可持续发展提供了政治环境。

（三）将基层治理体系和治理能力现代化建设与"六公开"紧密结合，为长期可持续发展提供目标指引

党的十九届四中全会指出，要构建基层社会治理新格局，完善群众参与基层社会治理的制度化渠道，健全党组织领导的自治、法治、德治相结合的城乡基层治理体系。基层治理重点在村社，关键在人。对基层治理体系和治理能力现代化建设来说，村社干部是骨干力量，群众是主体力量。"六公开"既是党组织领导的选贤任能举措，把能组织领导基层村社治理的"领头雁"选出来，同时也是一种以群众为主体、群众广泛参与的治理模式。在构建村社治理新格局过程中，不断完善丰富"六公开"措施，使其既具时代性又具科学性，并将其固化为制度规范，转化为村社选举文化，既是"六公开"可持续推动的目标和方向，也是基层村社治理体系现代化的现实要求。

（四）将坚持以人民为中心的发展思想与"六公开"紧密结合，为长期可持续推动赢得广泛的群众基础

人民拥护不拥护、赞成不赞成、高兴不高兴、答应不答应是谋划和推进工作的基本视角。无论是实行"六公开"，还是打造村社干部履职全生命周期监督闭环，是"一切为了人民、一切依靠人民"宗旨的体现，满足了群众的期盼。群众监督基层是最直接最有效的监督。由群众监督选举全过程和村社干部的权力使用，将充分保障群众的参与权、选举权、监督权等民主权利，唤醒群众主动监督的意识，调动群众参与"村民自治"的积极性，受到群众的广泛认可，为"六公开"可持续发展厚植群众基础。

智慧纪检数据接入"深圳标准" 破解信息共享难题[*]

部门间信息流通不畅是纪检监察机构运用大数据手段推进智慧监督的主要障碍。深圳市纪委监委发布智慧纪检数据接入"深圳标准",为纪检监察机构与监督对象单位间的信息共享互通提供管理框架和实践指南。该标准设计科学,可行性与普适性强,不仅在推动大数据监督方面发挥重要作用,对其他领域的信息资源整合也与业务整合具有借鉴意义。

党和国家高度重视利用互联网技术与信息化手段开展工作。自 2018 年中央纪委国家监委发布信息化工作规划以来,各地纪委监委积极推动纪检监察领域信息化,创造性地利用大数据等先进技术进行权力监督,涌现出了一批具有典型性的实践案例。在具体操作过程中,如何打破信息壁垒,汇集各方数据日益成为亟待解决的重要问题。深圳市纪委监委于 2019 年 12 月发布全国首个智慧纪检数据接入地方标准(以下简称"深圳标准"),构建了信息共享的标准规范,彻底解决了数据传输周期长、数据存储不安全、数据权责难划分等问题,成功破解信息共享难题,对深圳市大数据监督的发展具有基础性作用。

一 "深圳标准"制定的背景

为落实党中央"运用大数据提升国家治理能力现代化水平"的战略部

---

[*] 作者简介:张靖宇,清华大学公共管理学院博士研究生。

署,深圳市从 2018 年开始推进智慧纪检信息化建设。在利用大数据手段进行腐败治理的过程中,部门间信息壁垒成为主要阻碍。深圳市纪委监委推动制定"深圳标准",实现了政务信息互联互通,打破信息壁垒,为建设智慧监督平台打下了良好基础。

(一)坚决落实党中央部署

党的十九大报告提出,要"善于结合实际创造性推动工作,善于运用互联网技术和信息化手段开展工作"。[①] 中央纪委国家监委积极响应新时代全面从严治党新要求,于 2018 年印发了《信息化工作规划(2018 ~ 2022年)》,明确要求各级纪检监察机关为依规依纪依法履行好纪检、监察职能提供有力的科技辅助和技术支持。深圳市纪委监委快速响应,制定了《2018 年 ~ 2020 年市纪检监察信息化三年建设计划》,在智慧纪检监察领域做出积极探索。

为提升城市治理体系和治理能力现代化水平,提高党风廉政建设和反腐败工作信息化程度,深圳市纪委监委需加快推进智慧监督平台建设工作。而实现纪检监察信息系统与监督对象单位信息系统之间的数据互联互通是建设现代化的智慧监督平台的必要前提。"深圳标准"的制定则是推动数据互联互通的重要手段。

(二)在电子监察基础上更进一步

事实上,运用信息化手段提升纪检监察效能并非新思路。2000 年以来,以深圳为代表的地方政府在电子政务方面不断探索,在行政审批、政府采购、国有资产转让等领域构建了较为成熟的电子监察系统。[②]

电子监察的主要实现路径是将行政审批、政府采购等业务流程标准化、网络化、公开化。由于被监管部门实现了业务全过程上网,监管部门可通过电子监察系统对业务全流程数据进行分析研判,通过异常数据发现

---

① 《习近平在中国共产党第十九次全国代表大会上的报告》,人民网,http://cpc.people.com.cn/n1/2017/1028/c64094 - 29613660.html,2017 年 10 月 28 日。
② 邬彬、黄大熹:《电子监察:中国政府科技防腐创新》,《求索》2010 年第 9 期。

腐败行为。例如，青岛市社保基金电子监察系统通过与资金主管部门业务系统间的无缝对接，对资金的收缴、管理、使用等关键环节实施网上及时、动态、全程监控。自运行以来，该系统共查出违规事项46起，涉及社保基金400多万元。[①]

然而，电子监察的本质是运用电子监察系统代替人力监督，不仅能够提升单项业务的监督效率，还能通过对不同数据源的比较分析发现问题。例如，麻阳县通过对比人员信息库（包含公职人员及亲属关系、买房购车人员等信息）与民生资金数据库（包含低保、廉租房补贴、农村危房改造补贴等资金的发放记录），发现了许多疑点：有人有房有车却还在享受廉租房补贴；有人既拿国家工资，又领取只有贫困人员才能享受的危房改造补助……[②]

在大数据时代，深圳市纪委监委希望在电子监察的基础上更进一步，建设智慧监督平台，汇集各监督对象单位数据，实现全面的数据碰撞，提升反腐败效能。想要实现这一目标，就必须打破部门间的信息壁垒。

（三）信息共享难题亟须破解

我国各地电子政务建设中出现了大面积的"信息孤岛"现象，部门间信息壁垒纵横，政务信息共享受到极大阻碍。有学者研究指出，部门间信息壁垒的形成主要有以下几个方面的因素：一是政务服务信息系统建设各自为政，出现"上面千条针，下面一把刷"的窘境；二是职能部门间信息共享与业务协同机制欠缺，导致各部门信息系统的数据难以共通共融；三是信息数据库的管理和运行标准不统一，导致在需要共享各系统数据时往往难以调出和使用；四是政务服务信息的采集、发布、公开和共享制度不健全，导致各职能部门只能根据自身方便和自主判断选择性地公开和共享信息。

---

① 洪宇、任建明：《电子监察在预防腐败中的应用——基于青岛市的案例研究》，《廉政文化研究》2014年第2期。
② 谭畅：《大数据反腐：挖掘个人信息秘密，为纪委提供追查线索》，《南方周末》2019年6月6日。

当然，数据权责不明也阻碍了上述数据共享机制的形成。例如，公安部门拥有最全面准确的人员基础信息，但是这些信息也涉及隐私问题，一旦泄露就会造成严重后果。在数据权责不明的情况下，公安部门往往不愿进行数据共享以避免数据泄露风险。

为解决上述问题，打破部门间信息壁垒，实现政务数据互联互通，"深圳标准"设计了各部门数据录入的格式标准，建立了数据交换共享机制，通过只访问不存储的方法解决了数据泄露的问题。

二 "深圳标准"的内容与特点

"深圳标准"规范了智慧监督平台数据接入子系统的运行流程，厘清了数据提供方（各监督对象单位）与数据获取方（深圳市纪委监委）的职责与分工，可操作性强。同时，"深圳标准"是深圳市纪委监委引入中国电子技术标准化研究院等智力资源，经过充分论证与试点，在现行深圳市公共基础信息数据标准的基础上完善而成的，与各业务部门自有信息系统兼容性好，具有较强的可行性。此外，纪委监委直接通过接口访问监督对象单位的数据，避免了数据本地存储的高昂成本，提升了数据获取的实效性，基本消除了数据泄露的风险。

（一）翔实：全过程标准制定、全方位职责划分

汇集各方数据是运用大数据分析技术开展监督的基础与前提。但是，在全国各地的大数据监督实践中，鲜有地方政府对数据整合的细节进行顶层设计。而深圳市纪委监委通过制定地方标准，构建了科学可行的数据共享长效机制，对智慧监督平台数据接入全过程中各个角色的职责与分工进行了翔实的规定，使得"深圳标准"具有较强的可操作性与可落地性。

对于数据提供方，"深圳标准"规定其具有元数据管理、数据目录管理、接口管理的职责。在元数据管理过程中，数据提供方必须对自有数据进行规范化和标准化处理，实现对数据的准确描述，确保数据获取方能够快速识别字段级别的业务含义和技术含义。在数据目录管理流程中，数据

接入方需要将已经进行标准化处理的数据编制成数据目录，目录中需包含数据的名称、主题分类、数据提供部门等信息，使得数据获取方在观看目录时即可了解数据的主要内容。在接口管理过程中，数据提供方须向数据获取方提供用于监督的实时数据查询接口，并对接口进行管理，确保接口的可用性。

对于数据获取方，"深圳标准"规定其具有数据对接管理、数据应用管理的职责。在数据对接管理过程中，数据获取方需要构建统一数据接入系统，使得数据提供方可以将生成的数据目录与数据查询接口发布在该系统中。在数据应用管理过程中，数据获取方需对接入数据进行处理，使其满足智慧监督平台的业务要求。

"深圳标准"还规定了需要双方共同完成的两项职责：认证与鉴权、数据安全管理。在认证与鉴权过程中，双方需对访问己方系统的用户进行安全认证和身份鉴别，确保用户身份的合法性和用户权限的有效性，用户只能在已有权限范围内进行操作。在数据安全管理过程中，双方需共同协作，确保数据的存储安全、传输安全并防止数据被篡改。

"深圳标准"将智慧监督平台数据接入分解成元数据管理等七个过程，并详细定义了每一个过程的具体内容与责任机构，形成了对数据汇集的统一规划，具有很强的可操作性。

（二）兼容：充分利用现存工作基础

深圳市"智慧城市"建设水平位居全国前列。深圳由市政务服务数据管理局牵头进行了大量数据整合工作，形成了一套数据管理规范。如果"深圳标准"不能充分利用市政务服务数据管理局的数据整合成果，并兼容这些规范，就会导致各业务部门重复报送数据，并花费大量行政资源转换数据格式以满足"深圳标准"的要求。然而，"深圳标准"在制定时充分考虑这一现实情况，不仅充分利用了市政务服务数据管理局的工作基础，也立足于深圳市公共基础信息数据标准开展规划，大大提升了"深圳标准"的可行性，降低了推广成本。

在利用已有工作基础方面，深圳市纪委监委将市政务服务数据管理局作为自己的一个数据提供者，可以通过"深圳标准"规定的接口访问其整合好的所有数据。这里必须说明的是，由于市政务服务数据管理局整合的数据会面向政府各业务部门甚至社会公众发布，因此并不含有敏感信息，例如，工商注册中的个人信息等。而这些敏感信息又是市纪委监委工作所必需的，所以市纪委监委必须自己制定标准独立完成数据整合工作。

在兼容现有标准方面，2015 年深圳发布的《公共基础信息数据元规范》规定了深圳市各业务部门电子政务信息采集、共享中公共基础信息数据元的分类及格式。"深圳标准"充分利用这一现有规范，要求各业务部门在进行元数据管理过程中参照这一规范统一数据类型、格式与值域。考虑到国家标准对政务信息资源主题、行业分类与编码方式已有规定，"深圳标准"要求各业务部门在进行数据目录管理过程中必须符合相关国家标准要求。

由此可见，"深圳标准"充分利用现有工作基础，并与许多已经制定的国家标准、地方标准紧密联系，这既方便了各业务部门对"深圳标准"的遵守与执行，也确保了"深圳标准"的可行性与长效性。

（三）普适：创新接入机制，快速实现数据互联互通

"深圳标准"仅要求数据提供方制作符合规范的数据目录与数据接口，并不要求数据提供方修改自己的系统、数据库和元数据，具有适用面广、开发成本低、易于升级维护等优点。从适用面的角度来说，"深圳标准"实质上仅规定了数据目录与数据接口的格式，对于数据提供方信息系统与数据库系统的开发语言并无要求，基本适用于所有的政府部门信息系统；从开发成本的角度来说，开发 API 接口的时间与经济成本远短于和低于重新规划设计原有系统的时间与经济成本；从升级维护的角度来说，由于接口系统与原有系统相对独立，升级原有系统时并不用考虑数据接入模块的影响，避免了"牵一发而动全身"的后果。

（四）减负：创新存储方式，减轻管理压力

数据是资源，也是责任。政府部门在从数据中获得便利的同时也承担

了相应的管理义务。在行政资源并不充裕的情况下，深圳市纪委监委并没有采用传统方式，在本地存储监督对象单位数据，而是通过"深圳标准"规定的接口实时查询自己需要的数据。在这一模式下，深圳市纪委监委并不需要再建立一套本地数据管理系统，减少了数据管理成本。

同时，这一流程也使得数据安全性得到了极大的增强。一方面，由于数据获取方不在本地存储数据，就消除了数据获取方发生数据泄露的风险；另一方面，由于认证与鉴权过程的存在，数据获取方仅可访问先前在协商中确定的与监督需求相关的数据，减少了其对敏感数据的接触，进一步降低了数据泄露的风险。

(五) 共享：创新数据交互模式，构建立体监督体系

在大部分的大数据监督实践中，数据的流动是单向的，由各监督对象单位流向纪检监察机关。仅仅在发现问题线索时，纪检监察机关才会对监督对象单位开展调查或要求整改。但是，"深圳标准"构建的业务模式实现了数据的双向共享。一方面，纪检监察机关可获取业务数据并依据监督模型、规则去冗分类，从中发现问题疑点和廉政风险，为"四项监督"的协同发力提供基础数据；另一方面，纪检监察机关可以将分析结果反推给被监督单位，帮助其更好地落实主体责任。更重要的是，由于这些数据来自业务单位提供的接口，纪检监察机关发展的数据处理方式与监督模型可以被相关的业务单位直接利用。纪检监察机关可直接提供监督模型和规则由被监督单位自行开展监督，仅要求获取监督结果进行再监督。

(六) 高效：简化开发流程，灵活训练监督模型

在开展工作时，深圳市纪委监委经常需要调整监督模型以适应专项工作需要。例如，五一放假后，为确认五一假期内深圳市公车使用情况，市纪委监委需聚焦假期内加油站数据，查看是否有公车私用的情况。如果每一个监督模型的开发都需要进行外包，那么财政与时间成本将是不可接受的。为此，市纪委监委在监督平台中设计了一个应用开发界面，图形化程

度很高，使得没有计算机专业知识的纪委工作人员也可以自行开发监督规则，训练监督模型，大数据监督的效率大大提升。

三 "深圳标准"的主要成效

"深圳标准"的推广运用得到了全市党政机关和各领域信息化专家的高度评价，被评为 2019 年深圳市纪检监察系统"十大创新项目"之一。"深圳标准"打破了部门信息壁垒，推动了智慧监督平台建设，对深圳市深化党风廉政建设和反腐败工作插上了科技的翅膀具有重要意义。

(一)"深圳标准"破解信息共享难题

政务信息不能共享是我国电子政务建设中遇到的重大难题。《国务院关于印发"十三五"国家信息化规划的通知》中明确提出"完善政务基础信息资源共建共享应用机制……加快推进跨部门、跨层级数据资源共享共用"。然而，在一项 2017 年后进行的，针对某地级市 68 个政府部门的调查中，平均每个被调查部门提出数据需求 10.8 类 78.4 项，却仅愿意提供自有数据 5.41 类 28.1 项，数据共享的需求与供给严重失衡的现象仍然存在。①

深圳市纪委探索出了一条打破部门间信息壁垒、破除"信息孤岛"难题的新道路。其制定的"深圳标准"是国内首个智慧监督平台数据接入标准，对监督对象单位与纪检监察机关的数据共享方式进行了完善的顶层设计，确保了数据共享的可行性、安全性与长效性。该设计的独特之处在于，通过接口调用的方式传递数据，避免了对业务部门自有信息系统的修改，降低了"深圳标准"的推广成本。同时，接口调用模式也使得纪委监委不需要进行本地数据存储，降低了管理成本，也杜绝了数据泄露的风险。

"深圳标准"在试点与推广的过程中，快速高效实现了各监督对象单

---

① 李重照、黄璜：《中国地方政府数据共享的影响因素研究》，《中国行政管理》2019 年第 8 期。

位数据并入智慧监督平台的任务。2019 年 9 月，深圳市纪委监委选取 4 家市级单位开展标准试点工作，成功接入相关数据。截至 2020 年 4 月，财政、市场监督管理、审计、住建等 20 多个业务部门已采用该标准，将业务数据接入智慧监督平台。在海量数据的支持下，智慧监督平台训练完成了 400 多个监督模型，实现了异常数据预警、廉政风险防控、发现问题线索等功能。

（二）大数据技术助力发现问题

在接入大量实时数据的基础上，智慧监督平台成功训练多个监督模型，形成了"四风"监督信息系统、廉政档案系统、"四项监督"协同工作系统等各类监督应用系统。

"四风"监督信息系统根据中央八项规定精神等要求设立数据分析指标和维度，利用智慧纪检数据接入标准采集"三公"经费的相关数据和社会公开信息，通过数据碰撞，运用大数据分析手段筛查潜在风险和问题。系统设置了公车私用、公款娱乐健身、滥发福利、公款吃喝、公款旅游、大办婚丧宴席等 6 个分析维度，运用自行设计的 13 项分析指标、30 项分析规则模型以及 200 多项运算参数，对财政、税务、审计、公车、油卡等数据进行综合分析和比对碰撞，重点排查各单位的隐形变异"四风"问题。深圳市坪山区纪委监委运用该方式发现许多问题线索。例如，根据大数据分析，发现有的单位在同一商行连续开了 50 多次发票，并且金额都略少于 5000 元，有拆分账单报销的嫌疑。坪山区纪委监委通过进一步深挖细查，查实相关单位存在虚报开支、套取公款进行吃喝等问题。

廉政档案系统依据监督执纪工作规则收集了领导干部基础信息、巡察报告、审计报告、民主生活会材料、述责述廉报告等资料，形成 4 大类 32 项数据，包含从任免情况、人事档案情况到防止利益冲突事项申报、问题线索处置、违纪违法问题核查处置等多方面信息，全面反映党员领导干部廉政状况。该系统还设立政治纪律、廉政情况、依法行政等 6 个维度进行政治生态分析研判。该系统对数据进行了深入分析，最后呈现的分析结果既有历史情况，又有最新动态，为每一位领导干部生成了一幅精准的廉政画像。廉政档案系统已覆盖深圳全市市管领导干部，梳理了权力事项 820 个，对全市 157 家单位或地区政治生态进行画像，提取巡察和审计报告问题 857 个。深圳市纪委监委运用该系统及时发现、核实一批问题疑点并在第一时间督促整改。

"四项监督"协同工作系统的建设目标是加强纪律监督、监察监督、派驻监督、巡察监督同向发力统筹衔接，推动监督检查室与派驻纪检监察组协同联动。借助该系统，各监督主体根据工作的需要可组织相关部门进行沟通会商；可围绕走访约谈、审查调查、专项监督、巡察监督、廉政谈话等工作发起业务协同，真正做到监督信息互通、监督结果共享、监督工作协同，实现监督力量整合。以往巡察进驻前，纪检监察机关需要提前一两周跑到各个部门调取巡察对象的信息，得到的信息比较零碎、分散。现在通过"四项监督"协同工作系统，纪检监察机关可以及时、高效、全方位掌握被巡察对象相关信息，巡察工作的预判性不断提高。

（三）创新具有可推广性

创新与推广是我国改革的重要经验。如果某个地方创新只能适应当地特殊的资源禀赋，那么这类创新的价值就会大打折扣。"深圳标准"具有较强的普适性与可推广性，与具体系统、数据库和开发语言等解耦，对数据提供方和数据获取方的软硬件环境均无特定要求。只要采用"深圳标准"的双方或多方链接的服务器处于互通的网络环境，即可实现数据对接。

由于"深圳标准"对标国家标准要求，规划合理，技术先进，其更容易被推广。事实上，深圳市纪委监委已经对该标准的推广进行了一定的规划。一方面，市纪委监委希望加强与市发改委、市政务服务数据管理局等单位的沟通，争取将该标准的使用纳入信息化项目立项审批、专家评审的考量范围，以推动各单位在招标采购、审计、评测等工作中使用该标准；另一方面，市纪委监委还希望努力提升该数据接入标准的认可度，不断增强标准的落地实施效果，使其成为信息化建设领域与运维、安全并行的标准。

四 "深圳标准"的启示

技术的创新与发展是提升政府治理能力的重要路径。深圳市纪委监委在大数据监督方面的实践对腐败治理领域的改革创新很有意义。在这一过程中,深圳市纪委监委构建出一套促进数据资源共享、业务流程整合的体制机制,为实施"整体性治理"提供了宝贵的经验。

(一) 大数据技术赋能腐败治理

在公共选择理论的视角中,腐败行为由腐败动机、腐败机会和制度约束决定。当同时具备腐败动机与腐败机会时,公职人员就会对腐败的成本和收益进行详细计算和分析,以做出"明智"的决策。

在成本收益分析中,腐败行为的被查处概率是重要的影响因素。如果腐败行为被查处的概率很低,那么再严厉的惩处措施也无法起到震慑犯罪分子、遏制腐败的作用。党建研究专家黄苇町在《失落的尊严:腐败备忘录》中说:"有人推算,腐败活动的犯罪黑数[①]保守一些估计也不会少于80%……有人则估计,犯罪黑数达到95%以上。"虽然本书成文时间较早,经验估计也不见得准确,但书中描绘的现象仍然很有启发意义:如果想要提升惩治腐败的震慑效果,就必须提高腐败的查处率。

查处的前提是发现,大数据技术的运用为消除信息不对称、提高腐败发现率提供了新的可能。深圳市纪委监委通过"深圳标准"汇集各监督对象单位数据,通过大数据分析挖掘了大量信息,减少了信息不对称。例如,深圳市坪山区纪委监委通过大数据分析发现某街道某部门在2017年有50笔购买办公用品的开支记录,每笔均接近5000元。这一异常的消费行为揭示了拆分金额规避领导审核与虚假开支的可能。如果没有大数据技术,市纪委监委就没有能力对所有被监督单位的异常消费行为进行监督,

---

① 犯罪黑数:一个国家或地区在一定时期内,社会上已经发生但尚未被司法机关获知或没有被纳入官方犯罪统计的刑事犯罪案件的数量。

从而发现问题线索。除了深入挖掘单一数据源蕴藏的信息外,大数据技术还为多数据源"碰撞分析"提供了可能。浙江省绍兴市河桥区纪委监委将医保、低保数据库与人员基本信息库"碰撞",发现了71名不具备免缴资格却在享受医保免缴待遇的人员,1名死亡多年仍享受民政救助补贴的低保边缘人员。① 大数据分析为民生资金使用的监督提供了新途径。

(二)权威性与保密性推动数据互联

数据互联互通是数字政府建设的基础工作,而"深圳标准"成功地促进数据互联,将除市公安局、市组织部外的所有业务部门数据接入监督平台。这一成功离不开市纪委监委的权威性与保密性。

在权威性方面,市纪委监委天然具有较强的权威性,更容易说服各业务部门提供自身数据。同时,市纪委监委在各业务部门有派驻的纪检监察组。这些纪检监察组天生具有加强本部门监督工作的诉求,可以帮助市纪委监委说服所在单位领导层,促使其将数据共享至监督平台。

在保密性方面,市纪委监委作为需要执纪办案的机关自有一套严格的保密流程,让业务部门相信数据安全。同时,"深圳标准"的特殊之处在于,数据从各业务单位出发,最终流向都是市纪委监委,不存在数据共享给多个部门的问题。而平台设计使得业务部门可以从后台查阅市纪委监委调用数据的情况,因此一旦发生数据泄露,追责的难度相对较低。

深圳市纪委监委在整合数据方面的成功给予我们两点启示:一是只有权威性强的部门才能完成数据整合工作,因此必须提升数据管理部门的权威性;二是保密性是各部门愿意共享数据的重要前提,数据管理部门需要提升数据互联过程的保密性,并清晰划分数据权责。

(三)引入智力资源加强科学性

政府在运用信息技术提升效能的过程中面临人才匮乏的难题。虽然

---

① 《绍兴柯桥:大数据反腐"扫清"监督"盲点"》,浙江省纪委省监委网站,http://old.zjsjw.gov.cn/ch112/system/2020/03/03/032283424.shtml,2020年3月3日。

绝大多数政府部门有属于自己的信息化建设团队，但其存在资金与人员能力的限制，不能很好地掌握大数据等新兴技术的特点，也无法处理标准制定等需要特殊专业技能的事务。因此，引入外部智力资源势在必行。

在"深圳标准"的制定过程中，深圳市纪委监委面临的最大困难是缺乏人才。标准制定是一项非常专业的工作，有特定的开发流程与语言描述标准。这些专业知识是深圳市纪委监委工作人员所不具备的。为此，深圳市纪委监委与深圳标准院合作，聘请专业人士参与项目开发，同时邀请深圳标准院、中国电子技术标准化研究院、北京市标准化研究院的专家参与各阶段的评审工作，借助他们的专业能力对标准的内容严格把关，大大提升了"深圳标准"的科学性。

（四）资源整合助力"整体性治理"

为适应工业革命以后的社会经济状况，政府形成了以分工和专业化为基础的分割管理模式，该模式以碎片化为显著特点，具体表现为在行政业务之间、政府各部门之间、各地方政府之间、垂直部门与地方政府之间、各行政层级之间的分散与分割。20 世纪 70 年代末兴起的新公共管理运动并未改变这一分割管理的模型，反而进一步加强了"机构裂化""管理分割"。[1] 政府的分割管理模式在通过分工提高效率的同时，也造成了许多弊端。例如，分工过细导致部门职能交叉重复，形成"九龙治水"的窘境；部门本位主义导致各部门只顾自身利益，忽视政府整体利益，造成部门间协调少、资源共享少的困境。

为了解决这些问题，需要实现以资源整合为核心的"整体性治理"，促进跨部门合作。有学者指出，想要实现"整体性治理"，必须实现组织结构整合、信息资源整合、业务整合和服务与提供途径的整合。[2] 而"深圳标准"的推广与实践，为信息资源整合与业务整合提供了经验与启示。

---

[1]　蔡立辉、龚鸣：《整体政府：分割模式的一场管理革命》，《学术研究》2010 年第 5 期。
[2]　蔡立辉、龚鸣：《整体政府：分割模式的一场管理革命》，《学术研究》2010 年第 5 期。

从信息资源整合的角度来说，"深圳标准"搭建起一套纪委监委与各监督对象单位的数据共享机制，使得纪委监委可以整合政府信息资源以实现党风廉政建设的整体目标。在整个过程中，"深圳标准"在数据目录构建、数据权责划分、数据共享长效机制设计等方面的经验都具备运用到其他领域的潜力。

从业务整合的角度来说，深圳市纪委监委构建"四项监督"协同工作系统，在"四项监督"业务流程中实现了跨部门协同，大大减少了人力与时间成本。该系统的设计理念与建设架构都具有很高的借鉴价值。

深圳市光明区"三不"一体推进机制创新探索*

创新简介

　　深圳市光明区以"三不"一体推进机制创新为抓手,从不敢腐、不能腐、不想腐三管齐下,有效解决了原有纪检监察力量不足、查办案件缺少经验、"三不"推进缺少协同的问题,显著减少了腐败存量,为全区改革发展营造了良好的政治生态。光明区"三不"一体推进机制创新推动了新生行政区划党风廉政建设的快速发展,也为如何在加强党风廉政建设的同时实现治理能力现代化提供了思考。

　　党的十八大以来,随着中国特色社会主义进入新时代,以习近平同志为核心的党中央将党风廉政建设与反腐败工作摆到了新的战略高度。面对反腐败斗争严峻复杂的形势,党中央站在历史高度和全局角度,为彻底取得反腐败斗争的胜利提出了综合性战略布局,其中包括"不敢腐、不能腐、不想腐"机制(以下简称"三不"机制)。"三不"机制是对腐败发生机理的深刻回应,是对国家治理实际的深刻反思,同时也是对未来工作方向的重要要求。"三不"机制互相补充,相互配合,形成了有机的完整系统,"三不"一体推进机制作为一项系统工程,蕴含着重大的理论和实践意义。而如何一体推进"三不"机制建设,以深圳市光明区为代表的地方党政机关进行了许多有益的探索。

　　光明区是广东省深圳市最年轻的行政区,成立于 2018 年 9 月,位于深

＊　作者简介:范舒瑞,清华大学公共管理学院博士研究生。

圳市西北部，地处粤港澳大湾区和深圳建设中国特色社会主义先行示范区
的重要节点。自成立以来，光明区以习近平总书记的重要指示为指引，把
探索实践"三不"一体推进机制建设作为推动党风廉政建设和实现治理能
力现代化的具体体现和实际行动抓紧抓实，积累了不少具有代表意义和推
广价值的创新经验。

一 "三不"一体推进机制创新探索的起因和背景

光明区"三不"一体推进机制创新是对中央战略部署的落实，同时也
是对一系列现实、理论和制度问题的回应尝试。对现实回应的剖析，有助
于明确光明区政策创新的背景和条件；对理论回应的剖析，有助于更好地
评估光明区政策创新探索的效果；对制度回应的剖析，则有助于厘清光明
区政策创新的推广意义。

（一）"三不"一体推进机制的现实回应：必然要求与现实挑战

"三不"机制，是十八大之后以习近平同志为核心的党中央结合反腐
败斗争实际情况，经总体判断形势、科学设计方案之后提出来的重要战略
部署。2013 年 1 月，在十八届中央纪委二次全会上，习近平总书记第一次
明确指出："要加强对权力运行的制约和监督，把权力关进制度的笼子里，
形成不敢腐的惩戒机制、不能腐的防范机制、不易腐的保障机制。"① 2014
年 10 月，党的十八届四中全会通过《中共中央关于全面推进依法治国若
干重大问题的决定》，提出要"形成不敢腐、不能腐、不想腐的有效机
制"。2017 年 10 月，党的十九大报告指出，要强化不敢腐的震慑，扎牢不
能腐的笼子，增强不想腐的自觉。"构建不敢腐、不能腐、不想腐的有效
机制"被写入党章总纲，将"三不"机制上升到党的章程层次。2018 年 3
月，"构建不敢腐、不能腐、不想腐的长效机制"被写入新通过的《监察
法》，进一步将"三不"机制上升为国家意志。2019 年 1 月，在十九届中

---

① 《十八大以来重要文献选编》（上），中央文献出版社，2014，第 135～136 页。

央纪委三次全会上，习近平总书记强调要"一体推进不敢腐、不能腐、不想腐"。党的十九届四中全会进一步指出，要"构建一体推进不敢腐、不能腐、不想腐体制机制"。

"三不"除了是党中央的战略部署，用于指导党风廉政建设与反腐败工作之外，还常被党中央用于评价当下的反腐败斗争态势。2015年1月，在十八届中央纪委五次全会上，习近平总书记对反腐败斗争局势评价道："反腐败斗争形势依然严峻复杂。主要是在实现不敢腐、不能腐、不想腐上还没有取得压倒性胜利。"① 2017年10月，党的十九大报告指出："不敢腐的目标初步实现，不能腐的笼子越扎越牢，不想腐的堤坝正在构筑，反腐败斗争压倒性态势已经形成并巩固发展。"

上述中央和习近平总书记的表述中有一些细节值得关注。首先，"三不"同时被当作行动战略和评价标准，彰显了党中央对"三不"机制的定位。作为措施方法，"三不"机制为各级党政机关开展党风廉政建设和反腐败工作指引了方向，提供了筹划战略布局的框架；作为评价标准，"三不"机制不仅使党风廉政建设和反腐败工作的内涵和目标具体化了，还是对腐败发生机理的高度凝练。

其次，将"三不"一体推进，彰显了"三不"机制的深远意义。"三不"机制提出初期，学界和政界倾向于将其单纯视为反腐败的有效机制。例如，汪青松指出，"三不"机制分别从反腐败的"破"和"立"出发推动了反腐败工作，并且有助于减少腐败存量、遏制腐败增量、重构政治生态。② 胡洪彬指出，"三不"机制的有效性既源自廉政问责程序有效嵌入过程的内在推动，同时也是廉政问责机制不断健全化的必然要求。③ 近年来，随着党中央对"三不"一体推进的强调，以及对"三不"机制理解的深入，学界和政界愈发重视其对于国家治理能力现代化的重要意义。一体推进的要求既表明了"三不"互相之间在逻辑上的统一性，也表明了一体推

---

① 人民日报社评论部编著《"四个全面"学习读本》，人民出版社，2015，第279页。
② 汪青松：《全面从严治党战略构想与"三不腐"机制建构》，《兰州学刊》2015年第6期。
③ 胡洪彬：《"三不腐"机制下廉政问责程序的全面嵌入性运作——一个走向反腐败"治本"目标的分析理路》，《宁夏社会科学》2016年第3期。

进本身于"三不"机制的特殊意义。例如,王希鹏等指出,在"三不"体制建设过程中要素众多、相互作用,想要在三种机制建成之后再实现机制互动,其难度远大于在建设时便着力一体推进。而这迫切需要一种新的网络式协调机制,实现治理主体的协同推进和治理过程的交互作用。"三不"建设既有利于国家治理能力现代化,也需要后者作为保障。[1]

正因为"三不"一体推进机制对于多主体协作协调的高度要求,在实际落实中往往会出现一些操作问题。例如,不少党政机关领导认为"三不"一体推进机制是纪检监察部门的事,与自身无关;有些领导干部将"三不"视为三项独立的工作,甚至直接将"以案促改"等同于"三不"建设;有些地方则困惑于"三不"机制的"包罗万象",缺少实际的工作抓手,造成工作中"高调门、低落实"的问题。由此可见,光明区"三不"一体推进机制创新不仅是对中央战略要求的落实,其落实本身也回应了众多现实问题,作为实践创新有其探索价值和扩散价值。

(二)"三不"一体推进机制的理论回应:反腐败的治标与治本

所谓理论回应,指的是光明区"三不"一体推进机制创新何以达到其政策既定目标。而推动党风廉政建设与反腐败工作,是"三不"一体推进机制创新的最直接和首要的目标。

学界针对反腐败政策的设计方法和生效条件有着大量的研究,其核心思想简单来说就是"标本兼治"。具体来说,苏珊·罗斯·艾克曼总结多国的经验指出,一个有反腐败改革意愿的国家,其改革重点应当放在改变腐败的激励因素上,具体包括提高政府透明度、提高公务员专业性、提高政府机关绩效嘉奖以优化公务员激励、提升公共服务供给的竞争性、合理设定政府职能等方面。[2] 清华大学公共管理学院程文浩教授在总结上述研究的基础上,从公共选择理论入手,对预防腐败的理论进行系统总结与提炼。他认为,腐败行为的发生需要三个必要条件:公共权力/资源、腐败

---

[1] 王希鹏、李雪勤:《一体推进"三不"的理论贡献与实践路径》,《新视野》2021年第2期。

[2] 〔美〕苏珊·罗斯·艾克曼:《腐败与政府》,王江、程文浩译,新华出版社,2000。

动机和腐败机会。① 公共权力/资源是公职人员以权谋私的前提条件、构成腐败行为的物质基础，腐败动机是发生腐败行为的心理条件，腐败机会构成腐败行为的机会条件。在掌握公共权力/资源、具有腐败动机之后，腐败行为能否真正发生主要取决于腐败机会的多寡。腐败行为一旦暴露，会给当事人带来政治、经济、声誉等多方面的惨重损失，成本较高，大多数当事人会竭力降低自身腐败行为的暴露风险，理性评估腐败成本与收益间的关系，如若很难在不被发现的情况下开展腐败行为，则会选择放弃。由此可以看出，"三不"机制与上述分析是高度契合的。"不敢腐"对应腐败机会，重点对应腐败行为被暴露的概率；"不能腐"对应公共权力/资源，重点强调对官员权力的限制和制度建设；"不想腐"对应腐败动机，强调官员腐败的主观意愿。

除此之外，根据预防腐败理论，"三不"机制不仅对应了腐败发生的三个条件，更有其实践上的重要意义。首先，腐败的三个条件会互相转化：当一个人掌握的权力过于集中时，其极易对个人的权势和地位产生盲目自信，滋生以权谋私的腐败动机；强烈的腐败动机能够激励个人千方百计扩大手中所掌握的资源和权力，增加自身的腐败资本；腐败机会增加也会促使个体设法扩大自身所掌握的权力与资源，以实现个人腐败收益最大化。因此只有"三管"齐下，同时对三个腐败条件进行限制才能有效预防腐败。其次，从不同角度分别限制腐败条件，其投入与产出势必具有边际效应递减的特性。从高效的角度来看，只有一体推进"三不"才能起到事半功倍的效果。

（三）"三不"一体推进机制的制度回应：党政机关的协同机制

在"三不"一体推进机制建设的过程中，势必涉及多主体的互动与协同。部门间协同一直以来都是中国政府管理领域的重要话题，许多国外学者都曾将部门间的复杂互动关系视作中国政治体制最重要的制度特征。②

---

① 程文浩：《预防腐败》，清华大学出版社，2011。
② Kenneth Lieberthal, Michel Oksenberg, *Policy Making in China: Leaders, Structures, and Processes*, Princeton, NJ: Princeton University Press, 1988.

按照曹堂哲对于行政协同的分析，在"三不"一体推进机制建设的过程中至少涉及决策—执行—监督协同机制、部际协同机制、府际协同机制等诸多环节。[①] 其中涉及复杂的委托—代理问题以及信息不对称问题，极易带来部门协调中的高协调成本。从决策—执行—监督协同机制的视角来看，决策者、执行者和监督者作为三个分别的主体，互相之间具有明显的信息不对称关系。执行者拥有执行过程中的一手信息，因此存在蒙蔽决策者、偏离决策目标的可能性，严重情况下便会存在"执行者统治"的问题；执行者的信息优势也使得监督者难以开展监督，或者只能在问题曝光之后进行事后监督。我国在过去的反腐败斗争实践中，往往倾向于让监督者尽可能地融入执行者的日常业务过程中进行监督，以期消除两者之间的信息不对称。但这样做常使得监督者的组织和职能过于膨胀，并使得监督者和执行者沆瀣一气，既不利于执行的高效运转，也不利于监督的独立自主，使得"不能腐"没有建设完全，"不敢腐"反倒受到了影响。"三不"一体推进机制建设则从另一个思路着手，令执行者主动将自身的"黑箱"打开，优化执行管理过程，由监督者对这一优化进行监督和督促，力求在维持双方职责边界的同时消除信息壁垒。如何实现这一战略目标，将是光明区"三不"一体推进机制创新所面临的重要问题。

二 "三不"一体推进机制创新探索的运行与实践

光明区作为一个年轻的行政区，其设立具有独特的现实条件和政治意义。自成立之初，全区上下便以提高综合管理能力、加强治理能力现代化建设为目标，不断积极创新、勇于尝试。作为一个新兴的政治实体，光明区一方面少有历史包袱、具有良好的创新条件；另一方面也面临着纪检监察力量薄弱、各项工作缺少协同的现实问题。为此，光明区选择以"三

---

① 曹堂哲：《公共行政执行协同机制——概念、模型和理论视角》，《中国行政管理》2010 年第 1 期。

不"一体推进机制创新为抓手，推动党政机关协同合作，加强党风廉政建设和反腐败工作，落实全面从严治党工作要求。

（一）创新历程

从确立"三不"一体推进机制创新为抓手开始，光明区创新历经了构建领导格局、制定工作方案、扎实推进工作、扩大创新影响等几个阶段，完整地展现了一次政策创新从回应现实、酝酿方案，到成果产出、影响扩散的全过程。

1. 构建领导格局，确保"政出有门"

"三不"一体推进机制是以党内监督为主导的多方协同体系。为对体系中各个主体的关系进行协调，实现党的领导、统筹职能，光明区委专门成立一体推进"三不"领导小组，由区委书记任组长、区委常委任成员，负责组织、领导全区一体推进"三不"工作。领导小组在区纪委监委成立一体推进"三不"办公室，单独核定行政编制，负责统筹一体推进"三不"具体工作。

2. 制定工作方案，确保"行动有方"

2020年7月，光明区委制定《关于一体推进不敢腐不能腐不想腐 建设廉洁光明先行示范城区的行动方案》（以下简称《行动方案》）。《行动方案》吸纳融合了光明区自成立以来在"三不"一体推进方面的经验教训和有效做法，围绕2020～2025年阶段发展目标和重点任务，共提出23项具体措施，配套制定两个"'三不'工作任务分解表"，细化18项主要事项73项主要任务，逐一明确牵头单位、责任单位，其中既包含分别面向不敢腐、不能腐、不想腐的工作做法，也包含了整体系统性的要求与部署，力求实现"三不"之间相互融合、相互作用、统筹推进。

3. 扎实推进工作，确保"政令通达"

围绕《行动方案》的规划部署，"三管"齐下，多方着手，扎实推进方案内容，力求实现人人参与、事事结合、时时推动的创新格局。人人参与，光明区制定落实全面从严治党主体责任实施办法，压实单位一把手、分管领导、部门负责人到普通党员的主体责任，还通过派发"廉政监督卡"、聘请纪检监察监督员等多项措施，动员广大群众积极参与。事事结合，光明区各单位按照区委部署，主动将一体推进"三不"融入全面从严治党和业务工作中，拓展一体推进"三不"的广阔空间。时时推动，光明区一体推进"三不"既有五年长远计划，也有年度工作部署；既注重专项集中治理，也把功夫用在平时，并通过每月督办、季度检查、年度考核等坚持不懈地做出努力。

4. 扩大创新影响，营造良好政治生态

自一体推进"三不"工作开展以来，光明区纪委监委持续扩大创新影响，将"三不"一体推进机制建设的成果切实转化为实际治理能力，将机制创新优势转化为基层治理效能，为全区改革发展营造良好政治生态。

（二）创新内容

光明区"三不"一体推进机制以《行动方案》为纲领，确立了"三不"一体推进的领导格局，并分别在"不敢腐、不能腐、不想腐"三方面进行了系统性措施部署。

1. 确立"三不"一体推进的领导格局

"三不"一体推进的难点，首先在于"一体"。一体推进过程中涉及复杂的多主体协同合作，协调成本较高，协调难度较大。针对这些问题，光明区给出的方案是，构建三个层次的工作领导格局。首先，区委成立一体推进"三不"领导小组，由区委书记任组长、区委常委任成员。高级别的领导小组确保了"三不"一体推进过程中的"权力资源"，为协调各个部门、实现协同合作提供了根本保障。其次，区纪委监委成立"三不"一体推进办公室，单独核定行政编制，设立行政编制 2 名，机构领导职数 1 名，负责统筹"三不"一体推进具体工作。单独设立的专项办公室，确保了"三不"一体推进过程中的"注意力资源"，专人负责、专人统筹、专人跟进，确保区委的各项部署安排得到妥善执行，避免"高调门、低落实"的问题发生。最后，压实主体责任，切实将各级领导干部纳入工作格局。明确界定责任主体、责任内容、监督检查程序等，将各级党组织、全体领导干部乃至普通党员明确为一体推进"三不"的责任主体，并详细规定了责任落实标准。扭转以往"三不"建设以纪检监察机关一家为主的局面，充分动员全区力量和资源，形成区委统一领导、纪委督促推进、各单位具体落实、公职人员人人参与的领导体制和工作格局。

2. 持续强化不敢腐的威慑

在"不敢腐"方面，光明区聚焦提升纪检监察工作水平，提高查案办案能力。光明区原有办案力量较弱，办案队伍专业化水平较低，街道纪工委在 2018 年 6 月之前的立案数为零。为此，光明区从四个方面着手，持续强化不敢腐的威慑。

一是畅通信访渠道。光明区在微信平台开通"四风"一键举报窗口，积极发动群众参与监督举报。率先开展"悬赏扫码"活动，最高悬赏 10 万元，鼓励群众举报涉黑涉恶腐败及"保护伞"问题线索。为鼓励人民群众参与监督，宣传新设立的各种监督渠道。光明区三次制发共 10 万张集举报、监督、警示功能于一体的"廉政监督服务卡"，发动一万多名监察对象走街串巷进入千家万户主动发放，既发动了人民群众，也对监督对象发挥了警示和提醒作用。

二是完善基层监督体系。成立 6 个派出街道监察组和 31 个社区纪委，形成区、街两级纪检监察机关直接办案，社区纪委参与监督、协助办案的格局。

三是强化纪检监察队伍建设和考核指导。充实办案力量，使纪检监察机关直接参与办案人员占比达到 70% 以上。出台《光明区办事处纪工委监督执纪工作综合考评方案》，加强对街道纪工委审查调查工作的指导和考核。

四是建立"快查快审"工作机制。针对"微腐败"、违反中央八项规定精神等事实简单的案件或因违法或犯罪已被行政机关、司法机关做出处理的事实清楚的案件等，建立党纪政务案件适用快查快审机制，精准有效运用"四种形态"，抓早抓小，提高纪检监察机关执纪执法工作质量和效率。

3. 持续扎牢不能腐的制度笼子

扎牢不能腐的制度笼子，是"三不"一体推进中的关键环节，是反腐败标本兼治的重中之重，也是涉及多部门协调合作的复杂工作。扎牢不能腐的制度笼子，关键不仅在于纪检监察机关，更在于各级党政机关切实推进，主动履行。光明区在建立"三不"一体推进的领导格局、压实主体责任、向下传导压力的同时，也重点通过几项专项工作，以点带面将各个部门纳入工作大局，共同扎牢不能腐的制度笼子。

一是开展廉政风险点集中排查的"灭租"行动。以"单位+个人"的形式，指导督促各单位干部职工开展排查，消除可能引发寻租现象的廉政风险点。

二是开展"企业不行贿"行动。成立企业不行贿联盟，搭建企业反腐交流平台，开通企业反"吃拿卡要"投诉救助热线，积极鼓励企业实施"反贿赂管理体系深圳标准"，强化企业内部风险防控，推动工信、科创、税务等部门出台奖惩机制30条。

三是开展以案促改工作。出台以案促改工作意见，明确案例剖析、警示教育、查摆分析问题、问题整改落实、完善制度机制等各环节具体任务，推动以案促改工作制度化、规范化、常态化。

四是巡察监督向基层延伸。创建包含巡察人才库、共性问题库、协审人才库的巡察数据"三库"，创新"巡审结合"工作模式。创设巡察中发现共性问题整改机制，组织全区各有关单位开展自查自纠。

四项专项工作的共同特点：为各党政机关提供改革契机，为改革赋能，推动各党政机关优化自身职能业务和管理制度，修补制度漏洞，降低腐败风险。在这过程中，纪检监察机关与各党政机关密切配合、协同合作，彰显了"三不"一体推进对于实现治理能力现代化的作用与意义。

4. 持续构筑不想腐的思想堤坝

在构筑不想腐的思想堤坝方面，光明区从两个方面着手：一方面加强党员干部和全社会的思想认识教育，另一方面不断完善公务员管理机制，实现"疏导结合"。

在加强思想认识教育方面，光明区深刻认识到，想要让官员从思想根子上杜绝腐败，产生对腐败的厌恶和羞愧情绪，不仅要从官员本身着手，更要在全社会形成整体的廉洁风气,形成社会压力。为此,光明区采取了多项措施,旨在营造风清气正的社会风气。一是在《深圳特区报》等媒体开设《以案明纪》等廉政教育专栏。围绕身边典型案例制作警示教育片3部,动员"小官巨贪"案的倪某现身说法,全区监察对象观看后均深受触动。二是策划推出12期原创廉政教育节目《墨韵说廉》。该节目集宣传习近平总书记廉洁用典、案例法纪教育于一体,广受党员干部欢迎,其中第一期阅读量突破370多万人次并被新华社转载。三是从全区选拔64名讲师组建党风廉政巡回宣讲团,用身边典型案例制作统一教材,在全区开展交叉宣讲。四是开展廉洁文化进校园、进社区、进企业等"六进"活动,举办"廉明颂"主题书画展;发放廉政书籍、宣传册;建设廉政文化长廊,建设新羌社区、圳美社区廉政文化公园;推出首部原创廉洁公益广告片《父母是孩子最好的老师》等。五是发动教育、人力资源、住建等部门出台各种措施,探索"以房养廉"机制,广泛开展"八小时之外"的文化交流和文体活动等。

在完善公务员管理机制方面,光明区充分发动各部门积极参与,畅通职业上升渠道、优化薪酬管理,令官员廉洁从政成为理性选择,同时吸引更多社会上的优秀人才进入公务员队伍,从根源上减少公务员参与腐败的动机。光明区还积极组织各种有益身心健康的公务员学习、交友活动,体现组织关怀,铲除与减少滋生腐败的土壤和因素。

三 "三不"一体推进机制创新探索的成效

光明区"三不"一体推进机制创新作为推进党风廉政建设和反腐败工作的重要抓手,有效推进了本地纪检监察工作开展,使光明区作为一个新成立的行政区具备了较高的廉洁治理能力。"三不"一体推进机制创新的成效体现在反腐败和制度建设两方面。

第一,在反腐败方面,光明区纪委监委从2018年以前的零查处,到2019年全年共立案135宗,移送司法14人,实现了办案量增幅全省第二、全市第一;街道纪工委平均立案数由历史上的零立案增长到平均10宗,超过全市平均水平;严肃查处马田街道办事处安监办原主任倪某"小官大贪"案,涉案金额1200.9万元;重点查处华光大黑门诊"保护伞"刘某、廖某某案等群众身边的腐败案件。持续的反腐败高压态势形成了强大震慑,近一年时间已有7人主动自首,有效减少了光明区的腐败存量。

第二,在制度建设方面,光明区初步形成了较为完善的"三不"一体推进的协同机制,包括全覆盖的领导格局、全环节的工作设计和全时段的工作规划。各部门积极参与"三不"一体推进工作,组织部门牵头出台《深圳市光明区机关事业单位专干管理办法》;区工业和信息化局牵头组建"企业不行贿"联盟;区应急管理部门牵头建立完善安全生产技术服务供应商库、违纪违法服务商"黑名单";财政、审计等部门加强对资金使用、政府采购等关键环节的监管等。另外,各类专项工作也取得了可喜的成效,例如,在倪某案"以案促改"工作中,围绕项目审批、招标、执法权滥用等问题,细化《政府采购管理办法》《安监办工作人员管理规定》等制度9项;廉政风险点排查"灭租"行动中共排查出廉政风险点6405个,建立防控措施7585个,各单位修订完善重点领域规章制度338项;在巡察发现共性问题整改机制落实中,围绕20项共性问题,各单位制定相应整改措施702项,推动完善制度112项等。

随着光明区"三不"一体推进机制创新的不断深入开展,改革的红利逐步扩散到社会各界,扩散到人民群众身边,不断彰显着"三不"一体推进机制创新对于治理能力现代化提升的重要意义。近年来,群众越级举报数量逐步降低,一些人民群众反响热烈的社会现象因为"三不"一体推进机制而得到改善,人民群众对政府机关的信任程度逐步提升。光明区"三不"一体推进机制创新也得到了上级领导机关和各级媒体的高度重视。原深圳市委常委、市纪委书记、市监委主任张子兴曾多次就光明区"三不"一体推进机制创新予以批示肯定,并力主在全市进行宣传推广。新华社5次刊发《深圳光明区保持高压态势一体推进"三不"机制》《深圳光明:用制度创新推动从严治党》等文章,宣传、肯定光明区"三不"一体推进机制创新的良好效果。《中国纪检监察报》《中国纪检监察》《南方日报》等媒体也进行了多次专题报道。

四 当前"三不"一体推进机制创新探索的不足

光明区"三不"一体推进机制创新取得了丰富的成果，获得了社会各界的好评。但不可否认，当前光明区"三不"一体推进机制创新仍有许多困难和问题有待克服和解决，其创新意义也有待进一步深化。

首先，一体推进协调机制仍有待完善。在"一体"方面，主要是通过建立包含区委一体推进"三不"领导小组、区纪委监委一体推进"三不"办公室和在各级党组织推进落实"三不"主体责任的做法，以及"以案促改"等专项工作的方式进行推动的。上述两种做法中前者主要用于确保创新过程中权力资源的充沛，后者则主要为创新改革提供契机与话题。但这两者仍未对创新过程中的主体协同合作提出更加细致的互动机制和协调机制，在实际推进过程中不免有"一力降十会"之感，虽然效果良好，但仍有进步空间。

其次，"三不"一体推进的长效机制仍有待建立。以"三不"一体推进创新为契机，各部门都出台了相应的制度改革和对应措施，但这些措施能否长期执行，未来又能否针对新的情况不断进行改革优化，仍有待时间的检验。在"三不"一体推进机制创新的过程中，一方面，纪委监委不仅要发挥"不能腐"机制建设的牵头作用，更要发挥长效监督作用；另一方面，落实各级党政机关自身的主体责任是重中之重，仍需进一步激发各级党政机关主动参与"三不"一体推进的动力和积极性，避免纪检监察机关"小马拉大车"的现象。

五 "三不"一体推进机制创新探索的启示

光明区"三不"一体推进机制创新作为一项制度创新和重点工作抓手，为新生的光明区带来了良好的政策实效，从中也可以总结出一些对党风廉政建设与反腐败、治理能力现代化等有所启示的关键点。

（一）"三不"一体推进有利于反腐败工作事半功倍

光明区建立之初，纪检监察力量薄弱，党风廉政工作传统并不突出。

通过"三不"一体推进机制创新，光明区有效加强了自身党风廉政建设与反腐败工作能力，提升了全面从严治党工作水平。这彰显了"三不"一体推进的高效性和经济性。从理论上来说，一方面，"三不"一体推进有利于平衡各项具体措施的边际成本，使得一定的投入可以得到最大的产出；另一方面，"三不"一体推进全方位限制了腐败发生的各项条件，防止了各项条件之间的补偿转化。"三不"一体推进是党风廉政建设系统化思维的体现，必须破除传统认识中"三不"是三个割裂部分、互不相关的思想。"三不"之间在逻辑上是层层递进、互为补充的关系。从查案到制度建设到思想建设，"三不"在工作领域和工作要求上都逐步提升。但这并不意味着"三不"之间的关系是"做完一项再去做下一项"的机械的递进关系。"三不"只有通过系统谋划、一体推进、同向发力，才能实现集成效应，发挥最大效果。

（二）"三不"一体推进是对地方治理能力的考验

"三不"一体推进是对地方治理能力的一次考验。在"三不"一体推进过程中，涉及决策—执行—监督协同机制、部际协同机制、府际协同机制等众多协同机制。协同势必涉及管理成本，也势必出现管理摩擦。构建一个环环相扣、同向发力的治理系统是决定"三不"一体推进成效与水平的关键。在这过程中尤其需要注意的是，面对府际关系和部际关系，我国传统上是以自上而下的行政主导的方式进行管理的。这就需要一方面必须注意发挥党委的顶层设计和主导作用，真正发挥行政主导式管理体制的高效特征；另一方面，应当适当引入网络互动式的部际协同关系，重视部门间的共识与激励协调，确保各个参与主体能够通过各种渠道和方式有效表达诉求，实现横向机制和纵向机制的良好配合。光明区"三不"一体推进机制创新在一定程度上回应了这些理论问题。一方面，光明区由区委牵头，制定了系统、长远、全面的"三不"一体推进《行动方案》，充分发挥了党委的顶层设计功能；另一方面，区纪委监委一体推进"三不"办公室着力打造各类协调场所和契机，力求发挥横向协同机制的功能作用。相关思路具有推广扩散的价值和意义。

（三）"三不"一体推进对国家治理能力现代化具有促进作用

"三不"一体推进机制的建立，既需要现代化的治理能力作为保障，同时也对治理能力现代化起到促进和推动作用。光明区"三不"一体推进机制创新的案例在这一方面就有非常突出的表现。在"三不"一体推进的过程中，依托诸项专项工作，在区纪委监委的协调牵头下，各党政机关针对自身本职工作进行反思梳理和改革创新。相关改革成效不仅体现在党风廉政建设领域，更涉及党政机关工作的方方面面。同时"三不"一体推进也可以为地方党政机关提供协调合作、系统配合的经验，如果依托这一工作能够建立更加完善的多部门协调工作的领导机制、部际合作的横向协调机制和制度改革的反馈调节机制，那么对党政机关的各项工作和未来的改革发展将大有裨益。

"阳光平台"：防止政府投资小规模工程项目腐败的"宁德模式"*

创新简介

　　工程建设领域涉及面广、资金密集、审批权力集中，是违纪违法案件易发多发的领域。宁德市打破以往传统思维模式、行为惯性和管理机制，运用"制度约束＋信息公开"创新管理打造"阳光平台"，推动政府投资小规模项目建设制度化、信息化、公开化，保证项目建设在阳光下运行、干部在公开中做事、群众在明白中监督，形成了适应新时代要求的、防止政府投资小规模工程项目腐败的"宁德模式"。

　　在工程建设领域，特别是政府投资的建设项目，由于监管机制不健全、没有有效的管理技术手段、无法进行全过程阳光监管，建设项目易滋生腐败风险，甚至成为基层腐败的"重灾区"。这些工程建设领域的共性问题，在全国范围内不同程度地存在。如何加强对工程项目权力运行的制约和监督，事关党风廉政建设、事关国家乡村振兴战略顺利推进、事关营商环境改善等党中央重大决策部署的落实。为此，福建省宁德市纪委监委主动担当作为，深入探索政府投资小规模项目建设"阳光平台"，利用"制度约束＋信息公开"提高寻租和腐败的技术门槛，把权力关进制度的"笼子"，从源头上预防政府小规模工程项目的腐败，平台运行取得了良好成效。宁德市打造政府投资小规模工程项目"阳光平台"的这种做法，我

＊　作者简介：刘琨，清华大学公共管理学院硕士研究生，现就职于共青团沧州市委员会。

们可以称为"宁德模式"。

一 "宁德模式"建立的背景和起因

福建省宁德市打造政府投资小规模项目建设"阳光平台"的创新实践，是地方政府加强公共资源交易管理、推进地方和行业治理体系和治理能力现代化的重要成果。其创新实践的主要动力，一方面来源于乡村政府投资小规模工程项目是基层腐败"重灾区"的现实压力，另一方面则来源于宁德市纪委监委主动担当作为的推力。

（一）宏观背景

党和国家历来高度重视职务犯罪问题。工程建设领域涉及面广、资金密集、审批权力集中，是违纪违法案件易发多发的领域。十九届中央纪委三次全会指出，要紧盯工程招投标等重点领域和关键环节，严惩贪污贿赂、滥用职权等职务违法和职务犯罪。十九届中央纪委四次全会指出，要坚决查处资源、土地、规划、建设、工程等领域的腐败，推动审批监管、公共资源交易、公共财政支出等重点领域监督机制改革和制度建设。可以说，整治工程建设领域腐败问题是纪检监察机关精准监督、创新监督的重要体现，更是加强公共资源交易管理、推进地方和行业治理体系和治理能力现代化的必然要求。

近年来，随着国家对农村基础设施投入的不断加大，乡村一级政府投资小规模（投资额 400 万元以下的）工程项目的数量明显增加，呈现出面广量大的特点。而在监督执纪中发现，政府投资小规模工程项目在运行过程中俨然成了基层腐败的"重灾区"，存在相当数量的职务犯罪以及共性腐败风险。这些工程项目规模虽然不大，但其腐败问题危害不可小觑。工程领域腐败问题本质上是权力违规干预工程建设领域的资源配置，其背后反映出工程行业领域制度不健全或制度缺失、权力缺乏有效监督和制约等深层次问题，因此，亟须深入整治工程建设腐败问题，强化对该领域各环节权力的有效监督，促进完善相关制度机制，使工程建设领域各项权力合法合规高效运行。

(二) 微观起因

政府投资小规模工程项目在传统模式运行过程中,普遍存在工程发包程序复杂、环节成本过高、项目推进缓慢、资金使用率低下等各种各样的问题。在涉及工程项目对外承接、分包、设计、施工、监理、采购等环节中,往往存在诸多违纪违法行为,主要体现在以下几个方面。

一是法规制度方面。政府投资小规模工程项目不属于《招投标法》管辖范畴,各地多采用邀请招标、竞争性谈判、竞争性磋商等非公开招标方式采购,明显存在业主自由裁量权过大、采购过程不透明的制度漏洞,使相关领导干部直接或变相违规干预工程建设,同不法商人形成利益交换,通过人为操纵在源头上导致"围串标"成为可能。

二是实际操作方面。在目前使用最普遍的邀请招标方式中,有的施工单位私下向工程负责人等行贿,导致招投标走过场。有的招标代理机构与不法分子勾结,暗箱操作,使表面复杂规范的"邀标"成为实质进行"围串标"的"遮羞布",导致明招暗定成为行业"潜规则"。

三是干部队伍方面。政府投资小规模工程项目领域"不能腐"的制度有所缺失,一些基层干部纪法意识薄弱,违纪违法行为时有发生,突出表现在:在项目承接环节,有的县乡干部通过"打招呼""递条子"干涉乡村工程发包;在项目审批环节,有的审批人员利用审批权违规办理手续,收取"好处费";在配套采购环节,有的采购经办人直接或变相指定供应商,从中拿回扣、收红包;在监理验收环节,有的检验人员收到"好处费"后才对项目给予验收通过;在工程款项拨付环节,有的经办人直接或变相向施工单位索要贿赂,或通过虚增开支等方式谋取私利。

四是投资效能方面。按以往传统模式,政府投资小规模工程项目要进行招标代理、项目设计、工程造价等,整套流程程序复杂、环节成本过高。据测算,实施小规模项目建设每10万元投资,除正常的税票外,消耗在各环节的费用多达1.5万元,占比15%,明显降低了资金使用效率。

针对上述政府投资小规模建设工程在实施过程中存在的问题，各级党委政府亟须聚焦工程项目建设、招投标等腐败易发高发领域，坚持关口前移，积极探索工程建设领域常态化、近距离、可视化监督，进而破解监督难、监管松等问题。

二 "宁德模式"的运行实践

（一）"宁德模式"的探索建立

2017年初，福建省宁德市纪委监委围绕如何规范政府投资小规模建设工程管理工作进行多次调研，最终选择确定宁德市周宁县作为试点，把"阳光平台"列为工作创新特色。宁德市委常委、市纪委书记、市监委主任陈力达多次做出指示，要求周宁县委、县政府加强组织领导，以"阳光化、降成本、易操作"为原则，以"简单、快捷、实效"为目的，切实做好"阳光平台"建设工作，努力探索形成低成本可持续、可复制可推广的"宁德模式"。

周宁县严格落实要求，根据各业务部门管理职能，明确责任，主动认领任务，倒排时间进度，稳步推进"阳光平台"建设。市纪委监委多次组织相关业务部门到周宁县进行督促指导，协调解决"阳光平台"推进中遇到的困难和问题。在各方共同努力下，2017年9月1日，宁德市以周宁县为试点正式上线运行"阳光平台"，代表着在政府投资小规模工程建设领域，适应形势需求的管理和监督新模式在福建省开始起步运行。

（二）"宁德模式"的运行实践

"宁德模式"打破以往传统的思维模式、行为惯性和管理机制，在法律和政策允许的范围内，运用"制度约束＋信息公开"管理模式创新打造"阳光平台"，提高了纪检监察机关反腐工作的效率，推动了政府投资小规模项目建设制度化、信息化、公开化，保证项目建设在阳光下运行、干部在公开中做事、群众在明白中监督。

一是全面覆盖、规范有序，制度化创建"阳光平台"。防治工程领域腐败，从根本上说，要从源头抓起，从机制制度上解决问题。实施"阳光平台"建设，打破盘根错节的既得利益格局，这就要求各级党委政府必须在制度层面强力推进。福建省发改委制定了《关于规范政府投资小规模工程招投标活动的意见》《福建省政府投资小规模工程施工简易招标办法》，宁德市结合地方实际，梳理政府投资小规模项目存在的风险及问题，取消招标代理，建立"阳光平台"。平台制定并严格执行"项目登记制""业主负责制""公开摇号制""定量发包制""准入清出制""分级管理制""限时默认制"七项机制。要求将全市政府投资小规模工程项目即投资400万元以下的工程项目，原则上都纳入"阳光平台"公开交易，遵循统一的制度标准、流程要求，防止政出多门、各自为政。同时，制定相关配套制度，明确相关管理流程和需要提交的材料，严格按照相关要求对业主单位申请的项目进行审核，确保项目规范运行。

"阳光平台"七项机制

二是服务优化、便民高效，信息化使用"阳光平台"。"阳光平台"将政府投资小规模建设工程相关管理制度固化下来，按照"简单、快捷、实效"的运行思路和"透明、高效、节约"的反腐要求，通过平台实现业主单位网上申办、查阅，政府职能部门网上阅办、审批，纪检监察机关实时在线抽查、监督，切实做到了公平公开、程序简化、易于操作、节约资金、便于监督。目前，"阳光平台"将项目审批流程简化为确定项目、选择设计、财务助审、确定施工、竣工验收和审计确认六个步骤。

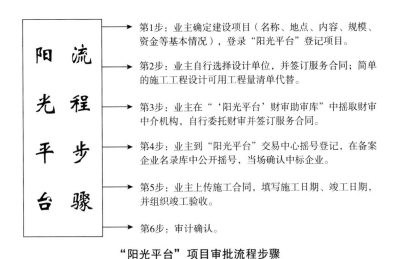

阳流 光程 平步 台骤	第1步：业主确定建设项目（名称、地点、内容、规模、资金等基本情况），登录"阳光平台"登记项目。
	第2步：业主自行选择设计单位，并签订服务合同；简单的施工工程设计可用工程量清单代替。
	第3步：业主在"'阳光平台'财审助审库"中摇取财审中介机构，自行委托财审并签订服务合同。
	第4步：业主到"阳光平台"交易中心摇号登记，在备案企业名录库中公开摇号，当场确认中标企业。
	第5步：业主上传施工合同，填写施工日期、竣工日期，并组织竣工验收。
	第6步：审计确认。

"阳光平台"项目审批流程步骤

三是信息透明、全程留痕，公开化监督"阳光平台"。通过平台申报的项目其建设全程依托"阳光平台"实行线上管理，项目运行各阶段信息都及时在平台上公开。摇号现场可以实时在线直播，各摇号点专门配备摄像设备，项目各方参与人、相关监管部门以及群众均可通过"阳光平台"观看摇号情况，项目运行过程公开透明。值得说明的是，通过线上管理，"阳光平台"做到了历史资料留痕完整、项目过程可全面回溯，为纪检监察机关和相关业务部门的监督提供了有力技术支撑。此外，"阳光平台"网站首页设有"监督台"栏目，公布住建、交通、水利、国土、林业等监管部门的监督电话与监察委、效能办举报电话，方便群众反映问题。

（三）"宁德模式"的反腐机制

"宁德模式"防止政府投资小规模工程项目腐败的机制核心是通过"阳光平台"营造了"不能腐"的环境。"不能腐"就是从体制机制和制度流程上消除腐败发生的条件，使其没有腐败的机会和寻租的可能。"阳光平台"从制度层面谋划，运用"制度约束＋信息公开"的管理模式，从根本上遏制腐败，构筑了"不能腐"的防范机制，使政府投资小规模建设工程领域的各项权力合法合规高效运行。其内在反腐机制的运用主要体现在以下几方面。

福建省宁德市纪检监察干部在"阳光平台"上随机抽查项目审批情况

一是减少人为操纵。以往政府投资小规模建设工程没有统一的管理流程，由于制度不完善和过程繁杂，中介代理机构、投标人控制中标价格或中标结果，因此常出现工程造价虚高、政府资金流失浪费等问题。"阳光平台"从制度建设入手，依法依规，对管理流程进行重新梳理和优化，并将项目运行的有关制度规定固化为信息化程序，加强对不同岗位、不同环节的相互制约和监督，克服了人为操作自由裁量权过大的弊端。同时，取消招标代理环节，有效降低了项目成本，提升了资金使用效率。

二是增强监督效能。传统的监督方式往往是一种静态的事后监督，与工程建设的动态过程不够匹配，运行过程中的一些不规范、不正常行为很难被及时发现。在"阳光平台"上，所有信息和作业过程、相关数据能得到实时保存、全程记录，项目运行的全过程网上留痕迹、可追溯，延伸了管理的时间，拓宽了监督的范围，大大提高了监督的效能和震慑。纪检监察机关可以经常性开展监督检查，发现问题早提醒、早纠正，对违纪违法问题及时进行查处。

三是信息公开透明。信息不公开、不透明所带来的信息不对称，是导致工程建设项目暗箱操作、权力寻租的重要原因。按照"以公开为原则、以不公开为例外"的要求，"阳光平台"全面向社会公开办理流程、承诺时限、办事机构和联系方式等信息，并提供相关法律法规、规章和其他规范性文件以及相关政策解读，政府职能部门实行网上审核和监督，多部门交叉互审、多领域查询比对，实现了工程阳光化、过程阳光化、倒查阳光化，有效消除"信息盲区"，较好解决了项目运行内部难监督、外部不公开的问题。

四是管理高效便捷。传统的管理手段相对比较粗放和低效，容易形成管理漏洞和薄弱环节。"阳光平台"按照"程序规范、功能完善、分级授权、信息共享、高效快捷"的标准开发建设，通过有形的平台将项目运行在线管理，实现业主单位网上申请、查阅、办理，政府职能部门网上审批，纪检监察机关实时在线监督、随时抽查。"阳光平台"既是办事指南、工作流程，又是审批窗口和监督平台，变分散管理为集约管理，变封闭管理为共享管理，变粗放型管理为精细化管理，明显提高了行政效率。

三 "宁德模式"的工作成效

"宁德模式"推行的"阳光平台"建设时间虽然不长，但运行效果却是显著的。在运行过程中，"阳光平台"有效解决了工程发包方式随意、造价审核不严格、制度体系不完善、管理不规范、监督不到位等难题。可以说"宁德模式"从源头上预防腐败，实现政治效果、经济效益、治理效能的"三赢"，取得了可喜的工作成效，也获得了广泛的肯定。

一是堵塞制度漏洞，做实政治监督。第一，有效预防基层腐败。"阳光平台"提高群众对政府投资小规模工程建设资金管理使用的知晓率和满意度，进一步提升党和政府的公信力，有效防范了廉政风险，从源头上遏制腐败、保护干部，推动全面从严治党向基层延伸，为实施乡村振兴战略和打赢脱贫攻坚战提供了坚强有力的保障。第二，彰显廉洁政府形象。"阳光平台"实现信息透明、管理规范、全程留痕，纪检监察机关依托平台可以实时在线监督、随时抽查。通过真实数据，晒出政府责任担当、廉洁形象。"阳光平台"推行前，仅2017年宁德全市巡察214个村，发现涉及工程领域、民生领域的村级腐败问题64个；"阳光平台"运行以来，全市共受理政府投资小规模工程项目交易2331宗，涉及金额25.24亿元，其中涉及村级项目工程1080宗，涉及金额8.87亿元，没有发现违规操作和投诉举报行为。第三，厚植党的执政基础。过去实施政府投资小规模建设项目，由于信息不公开不透明，群众对干部产生误解和质疑。"阳光平台"有效化解了基层干部干事创业的心结，提升了积极性。同时，提升了广大群众对党委、政府和基层组织的信任度，增进了干群关系，厚植了党的执政基础。

二是有效省时省钱，体现治理效能。第一，节约运行成本。"阳光平台"明确400万元以下的政府投资工程建设类项目统一取消招标代理，直接进入"阳光平台"，减少业主单位的代理费用，降低施工单位办理人力成本及时间成本。严格财审环节，杜绝不合理列支，切实做到省钱、省时。第二，降低监督成本。项目进行公开摇号可以实时在线直播，所有信息和作业过程、相关数据网上留痕，实现可追溯，相关监管部门可通过"阳光平台"查看有关情况，纪检监察机关可实现对工程进度、资金使用、部门审批等情况进行全过程监督的再监督，发现问题及时提醒、纠正，提升了监督执纪效能。第三，保障使用精准。"阳光平台"实现建设项目在阳光下运行、干部在公开中做事、群众在明白中监督，避免人情工程、权钱交易工程，杜绝暗箱操作行为，达到政府投资小规模建设项目合法合规、公平公正、省时省钱的效果，通过科技、信息化手段，实现精准监督，最大限度保障政府投资建设项目经费用在"刀刃上"。

三是公开便民高效，实现社会效益。"阳光平台"首页显示办事流程与服务指南，为业主提供一目了然的办事流程。开通网上审批功能，业主单位根据项目建设情况在平台上提交电子材料申请交易，实现线上审批、线下联动。规定办结时限、黄灯预警、限时办结等，进一步提高办事效率。"阳光平台"坚持公正公开的原则，将廉政要求贯穿到项目建设全过程。项目进行公开摇号可以实时在线直播，各摇号室专门配备摄像设备，相关监管部门可通过"阳光平台"观看摇号情况，方便群众随时随地登入平台了解项目运行情况。同时，建立便捷的在线举报途径，对违规违纪问题进行举报，有效地发挥好群众的监督作用。

四是各方充分肯定，获得广泛好评。一方面，业主高度认可。"阳光平台"推行以来，业主群众好评如潮。例如，宁德生态景观林项目联系人阮学强说，过去项目审核找人不容易，有时单个审批环节就要跑几趟，现在限定为 2~3 个工作日，所有环节在"阳光平台'一键搞定'"；宁德市森森林业技术有限公司的经理范希梅这样说："采取公开摇号方式，机会均等，很公平，参加摇号的施工单位，中标的高兴，没中标的也没怨言。"周宁县礼门乡玉山村村民魏景宁说："以前村里工程项目很多是几个村干部说了算，村民只见到施工，不明白具体情况。现在，通过'阳光平台'，对工程项目全过程一目了然。"另一方面，媒体给予肯定。"阳光平台"试行以来，《中国纪检监察报》、《福建日报》、福建省纪委监委网站等多家媒体都对平台的运营给予了高度肯定。

四 "宁德模式"对比传统模式的创新之处

阳光地带就是处处阳光明媚，"阳光平台"追求的就是"公开、公平、公正"，这才是阳光的意义、阳光的力量。"宁德模式"推行的"阳光平台"在破解工程建设领域共性腐败问题方面取得了重要成效，先进的招投标电子监察系统，消解了政府投资小规模建设工程权力寻租的制度空间，强化了监督部门对招投标活动的实时监督，为破解基层反腐难题奠定了坚实基础。与以往的邀请招标等传统模式相比，"宁德模式"的运行有四个方面的明显变化。

一是统一范围，全面覆盖，规范有序。政府投资 400 万元以下的建设工程，原则上都被纳入"阳光平台"公开交易，遵循统一的制度标准、流程要求，防止政出多门、各自为政。同时，制定相关配套制度，明确相关管理流程和需要提交的材料，严格按照相关要求对业主单位申请的项目进行审核，确保项目规范运行。

二是简化程序，务实管用，成本降低。通过"阳光平台"的项目直接上平台登记，经设计、财审后，即可进场交易，手续大大简化。业主在公共资源交易中心备案后，信息被录入企业名录库中，公开摇号确定中标企业，并将摇号过程进行网上直播，确保公平公开。加强诚信档案管理，实行动态调整，企业库每年一更新，严格限制不良企业进入，提高企业服务质量。

三是网上审批，服务优化便民高效。有效整合发改、财政、审计、住建等部门的基础信息资源，为业主单位提供项目服务指导和相关资料表格下载服务，让业主、企业对项目交易内容一目了然。严格实行部门审核限时默认制，及时采用短信提醒和黄灯预警等方式督促相关部门完成审核工作，在限定的时间内未审核的，默认为审核通过无意见，职能部门对审核结果负责。

四是信息公开，全程留痕，易于监督。项目建设全过程依托"阳光平台"实行线上管理，项目运行各阶段信息都及时在平台上公开。摇号现场可以实时在线直播，各摇号点专门配备摄像设备，项目各方参与人、相关监管部门以及群众均可通过"阳光平台"观看摇号情况，项目运行过程公开透明。平台网站首页设有"监督台"栏目，公布相关监管部门的监督电话与举报电话，方便群众反映问题。

五 "宁德模式"的实践发展

"宁德模式"具有很好的可发展性和可推广性，它本身是行政审批制度改革的再继续再深化，为整治政府投资小规模建设工程领域腐败现象提供了有益借鉴，同时，也产生了"星火燎原"的效应，呈现出良好的发展势头。

（一）"宁德模式"的实践意义

"宁德模式"推行的"阳光平台"，充分运用网络科技手段，有效改善农村小额工程缺乏监管的问题，无论是在宏观层面还是微观层面，都存在发展的必然意义。

一是延伸全面从严治党触角。近年来，随着脱贫攻坚和乡村振兴建设的深入推进，城乡经济社会快速发展，修路、架桥、饮水、绿化等政府投资工程项目日益增多，工程建设领域廉政风险问题也愈加突出。仅

2017 年，宁德全市巡察 214 个村，就发现涉及工程领域、民生领域的村级腐败问题 64 个。所以，如何抓牢村级组织权力运行机制建设，是各级党委、政府亟须解决的问题，而"宁德模式"的创新推出是解决这一问题的有效途径。"阳光平台"用科技手段固化制度，通过信息化手段，限制干部滥用权力，阻断权力异化苗头，营造积极向上的干部创业环境，有效防范廉政风险，从源头上遏制腐败、保护干部，推动全面从严治党向基层延伸。

二是拓展群众监督有效途径。群众监督在党风廉政和反腐败斗争中发挥着"力量源"的作用，"宁德模式"可以有效拓宽群众监督渠道。宁德市各县（市、区）和东侨经济技术开发区在现有"阳光平台"的基础上，正在探索拓展监督领域，把政府采购、林业造林、农村"三资"监管、村务公开等纳入平台。例如，平台根据基层群众迫切需要了解的，尤其是关系农村留守老人、孩子切身利益的村务问题，及时拓展"阳光村务"业务，将村一级的建设项目、临时救助、扶贫补助名单等信息上传平台，精准推送村务信息，方便群众"云监督"。可以说，"宁德模式"使群众所享有的监督权利能够真正地实现，提升了群众监督的广泛性和有效性。

二是探索"预防腐败"机制创新。随着国家监察体制改革深入推进，纪检监察机关职责发生了很大变化，肩负着更多的监督责任。"宁德模式"推行的"阳光平台"将项目各个环节和信息全部"晒"在阳光下，项目参与人、相关监督部门以及群众均可第一时间在线观看摇号情况。平台上所有项目实现全程留痕，所有信息和作业过程、相关数据得到实时保存、全程记录。纪检监察机关可依托"阳光平台"抓牢抓实，"预防腐败"，实时进行"监督的再监督"，对发现的问题及时提醒、纠正，精准整治，提高监督执纪效能。这也是实现市场信息公开共享、公众监督、社会共治、诚信自律、转变行政监督方式，实现反腐倡廉目标的一次创新探索。

（二）"宁德模式"的可持续性

"宁德模式"推行的"阳光平台"，坚持以群众需求为导向，具有简单、规范、务实的特性。平台总结提炼的"七项制度""六个步骤"等管理模式,在技术层面和现实层面既可以单独使用也可以发挥合力。目前"宁德模式"已被多地市借鉴使用,产生了"星火燎原"的推广模式。

技术操作层面可复制。"阳光平台"技术要求不高,可以将其纳入各级政府行政服务中心一体建设,投入资金较少,初期研发费用17万元,后期推广过程中,各县(市、区)复制投入的费用不到9万元,实现资源共享,节约了建设成本,且易推广应用。该平台基础信息完整,操作简便,易于复制推广使用。该平台在技术层面可以有效整合各单位各部门的基础信息资源,实现便捷的信息查询、统计,解决部门交易信息多头重复采集、数据相互矛盾、资料难以共享的问题。

现实操作层面可借鉴。"阳光平台"自2017年9月在宁德全市推广以来取得显著成效,已经引发各方关注,并被学习借鉴。福建省部分地市专门来宁德学习考察政府投资小规模建设工程"阳光平台"创新机制的管理应用。例如,2018年10月,福州市闽清县纪委监委到宁德学习借鉴"阳光平台"创新监管模式;2018年10月福鼎市政府投资小规模建设工程"阳光平台"启用上线;2019年9月,泉州晋江市农业农村局有关人员到宁德学习简化程序,将农业农村有关项目纳入"阳光平台"管理等。各地的学习借鉴及良好运行,说明"宁德模式"在现实操作层面具有强大的可持续发展潜力。

六 "宁德模式"面临的问题与挑战

目前,"宁德模式"推行的"阳光平台"已在福州市、福鼎市等多地市运用,运行两年多来,取得了明显成效,受到各方好评。但这一平台在推进过程中还存在一些问题和挑战,需要进一步解决。

一是各方既得利益者阻碍发展。"阳光平台"实施过程中,传统模式下的利益各方是最大障碍,冲破盘根错节的利益固化樊篱,考验勇气,更考验智慧。以宁德市为例,市纪委监委是在市委、市政府的大力支持下,才使政府投资小规模项目建设"阳光平台"在全市范围内得以全面推行。要在顶层设计上强力助推,积极争取各级党委政府对平台推广的支持力度，只有坚持打破盘根错节的利益格局，才能加强对权力运行的制约和监督。

二是"阳光平台"制度不够完善。"阳光平台"相关配套制度还需进一步健全完善，各行业主管部门需要进一步结合行业特点制定相关实施细则。要在制度建设上规范管理，以抓制度来促进落实，进一步规范审核责任、中介服务管理、企业准入退出机制等，确保项目管理更加规范。例如，宁德市周宁县已经率先出台《周宁县政府投资小规模林业工程项目建设中介服务与施工单位管理办法》《周宁县政府投资小规模房建市政建设项目施工单位及中介服务机构管理办法（暂行）的通知》等配套制度规定。

三是干部能力素质有所欠缺。部分基层干部对"阳光平台"功能不熟悉，操作不熟练，一定程度影响了平台的运行实效。要在服务指导上加强培训，根据"阳光平台"的操作程序和目标要求，及时开展相关业务培训，尤其是一线乡镇（街道）要指定专人负责，必须熟练使用平台操作，使项目业主能够及时掌握各环节要求，提高项目运行效率。

四是发动群众力量不足。群众既是基层社会治理的参与者，也是基层社会治理的受益者。但在基层社会治理中仍然存在群众参与度不高的问题，"阳光平台"的运行也不可避免。政府投资小规模建设工程"阳光平台"建设，只有广大群众广泛参与，才能发挥其应有的作用，避免成为政府的独角戏。要在宣传推广上营造氛围，在一线乡镇（街道）广泛地开展"阳光平台"宣传活动，并针对相关政策法规进行宣讲、答疑，营造良好氛围，充分发挥群众的主体作用，激发群众推动"阳光平台"运行的内生动力。

七 "宁德模式"的思考与启示

"宁德模式"推行的"阳光平台"充分运用网络科技手段，有效改变农村小额工程缺乏监管的问题，可以说是一种"技术反腐"的创新实践。随着进一步发展完善，平台或将成为反腐利器。思考"宁德模式"的运行管理，不难发现其实现路径。

一是"阳光平台"是项目审批管理优化的核心关键。因为"阳光"，项目申报审核和招投标环节中的所有信息被所有利益相关者共享，公开、公平、公正的市场环境激发招投标双方的市场参与意识。充分的市场竞争背后，腐败的隐蔽环节被更直接、高效、低成本的市场正常流通取代，流通环节"腐败"被挤压。因为"阳光"，所有的交易流通环节接受涉及行业乃至全社会的共同监督，行政管理与审批中的权力寻租与商业贿赂自然消融，良性招投标机制形成，有序的竞争环境促进政府投资小规模建设项目招投标、管理工作健康发展。

二是信息技术是实现"阳光平台"的支撑手段。在宁德市公共资源交易中心"阳光平台"网站上，项目申报审核和招投标环节（确定项目、选择设计、财务助审、确定施工、竣工验收和审计确认）信息数据都完整、真实、及时地自动传递，无信息壁垒、信息滞后，信息技术手段促使所有环节阳光化。同时，挖掘、分析、处理平台积累的大数据，可为行业监督部门预测、决策提供了更多支持，形成信息规范与标准，提高地方政府对公共资源交易管理的效率。

三是"阳光平台"是政府行政管理向社会治理有效转变的结果。"阳光平台"对政府投资小规模建设项目审批的全程化、透明化、公平化管理，促进了招投标行政监督部门转变职能、创新监管方式，推动了市场主体而非行政主体在项目运行中自主、深度参与及其"阳光"行为的形成，实现了招投标行业转型升级和市场规范化发展。"阳光平台"实质是政府行政管理向社会治理的转变。

总之，"宁德模式"推行的"阳光平台"，在运行过程中提高了寻租和腐败的技术门槛，对规范招投标行为、加强公共资源交易管理、优化发展环境起到了示范引领作用，推进了地方和行业治理体系与治理能力现代化，取得了阶段性成果。我们需要进一步探索形成更加科学的发展模式，来有效预防工程建设腐败风险及问题，进而激活市场主体，最大限度发挥市场在资源配置中的作用。

西昌市创新匿名举报的"四类反馈" *

创新简介

　　西昌市创新匿名举报反馈机制，因人而异、因事而异，用不同方式在合适的范围内进行公开反馈，解除了百姓心中的疑虑和误解，保护了干部工作的热情和信心，密切了群众与党组织之间的联系，强化了群众对纪检监察工作的支持，促进了党员干部党风廉政建设。同时，该机制是对完善信访制度、促进信访工作科学化规范化的有益探索。这项来自县级纪检监察工作一线的创新值得研究推广。

　　信访制度是中国特色社会主义民主政治制度的有益补充，是我国国家治理体系的有机组成部分，具有鲜明的中国特色。党的十八大以来，在领导推进全面从严治党进程中，习近平总书记高度重视信访工作。习近平总书记强调，要努力将矛盾纠纷化解在基层、化解在萌芽状态。四川省凉山彝族自治州西昌市以习近平新时代中国特色社会主义思想为指导，贯彻落实习近平总书记关于信访工作的重要指示，因地制宜、多措并举，构建匿名信访举报反馈机制，做好信访举报"后半篇文章"，取得信访举报"两降两升"（降低信访举报量、降低匿名举报量，提升实名举报量、提升社会评价指数）的积极成效。

＊　作者简介：刁兆杰，清华大学马克思主义学院博士研究生。

一 创新开展信访匿名举报反馈的背景

有学者认为，我国古代的直诉制度是今日信访制度的前身。从历史上看，除传统政治文化影响外，信访制度主要是党在革命过程中自觉贯彻群众路线的产物。[①] 早在新中国成立前，党中央即已设专人或专门机构负责处理群众来信来访。1951 年 6 月 7 日，政务院发布《关于处理人民来信和接见人民工作的决定》，标志着新中国信访制度的正式创立。1957 年 11 月 19 日，国务院发布《关于加强处理人民来信和接待人民来访工作的指示》，标志着信访制度作为一项国家制度的政治地位正式确立。党的十一届三中全会后，为适应党和国家工作中心的转变，妥善处理大量历史遗留问题，1982 年 2 月召开的第三次全国信访工作会议通过了《党政机关信访工作暂行条例（草案）》和《当前信访工作的形势和今后的任务》，标志着我国信访制度逐渐走上了正规化道路。1995 年 10 月 28 日，《信访条例》正式颁布。该条例是新中国第一部信访行政法规，是对新中国成立以来信访工作中的经验和做法的一次全面总结和肯定，是国家在信访工作规范化、法制化方面做出的重要努力和尝试。

在党治国理政的过程中，信访制度是党加强与群众联系、解决群众问题、发现违纪违法线索，并提升群众获得感、提升社会治理效能的重要制度安排。在信访工作实践中，信访举报占据了相当的份额，纪检监察机关在具体处理信访举报方面承担了主要责任。2020 年 1 月 21 日，中共中央办公厅印发《纪检监察机关处理检举控告工作规则》（以下简称《规则》）[②]，其中第八条规定，县级以上纪检监察机关应当明确承担信访举报工作职责的部门和人员，设置接待群众的场所，公开检举控告地址、电话、网站等信息，公布有关规章制度，归口接收检举控告；第十条规定，纪检监察机关信访举报部门对属于受理范围的检举控告，应当进行编号登

---

① 参见冯仕政《国家政权建设与新中国信访制度的形成及演变》，《社会学研究》2012 年第 4 期。
② 中共中央办公厅印发《纪检监察机关处理检举控告工作规则》，中央纪委国家监委网站，https://www.ccdi.gov.cn/toutiao/202002/t20200203_210732.html，2020 年 2 月 3 日。

记，按规定录入检举举报平台。关于匿名举报，《规则》第二十九条规定，匿名检举控告，属于受理范围的，纪检监察机关应当按照程序受理。一方面，由于被举报人大多是担任一定职务的领导干部，举报人往往处于相对弱势地位，所以举报人出于害怕遭受打击报复等原因，往往以匿名方式进行信访举报；另一方面，部分举报人为泄私愤或故意制造影响，捏造不实信息，以匿名举报方式对举报人进行恶意中伤，严重影响受诬告干部的名誉和正常工作生活。这两个方面，是各级纪检监察机关处理匿名举报工作时面对的现实情况，也是西昌市纪委监委创新开展信访匿名举报反馈的主要原因。

西昌市是凉山彝族自治州首府，其信访量甚至超过州纪委本级的信访量。2016年，时任西昌市委常委、纪委书记刘学强组织市纪委监委研判西昌市信访情况，发现除正常信访外，存在较多重复信访、越级信访和多头、多层、多级举报，且此类信访举报基本为匿名举报。按照相关规定，匿名举报没有具体事实，只是分析判断或者定性结论的，可不予置理；反映情节轻微的一般问题，可将问题摘抄给被举报人，责成其做出检讨或说明；反映重要问题、事实比较清楚、线索比较具体的，可先进行初步核实，再确定处理办法。在纪检监察机关处理匿名举报过程中，一方面由于无法向举报人反馈核查处理结果，举报人往往不知具体情况，经常误认为纪检监察机关对自己反映的问题不管不问，进而引起举报人和周围群众的猜想与误会，甚至引发重复访、越级访；另一方面，部分失实匿名举报在工作中对被举报人造成的严重影响难以得到有效澄清和化解，给被举报人带来沉重思想负担和负面影响。

西昌市纪委监委经过反复调研，发现匿名举报人和被举报人在地域上存在一定关联，认为在被举报人或被举报单位所在片区进行集中反馈，一方面有助于让当地群众甚至匿名举报人本人知悉情况、澄清事实，密切党群联系，提高纪检监察工作公信力，增强群众对党组织的信心和认同感；另一方面有助于激发、保护干部干事创业、担当作为的积极性，进一步营造风清气正的地方政治生态。2018年4月，西昌市正式启动创新匿名举报反馈探索项目，以积极回应群众关切，切实维护举报人合法权益，特别是为打好脱贫攻坚的收官之战提供坚强的纪律保障。在经过初期分析研判、调研座谈、试点探索的基础上,西昌市于 2019 年 5 月将相关创新探索机制化、制度化,做好信访举报"后半篇文章",助推信访举报取得"两降两升"成效。

二 创新开展信访匿名举报反馈的实践

项目开展前期,西昌市纪委监委组织讨论和决定了项目的内容、开展方式。项目开展过程中,通过创新"四类反馈",精准多元地选择反馈方式,首先在安宁镇等乡镇进行了集中试点反馈,注意及时总结经验调整做法;而后,在全市范围内有序推开,并形成制度、长期坚持。

(一) 项目的初期探索和工作方案的出台

2018 年 3 月,西昌市纪委监委收到来自中央纪委的转办件,其中的匿名举报信反映高草乡副乡长陈顺雄和村干部在自来水安装工程中存在乱收费问题。西昌市纪委监委经过认真调查,发现该饮水项目属于惠民项目,需要先期做好管道开挖、回填、预埋工作,按政策国家对占地及附属的农作物不进行补偿。副乡长陈顺雄在负责这项惠民工作期间,会同当地村干部,按常住人口每人收取 100 元的标准,收集集资款用于管道开挖回填,并非政策外的乱收费,不存在违纪违法问题。2018 年 10 月,为切实消除群众疑惑,为干部正名,结合创新信访匿名举报反馈探索,西昌市纪委监委会同高草乡纪委在乡政府召开澄清会,并在庄堡村等 4 个涉及惠民饮水安全工程的村委会制作"纪检监察信访举报反馈专栏",公示了惠民饮水安全工程以及村民缴纳 100 元钱的情况。看到贴在村委会门口"举报反馈专栏"上的公示后,一位村民感叹:这及时打消了自己和其他村民心中对村干部的担忧和误解。这次公开反馈匿名举报的调查结果,有效消除了老百姓的疑虑,保护了干部工作的积极性。[①]

---

① 《西昌:创新"四位立体"工作法 做好信访举报"后半篇"文章》,凉山彝族自治州纪委监委网站,http://www.lszjw.gov.cn/gzdt_40/xcjy/201910/t20191025_1372036.html,2019 年 10 月 25 日。

西昌市纪委监委信访反馈、信访澄清会现场

高草乡自来水安装工程匿名举报澄清会是西昌市开展信访匿名举报反馈探索的第一次实践，陈顺雄是这一探索的第一位受益者。从 2018 年 4 月启动到 10 月第一次实践，中间这几个月的时间里，西昌市纪委监委不断探索公开反馈的"度"。时任西昌市纪委监委案管（信访）室负责人张玉平介绍，解决信访举报，不仅要把"进"的门打开、畅通信访举报通道，还要把"出"的路接通、接地气，做到"还群众一个明白，给干部一个警醒"。从这点出发，公开反馈的对象范围比较易于把握。"我们根据信访举报的内容，大致能圈定一个范围，例如，是某个单位或者某个乡镇。一个原则就是要把匿名举报人尽可能地纳入适度公开对象。"西昌市纪委监委内部讨论的焦点在于匿名举报公开反馈的范围，例如，某些涉及个人隐私的匿名举报，公开反馈是否会带来连锁反应。

除了对于公开反馈范围的讨论，一些乡镇纪委①干部，包括西昌市纪

①　文中"乡镇纪委"所指包括设立在乡镇和街道办事处的纪委、纪工委及派出监察室、派出监察组等纪检监察机关，不做详细区分。

委监委的一些干部也有不同的看法。部分干部认为，匿名举报反馈不符合以往的理念，属于画蛇添足，线索核查清楚了，还干部清白，事情就算办完了。非要进行匿名举报反馈，不仅会增加办案要求，无端增加程序，而且需要花精力组织会议，增加工作量，甚至会变相鼓励老百姓检举报告，不利于社会稳定。针对这种情况，西昌市纪委监委领导一方面积极和各级各部门干部沟通，统一纪检监察系统内的认识，让大家充分了解实施匿名举报反馈的积极意义。西昌市纪委监委领导指出，与其回避问题、隐藏矛盾，导致人民群众的诉求长期得不到满足，倒不如直接面对、化解矛盾，切切实实为老百姓解难题、办实事，提升社会满意度。另一方面，选出若干试点乡镇（四合镇、安宁镇），通过党建月会、党员大会、"坝坝会"、"农民夜校"等基层群众能接受的方式开展匿名举报反馈，取得了良好的效果。经过一段时间试点探索，纪检监察机关接到的实名举报占比逐步上升，同时群众评价提高、满意度提升，纪委监委干部的工作量实际上反而减少了。如此一来，广大干部心中充满"成就感"，尝到了"甜头"，对该项目完全有了认同感，项目的推进更加顺畅有力。

在项目探索推广初期，除了部分干部认识上的不足外，部分乡镇纪委存在敷衍应付情绪，出现了象征性开会、拍照，小范围内简单反馈现象。对此，西昌市纪委监委一方面通过疏导讲解、批评教育做好思想政治工作，统一认识；另一方面加大对反馈结果的抽查和监督力度，并将落实该项工作的成果，作为年底考核的重要内容。2019年1月，为掌握信访集中反馈会召开和派出监察室履职情况，从而更好推进工作，西昌市纪委监委组织部、案管（信访）室采用不打招呼、临时抽查的方式，对部分乡镇（街道）开展上述工作的情况进行了督查。在督查后的通报中，西昌市纪委监委对部分成效突出的乡镇进行了表扬：安宁镇结合社情民意反馈情况，在康宁农贸市场直接面对群众进行反馈，反馈面广、社会影响大、群众反响好；高枧乡根据拆迁导致群众分散的实际情况，采用到事发地开小会、微信群通报、同类型问题预防性沟通等形式反馈；银厂乡针对信访件较少的情况，结合政策宣讲、廉政宣传，直接到群众身边以"坝坝会"形式召开反馈会。西昌市纪委监委一方面压实乡镇纪委责任，督促乡镇纪委履职尽责、站好"前哨岗";另一方面及时总结在检查督导中发现的问题,补充调整相关政策,多管齐下,使得市和乡镇两级纪委认识高度统一,工作落到实处,进而使匿名反馈制度得以真正实施。

经过前期试点和多轮讨论、调整,2019年5月20日,西昌市纪委监委出台《关于纪检监察信访举报"两降两升"工作的实施方案》(以下简称《方案》),确立了"三项机制",同时对匿名举报反馈划定"三个明确"标准、建立"四类反馈"做法。《方案》以及后续的《西昌市纪委监委实名举报奖励办法(试行)》《西昌市纪委监委关于查处诬告陷害行为为干部澄清正名工作实施方案》等配套制度措施,多措并举探索构建匿名信访举报反馈机制,有效破解匿名信访件反馈难问题,进而实现降低信访举报量,降低匿名举报量,提升实名举报量,提升社会评价指数。

(二)创新匿名举报反馈机制的主要内容和项目的主要做法

面对纪检监察信访举报量居高不下的问题,为切实减少群众越级访、重复访,减少信访增量,实现"两降两升",西昌市纪委监委在《方案》中确立了信访件办理结果"双反馈"机制、信访举报澄清保护机制、基层领导接访机制,明确了匿名举报反馈的范围领域、情形内容、职责分工,建立"新闻媒体通报会""政治生活自省会""一线集中反馈会""调查核实澄清会"四种反馈方式。

1. 确立"三项机制",搭建举报反馈工作总体架构

第一,确立信访件办理结果"双反馈"机制。实名信访举报件按照"谁调查、谁负责、谁反馈"的要求,继续执行将调查结果对实名举报人进行反馈。对匿名信访举报件进行分类,结合基层群众生活工作的实际情况,创新反馈形式。

第二,确立信访举报澄清保护机制。为净化政治生态,还事实一个真相,还干部一个清白,旗帜鲜明地支持和保护干事创业者,激励广大党员干部新时代新担当新作为。经纪检监察机关调查,发现举报人错告、误告或反映问题严重失实,给被举报人正常开展工作带来思想顾虑,应被举报

人要求，经调查机关同意，在适当范围内公布调查结果，以召开座谈会口头通报、发放"澄清告知书"等形式予以澄清。与此同时，对错告、误告或者举报问题严重失实的信访举报人视情节给予批评教育、诫勉谈话或纪律处分；对故意捏造事实诬告他人，以达到个人不良企图的，要从重处理；涉嫌犯罪的，移交司法机关处理。

第三，确立基层领导接访机制。在乡镇（街道），每月确定1个工作日作为领导接访日，由党政主要领导接访，采取候访制，实行提前公示、公开挂牌接访，分类处置。建立接访台账，并由来访人员、接访领导签字。在市级各部门、企事业单位、工业园区，接访方式采取通知制。市纪委监委信访室在接访中，对涉法涉诉信访以及应当由其他部门处理的问题，确有必要，电话通知信访举报所涉及部门、企事业单位相关业务分管领导在市纪委监委现场接访、受理信访事项、解释法规政策等。

在基层领导接访过程中，严格落实首问负责制。首问责任人应当依照法定权限和程序，认真履行职责，做到主动热情、文明礼貌、便民利民、优质高效、清正廉洁、严于律己。对群众反映的信访问题，能够当场答复或处理的，当场给予明确解答或处理；属于纪检监察业务范围内受理事项，严格按规定程序办理；对涉法涉诉信访以及应当由其他部门处理的问题，引导其到相关部门反映；对已经依法终结等信访事项，做好教育疏导工作；对不合理或无理的诉求，向其宣传法规政策，并做好耐心解释和劝导工作。不得对办事人不接待、不热情、不理睬，没有主动向上访人耐心解释相关政策，甚至推诿扯皮、有意刁难、设置障碍的，将严肃追究责任。

2. 做到"三个明确"，构建匿名举报公开反馈机制

第一，明确反馈范围，突出重点领域。将重复举报、越级举报、反映群众身边不正之风和腐败问题的匿名件作为反馈范围。特别是聚焦脱贫攻坚，把向扶贫款项"动奶酪"、对扶贫工程"动手脚"等问题的相关匿名举报作为反馈的重中之重。同时，严格控制公开反馈的内容和范围。"在反馈过程中，应当做好保密工作。"西昌市纪委监委相关负责人介绍，一般仅公开错误性质、处理依据和处分结论，反馈内容和范围不随意扩大，反馈内容避免涉及党和国家机密、商业秘密和个人隐私，更不能泄露举报人相关信息，同时避免反馈方式过多过滥。

第二，明确区分情形，规范反馈内容。对查实的问题详细说明调查情况和处理结果；对查否的问题说明原因，提供依据，消除疑虑；对未查清的问题耐心解释，不遮掩、不回避；对提出新证据和线索的继续调查，直到问题解决。整个反馈过程做到公开透明、取信于民。

第三，明确职责分工，压实反馈责任。匿名举报公开反馈的方式、内容由被举报人所在党组织和单位向负责举报件调查的纪检监察组织提出，纪检监察组织提出指导意见后报市纪委监委主要领导审核签批后开展，负责举报件调查的纪检监察组织、信访室全程跟踪指导匿名举报反馈活动，收集反馈意见。对因主观故意或者工作不负责，在匿名举报反馈中违反纪律，造成严重后果的，将追究相关人员责任。

3. 创新"四类反馈"，精准多元选择反馈方式

通过开设"新闻媒体通报会""政治生活自省会""一线集中反馈会""调查核实澄清会"，创新创立匿名举报反馈"四位立体"工作法，确保分类分层精准反馈。

第一，"新闻媒体通报会"，强化警示教育。对群众关注度高、反映强烈、影响范围大的热点问题，经查属实的典型违法违纪案例，通过定期召开新闻媒体发布会、微信公众号、网络、党政专栏等方式公开调查处理结果，通报有关调查情况，增强警示教育影响力、吸引力、感染力、说服力。

第二，"开好组织生活会"，见人见事见思想。对党员干部一般性问题、轻微违纪问题以及苗头性、倾向性问题，经核查后没有给予党政纪处分的，由被反映人所在党组织和个人及时在民主生活会或党建月会上做出说明，并开展批评与自我批评。从开展匿名举报反馈至 2020 年 4 月约两年时间里，西昌市共召开匿名举报反馈党员大会 27 次、党建月会 37 场、组织生活会 12 次，共 79 名党员干部在会上做出解释、说明和检讨，对其他的党员干部产生警示作用，在平时的生活工作中更加谨慎，不因一时大意

而犯错。同时，依照信访举报澄清保护机制，对没有问题的同志做到还其清白，解除同事之间的猜疑、误会，让同志们增强彼此间的信任，增加凝聚力。

第三，"一线集中反馈会"，搭建群众信任桥梁。针对匿名举报的特点，按照"谁承办、谁答复、分级负责管理"原则，匿名信访量较多的由被反映人所在乡镇（街道）、部门等，每季度召开一次直接面对群众的匿名信访举报集中反馈会；匿名信访件较集中的村组，由被反映人所在村组召开党员大会、村"两委"扩大会、民主生活会、组织生活会、村民代表大会等进行公开反馈，公开解释调查结果，接受干部群众的现场质询；信访件较少的采用"坝坝会""农民夜校""红黑榜"等多种形式反馈，由向个人反馈转变为向多数人反馈。同时，建立"定点公开＋定时公开"的"两公开"制度。定点公开，在事发地乡镇公告栏、村组公示栏，设立××乡××村纪委监委信访举报反馈专栏，定点公开调查结果；定时公开，根据匿名信访件数量或者集中反映程度，按月、季度等定时公开反馈调查结果及办理进度。

自开展匿名举报反馈至 2020 年 4 月约两年时间里，共召开匿名信访件集中反馈会 45 场、"坝坝会" 5 次、反馈问题 189 个，其中扶贫领域问题 52 个。通过这样的方式让匿名反映的群众得到及时反馈，让群众知道自己反映的问题受到了组织和领导的重视，得到妥善处理和解决，进而消除群众对"官官相护"的疑虑，增加对政府公信力和执行力的信任度，积极配合政府开展相关工作。

2018 年 1 月，中央纪委国家监委转办反映四合乡吉木德村村干部在脱贫攻坚中工作不力的网络匿名举报件。经调查，西昌市纪委监委认为举报内容不属实，随后召开涉及扶贫问题的匿名信访件集中反馈会，对举报内容进行公开答复，消除了群众疑虑，实现了息诉息访。

第四，"调查核实澄清会"，严管厚爱显温情。对反映党员干部的匿名举报，经调查认为反映的问题与事实出入较大，或属于捏造线索的不实举报。西昌市纪委监委旗帜鲜明地在案源地召开澄清会，为受到冤屈的党员干部澄清正名，激发党员干部干事创业的热情。

三 创新开展信访匿名举报反馈的成效

开展匿名举报反馈以后，西昌市的匿名举报、重复举报呈现双下降态势。到 2021 年 6 月，西昌市纪委监委受理检举控告总量较同期下降 36.28%，匿名检举控告率下降 40.5 个百分点、上级转办率下降 47.98 个百分点、重复检举控告率下降 41.86 个百分点、扶贫领域检举控告率下降 53.85 个百分点。[①] 可以看出，通过行之有效的举措，匿名举报反馈成效正在不断显现，群众满意度正在持续上升。

目前，西昌市纪检监察干部普遍认同该制度，将其作为纪检监察工作的重要组成部分，用心落实，真抓实干；老百姓认可该反馈制度，愿意积极参与，具备推动该制度长期落实的环境。同时，《方案》出台后，为进一步畅通信访举报渠道，引导群众依法、有序举报，西昌市纪委监委将 2019 年 6 月定为"纪检监察信访举报宣传月"，在五大片区乡镇开展纪检监察干部现场接访、信访宣传活动，由市纪委监委班子成员带队，在各乡镇（街道）驻地设点公开接访。通过开展纪检监察干部公开大接访活动，聚焦扫黑除恶、扶贫领域腐败、作风问题等，着力化解一批容易引发信访问题和群体性事件的矛盾纠纷及问题隐患；着力解决一批长期积累的重复信访问题；着力查处一批发生在群众身边的"微腐败"；畅通信访举报渠道，夯实基层信访工作，健全信访工作长效机制，打通联系服务群众"最后一公里"。《方案》的制定和公开接访活动的开展，切实推动了重心下移、力量下沉，有效将矛盾纠纷化解在基层、化解在萌芽状态。

西昌市通过创新开展信访匿名举报反馈，做实信访举报工作"后半篇文章"，提升了"三个效果"。一是纪法效果。匿名举报公开反馈是生动的现场警示教育会，引导群众依纪依法检举控告，教育广大干部以案为鉴、以案为训，永葆清廉为民的政治本色。二是政治效果。匿名举报公开反馈

---

① 王维华：《西昌市纪委监委开展匿名举报反馈活动 扎实做好信访举报"后半篇"工作》，凉山新闻网，https://www.ls666.com/html/2021 - 06/15/content_79380.html，2021 - 06 - 15。

是践行"以人民为中心"发展思想的生动体现。对不实举报澄清、及时为干部正名,传递出对诬告陷害"零容忍"的鲜明态度,进一步激发干部干事创业的积极性。三是社会效果。通过公开反馈群众身边的"微腐败",做细做实信访工作"后半篇文章",深入一线、面对群众、直面问题,让群众切实感受党中央"从严治党、惩贪治腐"的决心和坚决维护群众利益的恒心,增强了群众的幸福感、获得感。

西昌市的该项创新在内容方式方面得到了上级领导的指导和建议,创新成效得到了四川省和凉山彝族自治州领导的认可和支持。2019年,四川省纪委监委官网采用了该项目相关信息,鼓励在全省范围推广。目前,四川省内部分县(市)提升了对匿名举报的重视程度,开始试行或推广匿名举报反馈制度。

四　创新开展信访匿名举报反馈的思考

首先,这一创新在一定程度上填补了相关领域在实践探索和理论研究上的空白。目前,国内相关研究中主要聚焦对实名举报的反馈,且反馈方式较为单一。对于匿名举报反馈的研究以匿名举报产生的原因、如何保护匿名举报人等为主,对于收到群众匿名举报的"后半篇文章"研究较为少见,真正用于实践的更为不足。匿名举报适度合理公开,可以给群众一个明白、还干部一个清白,既能保障群众的知情权、监督权,又能倒逼纪检监察机关把监督执纪工作落实到位。

其次,西昌市的探索,因地制宜、因事而异,以科学合理的方式回应群众关注的"痛点",为其他地方提供了有益借鉴。基于现在信访内容多且杂的特点,西昌市将重复举报、越级举报、反映群众身边不正之风和腐败问题的匿名件作为反馈范围。在此基础上,紧跟时代步伐,把有关脱贫攻坚的举报作为反馈内容的重中之重,有效做到思群众之所思,切实解决与群众息息相关的问题。西昌市创新的"四类反馈",精准多元选择反馈方式,针对不同的人员、事件采用不同的公开方式。针对党员干部存在倾向性问题的,在组织生活、党建月会上作说明;针对群众关切的问题,通过在问题发生地开展村民代表大会等方式反馈群众，让群众及时了解案件的结果；对于经查不实的案件，在案源地及时做澄清说明，还党员干部清白；对于影响恶劣的案件通过"新闻媒体"公开通报核查处理情况，增强警示教育。不同的人、不同的事用不同的方式公开反馈，让基层群众看到纪检监察部门对其举报内容的重视，让其知晓所举报内容的实际情况，既保障了群众的知情权、监督权，提高了政府公信力，又合理安排公开范围，不扩大影响。

最后，这项创新对密切党群联系、促进信访工作科学发展有较大价值。一方面，密切了党组织与群众之间的联系，强化了群众对纪检监察工作的支持，提升了群众的获得感，促进了党员干部党风廉政建设；另一方面，是对信访制度和信访工作机制的补充完善，促进了工作科学化、规范化发展，弥补了现有信访举报反馈的不足。

曲阜市打造"莲心驿站"村居监督平台[*]

创新简介

　　曲阜市在村居建设"莲心驿站"监督平台，坚持问题导向，以加强村干部监督为切入点，以制度机制创新为引擎，激发乡村基层治理活力，构建起县、乡、村上下贯通的监督体系，提高乡村廉洁治理能力，助力决胜脱贫攻坚，为全国其他地区推动监督向村居延伸提供了借鉴和启发。

　　党和国家监督体系的根本在基层，基层监督系统的有效运作能够推动基层社会治理能力提升，增强基层群众的获得感、幸福感和安全感。党的十九大报告指出，深化国家监察体制改革，将试点工作在全国推开，组建国家、省、市、县监察委员会，同党的纪律检查机关合署办公，实现对所有行使公权力的公职人员监察全覆盖。新形势下的国家监察体制改革实践为监察职能向基层权力系统和基层组织体系延伸做出顶层设计，为监察权向村级延伸、实现村级监察全覆盖留下探索创新的空间。2019年初，山东省曲阜市在部分村居探索建设"莲心驿站"监督平台，开展贯通自上而下的组织监督、自下而上的群众监督，在推动监察监督向村级延伸方面取得了较好成效。

一　打造"莲心驿站"监督平台的起因和背景

　　基层的稳定关系着党的执政根基和改革发展大局。党的十八大以来，

---

　*　作者简介：张译文，北京科技大学马克思主义学院博士研究生。

习近平总书记多次强调，群众对"近在眼前"嗡嗡乱飞的"蝇贪"感受更为真切，对基层贪腐等问题要严肃查处，着力解决发生在群众身边的腐败问题。曲阜市"莲心驿站"村居监督平台实践正是源于纪检监察体制改革背景下，实现基层公权力监督"全覆盖"、整治群众身边的腐败问题和提升乡村廉洁治理能力的切实需要。

（一）国家监察体制改革与基层监督力量薄弱问题

增强基层公权力监督合力是推进新时代乡村治理现代化的重要方面。党的十八大以来，以习近平同志为核心的党中央从坚持中国特色社会主义的全局出发，提出"四个全面"战略布局，做出深化纪检监察体制改革的重大决策部署。监督是管党治党和治国理政的内在要素。党的十九大立足于党的历史任务和实现国家治理现代化，做出"健全党和国家监督体系"的重大任务安排，构建党统一领导、全面覆盖、权威高效的监督体系。截至 2018 年 2 月底，全国省、市、县三级监察委员会全部完成改革组建，实现对所有行使公权力的公职人员监察全覆盖。2018 年 3 月 20 日通过的《监察法》明确"基层群众性自治组织中从事管理的人员"和"其他依法履行公职的人员"是监察监督对象，填补了一个时期以来村级干部监督中的"空白地带"，把村干部纳入党和国家监督体系，实质上是在纵向权力格局中实现了公权力监督全覆盖，完成了公权力监督的"触底"任务。因此，相比监察体制改革之前，当前各级监察委员会的监督对象均有所增加，其中，北京市、山西省和浙江省三个试点省市的监察对象数目分别增加 78.7 万人、53 万人和 31.8 万人。[1] 显然，村干部群体被纳入监察对象以后县级监察委员会的监督对象数量激增，由此带来的监督力量不足等问题逐渐显现出来。

（二）侵害群众利益问题易发多发

中国共产党是以马克思主义为指导思想建立起来的政党，在任何时候

---

① 《国家监察体制改革试点取得实效》，《人民日报》2017 年 11 月 6 日。

都把人民群众的利益放在第一位。党的十八大以来，党中央着力整治群众身边的腐败和不正之风，对腐败问题"零容忍"，对漠视和侵害群众利益的问题进行专项部署，一查到底，决不姑息。从纪委监委查处的案例来看，农村腐败问题有以下几个明显特征：一是农村腐败案件占比提高，且涉案金额攀升；二是村"两委"一把手腐败占比提高，腐败主体泛化多元；三是扶贫、惠农、征地拆迁等领域极易诱发腐败；四是腐败形式趋于多样化，腐败手段更加隐性变异。① 从公众利益来看，腐败行为实质上是对公共利益的侵占和掠夺，如果地方领导者只计较个人得失或者维护小群体的私利，那么多数人的公共利益将受到侵害。基层腐败特别是村级腐败问题易发多发的原因，主要在于党员干部监督存在短板、廉政风险防控不力、基层党组织建设存在薄弱环节等。从权力监督任务上看，目前一些县级纪检监察工作在治理基层"微腐败"等问题时，通常存在着案件多发易发与基层监察力量坚持人员、编制、机构"三个不增加"原则之间矛盾突出的现实问题。② 如何加强基层反腐败力量、盘活村级监督资源，加强对基层腐败问题的监督与治理，构建基层权力监督体系是当前基层监督亟待突破的重点问题。

（三）乡村廉洁治理中的监督"卡点"

乡村治理是社会治理体系的重要部分。党的十九大提出自治、法治与德治三位一体的乡村治理模式。改革开放以来，中国乡村面貌发生了巨大变化，其自身开放性和流动性增强的同时，新时代乡村自治也面临着新的挑战。从村级腐败问题来看，乡村监督力量薄弱、群众监督作用发挥不充分、村干部权力控制和约束不到位、村务处置反馈机制不健全等成为廉洁乡村建设的"短板"，这也是县级层面深化国家监察体制改革、推进全面从严治党向纵深发展的"卡点"所在。国家监察体制改革以后，监察权制度设计在纵向上已经达到村级层面，但从镇到村尚未建立有效的承接机

---

① 楚向红：《近几年来农村腐败呈现的新态势及其治理对策》，《中州学刊》2019 年第 2 期。
② 吕永祥、王立峰：《县级监察委治理基层"微腐败"：实践价值、现实问题与应对策略》，《东北大学学报（社会科学版）》2019 年第 1 期。

制，监督通道尚未真正贯通下去。因此，加强对所有村居干部以及协助村居从事管理服务工作的人员监督全覆盖监督，是贯彻落实权力监督全覆盖要求必须完成的任务。2018年1月，曲阜市挂牌成立监察委员会，同年11月，在全市12个镇街设立派出监察室，推动国家监察职能延伸到了镇街层面。2019年初，曲阜市在部分村居试点建设"莲心驿站"，经过一年的努力，在体制机制建设、制度设计等方面摸索积累了一定经验。在总结试点经验基础上，曲阜市纪委监委印发《关于推进监察监督向村居延伸的实施意见》，指导推动各村居整合力量、健全机制，全面推开"莲心驿站"建设。

二 "莲心驿站"监督平台运行与实践

实现权力监督全覆盖是我们党防止权力异化的重要举措。"全覆盖"意味着政治权力的延伸范围与权力监督网络的覆盖范围之间要保持一致性。[①]当下，推动村级监督全覆盖已经成为地方实践创新的重要内容。曲阜市"莲心驿站"监督平台，以"行使公共权力"为核心，确定村级监督对象，从健全组织体系、畅通监督渠道、释放监督效能等方面发力，推动纪检监察权实现"纵向到底"，管住村干部手中的"小微权力"，遏制基层"微腐败"，打造群众参与基层监督的"点对点、站为媒"新样板。

（一）组织体系：用好三支力量，建立"1＋1＋X"的监督架构

为实现"监察全覆盖"这一目标，补齐基层监督力量薄弱的短板，2019年曲阜市构建"1＋1＋X"全覆盖监督网络，建立以选派镇街纪检监察干部、村居纪检监察干部和廉情网格员为主体的基层监督架构，开展全过程跟踪监督。在"1＋1＋X"监督架构中，第一个"1"是驻村监察员，

---

① 吕永祥、王立峰：《县级监察委员会的公权力监督存在的现实问题与优化路径》，《河南社会科学》2018年第7期。

选派镇街纪检监察干部担任，负责联系指导村居日常监督工作。第二个"1"是村居纪检委员，他们担任"莲心驿站"站长，主要责任是：对上承接镇街纪（工）委监察室工作安排，对下协调开展村居监督事务。"X"是村居廉情网格员，根据各村居网格化管理的实际情况，推选若干名廉情网格员，在村居网格区域内，及时收集社情民意，对群众反映的违规违纪问题线索直接向镇街纪委报送。

做好监督工作必须聚焦"谁来监督""监督什么""怎么监督""如何评价监督"这四个基本问题。实际上，曲阜市"1+1+X"监督架构已经回答村级监督工作中"谁来监督""监督什么"这两个问题。首先，以村民自治为基础，通过选配廉情网格员实现监督权实体化。在我国，村民自治是地方治理的重要方面，是一种区域性的治理形态。长久以来，我们党始终把人民群众作为反腐败力量的最大源泉，建立"莲心驿站"，选配廉情监督员是保障和实现村民自我监督的重要创新和重大进展，使得广泛意义上的监督权实体化，廉情监督员成为村民自我监督的"执行人"。其次，列出监督内容清单，提高"莲心驿站"工作的实效。在具体监督工作中，曲阜市纪委监委针对村居正在开展的重点工作，例如，"三资"处置、项目建设、强农惠农政策落实等事项，制定监督清单，明确重点监督事项，组织廉情网格员开展"照单监督"。最后，采取灵活机动的监督方式，以廉洁网格员为点，开展点对点、点对多的走访和听询活动，在茶余饭后不经意的"牢骚"和"抱怨"中，认真倾听，着力发现村干部履职尽责不力、纪律作风方面的问题。

设置"1+1+X"架构，能够层层传导压力，镇、村两级协同开展工作，乡镇或街道纪（工）委监察室通过"一根针"穿引出驻村监察员"多条线"，将政策信号、监督任务、工作要求等有效地传导给各村居"莲心驿站"，驻村监察员言传身教、示范带动，切实发挥牵头抓总、示范引领作用。一般情况下，廉政监督员不在村居担任职务，与监督对象不存在利益冲突，他们在团结群众和收集信息方面具有优势，是村级监督体系的关键一环。信息不对称是制约监督有效性的重要因素。从上级监督的视角看，廉情网格员凭借其角色优势在一定程度上发挥了"补充信息"的作用。一方面，廉情网格员能够在村务实施过程中收集群众关注的问题、发现政策宣传的盲点，为上级监督工作提供参考或反馈给村"两委"，推动开展释疑和公开工作；另一方面，廉情网格员能够直接从群众口中获取村民对村务工作的评价、建议和批评的反馈信息，初步识别村干部群体中潜在的廉洁风险点和作风问题。

（二）监督机制：畅通三个渠道，理顺贯通协同的监督机制

任何形式的监督都是为了保障权力在正确的轨道上运行，消除滋生腐败的土壤，让监督不留盲点、不存空白。畅通的监督渠道和有效的反馈路径是发挥"莲心驿站"监督平台正外部性的重要保障。廉情信息收集上来后，下一步要解决的关键问题就是如何对信息进行及时高效分类处置并做出反馈。为此，曲阜市建立了与"1＋1＋X"监督架构相匹配廉情分类处置和问题线索直报机制。具体来看，就是以廉洁网格员收集的信息内容属性为基础，把监督信息分为民情信息和廉情信息两大类，建立两套监督信息管理处置机制，实施分类处置。其一，民情信息处置机制，即对与群众日常生产生活相关的民生诉求等民情信息，交由村里"马上就办"，督促落实教育、饮水、医疗保障、农业生产等方面的惠民政策，完善了群众需求与政策落实之间的触发机制，有利于精准对接群众需求。其二，廉情信息处置机制，即对于群众反映强烈、涉及纪律作风甚至贪污腐败等重要廉情信息，第一时间报送镇街纪（工）委监察室，并配合做好处置工作。完成信息分类处置后，还需及时向村民反馈信息的处理和解决情况。为此，曲阜市设立村居"廉情活动日"制度，并建立常态化工作机制，每月定期公开解答民生事项处理和办结情况、集中通报问题处置情况，做到正面回应群众关心关注的问题。

通过建立廉情信息直报机制，廉情网格员发现涉及村干部违规违纪类的重要廉情信息直接报送镇街纪（工）委监察室，实现问题线索精准收集。同时，通过组织开展"廉情活动日"活动，用好"回音壁"、意见箱等载体，广泛收集群众的意见建议，着力发现村干部服务群众方面存在的问题。镇街通过牵头开展专项察访、组织网格员座谈等形式，有力督导调

度工作，及时了解村居情况，排查村干部违纪违法问题线索，巩固拓展了自上而下的监督，建立了双向互动、同向发力的监督机制，解决了"看得到的管不着，管得着的看不到"这一现实难题，回答了"怎么监督"这一现实问题。

例如，曲阜市石门山镇林家洼村一村民反映，他把养老保险的保费交给了村里，但在网上却查不到参保信息。廉情网格员孔凡明收到这一线索后，立即上报给驻村监察员。镇纪委分析研判后，成立调查组进行核实。经查，该村会计在办理养老保险时将村民身份证号码填错，导致村民养老保险未能办理。随后，镇纪委对村会计进行提醒谈话，责令改正，并在第一时间将结果向当事人进行了反馈。这种廉情信息收集、上传、处置、反馈的闭环工作链条，有利于及时回应民生诉求，及时澄清误会、化解纠纷，促使党群干群关系更加和谐。同时，各村居通过开展形式多样的"廉情活动日"活动，让干部群众真正参与进来，有效增强群众主动监督意识和村干部廉洁履职意识，带动形成向上向廉的社风民风。

武家村廉情活动日现场

（三）扭住四个关键，提升廉情网格员的监督能力

监督队伍的工作能力是影响监督效能的重要因素，监督人员的能力越

强，发现问题越精准；相反，监督人员能力不足就会制约监督效能的发挥。"莲心驿站"监督平台旨在推动党内监督、监察监督和村民自我监督在村级层面有效联合、协同发展。在"1+1+X"的监督框架内，驻村监察员具备政治、政策、业务上的专长和优势，代表上级党委和纪检监察组织，履行纪检、监察两项职能，具体指导"莲心驿站"的工作，是嵌入村级监督工作的外部力量；廉情网格员具有"信息直报点"的功能，是村级监督工作格局中辐射面最广的一级，也是密切联系村居群众的关键监督岗位。作为监督框架中的两端，驻村监察员和廉情网格员成为监察监督向村级延伸的重要力量，其中，廉情网格员的素质对"莲心驿站"的作用发挥产生直接影响。

曲阜市从人员选聘、学习培训、业务督导和管理考核四个方面发力，加强廉情网格员队伍建设。一是加强人员选聘。在村居廉情网格员的认定资格方面设置了禁止性条款，即明确不得由村居党组织书记、村（居）委会主任指定，不得由村支"两委"成员兼任，要经镇街纪（工）委监察室抽查检验推荐人选，报批后正式开展工作，以防止出现"自己人监督自己人"的问题。二是加强学习培训。抓好村级监督人员的教育培训，组织开展党纪法规、财务审计专业知识培训，引导网格员参与镇街统一组织的各类监督检查活动，在实践中锻炼提高监督能力。三是加强业务督导。驻村监察员每月列席"廉情活动日"活动，了解有关情况，安排下个月工作任务，汇总面上情况和意见建议，及时报告镇街纪（工）委监察室。镇街纪（工）委监察室定期调度驻村监察工作开展情况，研究、解决履职中遇到的问题，梳理和排查廉情信息；按期召开"廉情网格员"工作会议，指出问题短板，校准工作方向，督促严格履职尽责。四是加强管理考核。镇街出台村级监督工作量化考核办法，建立工作实绩与绩效奖励挂钩机制，每半年组织各村"莲心驿站"向镇街纪（工）委述职，联合有关职能站所对"莲心驿站"站长、廉情网格员的工作实绩进行量化打分和民主评议，对测评优秀人员进行表彰嘉奖，不称职的网格员及时调整更换，形成有进有出、动态调整的选人用人机制。由此看来，"莲心驿站"监督平台在基层监督工作保障和效果评价方面已做出有益探索和实践。

三 "莲心驿站"监督平台的主要成效

通过一年多的实践，曲阜在推进"莲心驿站"建设方面形成了一套完整的组织体系、制度机制、推进模式，在推进监察监督向村居延伸方面取得了显著成效。

（一）实现对村干部监督有形有效覆盖

加强村级监督，通过厘清职责边界，明确监督重点，建立合理顺畅的体制机制，解决了"谁来监督""监督什么""怎样监督"的问题，激活了监察监督的"神经末梢"，扎紧了制度"笼子"，使村干部、行使公权力的公职人员处于严密监督之下。同时，建立"廉情活动日"、日常走访等制度机制，强化工作的透明度和曝光度，主动联系群众，为群众主动参与村居事务提供平台和路径，引导群众有序监督村干部，这种无处不在、无时不在的监督无疑给村居干部、监察对象戴上了"紧箍咒"，让他们知道村级事务事事有人管、有人问，督促他们秉公用权、依法用权、干净用权。实践表明，村居干部逐步认识到"莲心驿站"和廉情网格员对改进村务工作和提升自身思想认识具有积极作用，加强村级监督是乡村治理现代化的重要内容，也是对村干部自身发展的一种支持和保护，使他们少犯错误、不犯错误。

（二）实现廉情信息精准高效传递

廉情网格员收集、甄别重要廉情信息以后，不需要向村级组织汇报，直接报送到镇街纪（工）委监察室，再由镇街纪（工）委监察室对相关信息进行分析研判，识别问题线索进行初步核实后，把重要线索再报送市纪委监委，市、镇两级协同开展审查调查，实现了廉情信息自下而上的高效精准传递，加固了自上而下的监督执纪链条。例如，2019年4月，曲阜市石门山镇某廉情网格员向镇纪委监察室报告，群众反映该村监察对象陈某某在2019年粮食直补申报中虚报种粮面积，后经调查核实，发现确有其事，该镇纪委精准运用监督执纪"第一种形态"，对当事人进行提醒谈话，使其认识到错误并及时改正，起到了"治小病"与"防大病"的双重作用。"莲心驿站"自启动以来，各村居向镇街报送重要廉情信息237条，镇街向市纪委监委报送问题线索34条，其中立案19起19人，移诉1人。

（三）实现党群干群密切沟通交流

"莲心驿站"将监督村居干部廉洁履职与为群众办实事、做好事、解难事紧密结合，推进加强村级监察监督工作与村级"小微权力（公共服务）"清单、"拉呱说事、说事必回"等机制载体的结合融合，有力维护了群众切身利益。一方面，监督人员长期生活在村居，能够及时了解掌握群众所需所盼，及时将民生诉求传达到镇村党组织，充分突显农民在乡村振兴中的主体作用，搭建了干部群众密切联系的"连心桥"；另一方面，对于那些群众有误解、认识不准不实的关键问题，廉情网格员有责任及时向上报告有关情况，并协助镇街纪（工）委监察室跟进调查核实，及时澄清反映不实问题，有效化解干部群众之间的误会和分歧，有力促进社会和谐稳定，提升乡村治理水平。特别是疫情防控工作中，廉情网格员活跃在村民之中，在宣传解释防控政策、监督防疫物资发放、劝导遵守防控措施方面发挥了积极作用，成为联系服务村民、监督政策落实的一支重要力量。

四 关于加强村级监督的进一步思考

加强基层监督是构建良好政治生态的重要保障，"莲心驿站"在很大程度上盘活了村级监督资源，调动了镇街纪（工）委、村居党组织、普通群众三个层面的监督积极性，具有重要的实践意义。曲阜市"莲心驿站"创新案例，为我们拓展基层纪检监察监督工作、凝聚基层监督合力提供了生动的实践样本和思路。

（一）村干部是基层纪检监察监督工作的重要监督对象

村干部廉洁自律问题一直是反腐倡廉建设的重要内容。2018年，习近平总书记在济南市考察时指出："要加强基层党组织建设，选好配强党组织带头人，发挥好基层党组织战斗堡垒作用，为乡村振兴提供组织保证。"在新时代乡村治理中"好班子和好带头人"能够发挥带头致富、引领文明风尚和构建廉洁政治生态等积极作用。实践中，强化基层党组织建设和提升乡村治理能力都包含了我们党对乡村廉洁政治的客观要求。村党支部是党在农村的基层组织，是农村一切组织和全部工作的领导核心，村党支部和村民委员会是村级治理的核心组织，"两委"成员是村居治理的核心主体。[①] 在全面从严治党向基层延伸、向纵深推进的时代背景下，治理村干部腐败问题俨然成为腐败治理和乡村振兴的大问题。[②] 之所以把村干部放在突出重要的位置，是因为村居集体事务在日常管理和决策中受多种因素影响，致使村民自治异化为基层组织人员自治，具体表现为村居的大小事都由村级基层组织人员说了算。[③] 从监督对象的范围和数量上看，基层监督如果管住了村干部，那么就管住了监督对象中的"大多数"，同时也能大大提升群众的安全感、获得感和幸福感。

摸清监督对象的底数是有效监督的前提，只有这样才能够合理地组织和配备监督力量，实现"查漏补缺"，让所有"公权力"置于监督之下。尽管村干部的官职不大，但是事实证明，一旦"村官"手中的权力失控，就会给国家和群众造成巨大的损失，"小官巨贪""蚂蚁搬家式腐败""雁过拔毛式腐败"等腐败问题背后都是基层权力运行缺乏有效约束和监督的反映。纪检监察体制改革后，监察法把村干部列入监察对象，其职务行为受监察法监督。曲阜市做实村务公开工作，把村级监察对象和廉情网格员名单同步公开，明确了党支部书记、村委会主任、会计、小组长和计生专职主任等村级监察监督对象，落实了监察监督"纵向到底"的要求。

[①] 梁娟：《监察体制改革背景下村基层组织人员职务犯罪惩防体系构建》，《江西社会科学》2019年第2期。

[②] 徐铜柱、张恩：《乡村微腐败的异质性表现及其法治化治理之维》，《湖北民族大学学报（哲学社会科学版）》2021年第2期。

[③] 梁娟：《监察体制改革背景下村基层组织人员职务犯罪惩防体系构建》，《江西社会科学》2019年第2期。

但是，我们也必须深刻认识到，《监察法》明确村干部是监察监督对象，实际上是在法律层面为监督工作提供合法性保障，这仅仅是做好基层监察工作必须迈出的第一步，还要探索县级监察权向基层延伸的有效机制。同时，要在提升农村信息化建设水平、完善基层信息公开机制、畅通群众监督举报机制、提高监督者能力等方面综合发力，为新机制提供有力支撑。

（二）推动熟人监督与专业监督相结合助力精准监督

基层行政村地域小、人头熟，是典型的"熟人社会"。一般认为，在"熟人社会"中监督的客观性和公正性会受到亲友圈、同学圈、工作圈、生活圈等多个社会关系群体的影响，监督人员容易"抹不开面子、张不开嘴"，使监督工作无法发挥实际效能。党的十八大以来，我们党着力解决熟人监督困境，创新监督方式，采用交叉监督、异地监督等方式，提升监督实效，监督的震慑力和权威性得到强化。从"莲心驿站"监督平台的实践探索来看，"熟人社会"中形成的关系在获取廉情信息方面发挥了重要作用。一方面，廉情网格员与普通群众有共同生活和稳定的社会交往基础，群众对其有信任感，愿意讲真话、谈问题；另一方面，廉情网格员不是县纪委监委的工作人员，而是通过特定的渠道反映问题，他们不参与调查执纪工作，甩掉了专职监督工作中潜在的"心理包袱"。曲阜市在推进"莲心驿站"监督平台的过程中，巧妙地将熟人优势转化为监督信息获取优势，回归群众视角，通过看、听、询、访等渠道审视乡村治理的全过程，纠正基层工作中的不正之风，检举揭发腐败问题，构建乡村廉洁治理工作模式。

乡村廉洁治理是社会治理的重要内容，基层监督能力和水平关系着廉洁治理的效能，如果监督水平上不去，就会对乡村振兴战略形成消极影响。党的十八大以来，在基层监督实践探索中把群众监督放在越来越重要的位置，不断拓宽人民群众反映意见和建议的渠道。熟人监督优势的充分转化能够保障监督工作顺利开展，但是真正制约监督效果的关键因素是监督者的素质。监督者能否精准识别监督信息，能否区分民情信息与廉情信息，能否发现影响基层工作的关键问题将直接影响监督工作的成效。"敢监督""能监督""会监督"在监督工作中缺一不可。目前，在"1＋1＋X"架构中三类监督主体充实了县级监察监督工作队伍，在数量上得到补给，特别是"X"个廉情网格员会成为重要的力量支撑。但是，监督工作具有一定的专业性，一方面需要从县级和镇街层面统一指挥和调度，另一方面需要提升监督力量的能力水平，推动自治性监督与专业性监督相结合。所谓自治性监督，是指乡村自治管理中的"自我监督"，侧重于在村级治理内部形成监督闭环，将工作中的问题自我消化，往往是一种非主动的监督，只有问题完全暴露出来，才会被重视或加以解决。而专业性监督则是党和国家监督体系内的各种监督形态，具备监督、教育、预防和惩治等功能，能够治病于未发，防患于未然。"莲心驿站"作为基层监督力量的补充，不能单打独斗，应该在与其他监督方式协调配合中找到发力点，助力实现基层精准监督。

（三）促进"莲心驿站"监督平台与村务监督委员会的职能衔接

加强党对反腐败工作的统一领导是推进纪检监察体制改革的根本方向和重大政治原则，在基层监察体制创新中也必须牢牢贯彻这一要求。实际上，党的十八大以来，党中央十分重视村级监督体系建设，指导建立村务监督委员会作为村级民主监督机构。从源头上遏制村民群众身边的不正之风和腐败问题、促进乡村治理和谐稳定，这是村务监督委员会设立的初衷。新形势下，推进基层监督工作高质量发展既要着眼于整合村级监督力量，又要在制度和机制创新上发力。从监督目标上看，"莲心驿站"监督平台与村务监督委员会具有极高的相似性，二者都是为了强化对公权力的监督，防范基层"微腐败"。从运行机制上来看，二者又有显著的不同。首先，产生方式不同，村务监督委员会是由村民选举产生；"莲心驿站"监督平台的监督主体则是以委派、推荐与自荐相结合的方式产生。其次，从运行机制和效果上看，村务监督委员会嵌入村民自治管理模式中的运作系统，然而，由于村务监督委员会是新生事物，在一定程度上受村"两委"影响，难以形成实质性的监督；①"莲心驿站"监督平台是一种以县级监察委员会为主导，垂直授权下的监督信息直报机制，具备上级监督的权威，能够畅通普通群众参与监督的渠道。

在实践创新中，"另起炉灶"和"融合发展"都是重要路径，其核心目标在于有效、简便地解决新问题，疏通堵滞，实现更好的发展。从我国基层监督运行实践层面上看，推动监察监督权从乡镇向村集体延伸，县级监察委员会可以考虑将"莲心驿站"监督平台工作机制嵌入村务监督委员会之中，实现融合创新，同时借鉴国家监察委员会特约监察员制度，通过赋予村务监督委员会主任和委员以特约监察员的身份，激发村务监督委员会的组织活力，进一步完善垂直监督信息直报机制，充分发挥农村基层公权力监督体系的监督合力，真正实现基层群众监督、纪律监督与监察监督的有效衔接。从曲阜实践来看，"廉情网格员"的推选资格设置向村务监督委员会成员以及公道正派、热心监督的村民倾斜，这实际上为新时代探索一套复合的乡村自治模式、完善村民自治机制和基层监督体系提供了一个新契机。

乡村治理是社会治理的重要方面，完善和增强基层监督体系建设能够为高质量实施乡村振兴战略提供政治保障。实践证明，强有力的组织体系和健全的监督体系能够为推动党和国家的事业发展凝心聚力。反对腐败、建设廉洁政治，要把党的组织优势和群众优势相结合，动员群众参与乡村廉洁治理，能够增强基层监督力量，带动形成良好的乡村文明风尚，要依靠广大人民群众，努力为人民群众参与基层监督工作创造条件。从以上分析可以看出，曲阜市构建了一套较为完善的组织引导机制，增强群众参与的有序性，建立了清晰的信息收集、处置和反馈机制，畅通群众诉求渠道，为实现村级监督全覆盖提供了有益的实践探索。

---

① 秦永超：《监察体制改革背景下农村基层公权力监督机制优化之策》，《领导科学》2020 年第 20 期。

乡镇纪检监察组织"5533"工作模式的探索与实践*

创新简介

群众身边的不正之风和腐败问题严重损害党的执政基础和社会形象。福建省泉州市纪委监委以"五统一""五必须"为突破口，系统性加强乡镇纪检监察组织建设，推动全面从严治党向基层延伸，让人民群众切身感受到正风反腐的实际成果。

基层治理是中国公共治理的重要环节，直接关系国家治理现代化总目标的实现。随着国家资源下乡，基层的违纪违法行为不断增多，惩治和预防惠农扶贫领域违纪违法犯罪成为纪检监察机关的重要工作。党的十八大特别是党的十九大以来，习近平总书记多次强调，要推动全面从严治党向基层延伸，严厉整治发生在群众身边的不正之风和腐败问题。随着国家监察体制改革的深入推进，各地纪检监察机关积极探索监察职能向基层、村居延伸的有效途径，把增强对公权力和公职人员的监督全覆盖、有效性作为着力点。福建省泉州市纪委监委乡镇纪检监察组织"5533"工作模式创新实践（以下简称"'5533'工作模式"）正是在这一背景下开展的。

一 "5533"工作模式建立的背景与原因

推动监察职能向基层延伸，把法定监察对象全部纳入监督范围，是全

---

* 作者简介：周磊，北京工商大学法学院讲师。

146

面从严治党向纵深发展的重要内容。"5533"工作模式是落实党中央全面从严治党向基层延伸战略部署的必然要求,也是泉州市纪委监委破解基层监督乏力与违纪违法问题频发的现实需求。

(一)宏观背景:全面从严治党向基层延伸

乡镇纪检组织作为党的基层组织和纪检系统的重要组成部分,其职能作用发挥直接关系农村党风廉政建设和反腐败工作的成效。早在2011年6月,中央纪委、监察部下发《关于加强乡镇纪检组织建设的指导意见》,专门就乡镇纪检组织建设做出规定,明确了乡镇纪检组织的设置、职能、人员、经费、设备等内容。从党的十八大、十九大、十九届四中全会到十九届中央纪委四次全会,以习近平同志为核心的党中央着眼于推动治理体系和治理能力现代化,对提升乡镇纪检监察组织监督能力做出战略部署。习近平总书记在十八届中央纪委二次全会上指出,坚持"老虎""苍蝇"一起打。在十八届中央纪委六次全会上,习近平总书记要求,推动全面从严治党向基层延伸……维护群众切身利益,让群众更多感受到反腐倡廉的实际成果。[1] 在十八届中央纪委七次全会上,习近平总书记再次强调要紧盯脱贫民生领域,严肃查处群众身边的不正之风和腐败问题。各级纪检监察机关对基层腐败现象保持高压态势,从2012年到2017年,全国共处分乡科级及以下党员、干部114.3万人,处分农村党员、干部55.4万人。党的十九大以来,党中央坚决惩治基层腐败的力度依旧未减,习近平总书记在十九届中央纪委二次全会上指出,严厉整治发生在群众身边的腐败问题。

在严厉惩治基层腐败的同时,乡镇纪检监察体制机制创新也在持续推进。在国家监察体制改革之前,村级公职人员监督一直是薄弱环节,特别是非党员村干部处于监督的真空地带。国家监察体制改革以后,基层群众性自治组织中从事管理的人员被纳入监察对象,具体包括村民委员会、居民委员会的主任、副主任和委员以及其他受委托从事管理的人员。所从事

---

[1] 习骅:《从严治党要向基层延伸》,《人民日报》2016年1月14日。

的"管理",主要是指:①救灾、抢险、防汛、优抚、扶贫、移民、救济款物的管理;②社会捐助公益事业款物的管理;③国有土地的经营和管理;④土地征用补偿费用的管理;⑤代征、代缴税款;⑥有关计划生育、户籍、征兵工作;⑦协助人民政府等国家机关在基层群众性自治组织中从事的其他管理工作。总之,凡是行使公权力的公职人员都被纳入监察对象,这就为打通监察监督"最后一公里"提供了法律依据。但在实践层面,村级公职人员由于其身份特殊成为监察体制改革覆盖的边缘群体,如何使群众身边的公职人员受到制度化监督,是基层监察体制改革过程中亟待解决的现实问题。

(二) 现实需求:"微腐败"问题突出与监督乏力

从泉州市纪委监委面临的现实挑战来看,一方面,乡村违纪违法问题仍占据相当比例、群众反映比较突出;另一方面,乡镇纪检监察组织面临着力量不足、后勤保障不足、监督发散等难题。二者之间的张力推动泉州市纪委监委开展乡镇纪检组织的创新实践。

基层政府处于中央政策执行过程的最终环节。①"上面千条线,下面一根针"是压力性体制下基层政府的生动描述。但乡村治理向上负责、对内脱离的弊端,导致涉农政策在执行过程中的"最后一公里"困境。②近年来,党中央为了确保 2020 年彻底解决农村区域性整体贫困问题,大力推进农村精准扶贫攻坚工作。例如,2017 年、2018 年、2019 年泉州市市级财政分别投入 1.48 亿元、1.58 亿元、1.67 亿元,是上级扶贫资金的 1.95 倍、1.22 倍、2.74 倍,扶贫资金投入逐年攀升。③这给农村带来更多扶贫资金和资源的同时,也造成了农村基层干部违纪违法和腐败现象较为突出,尤其是在扶贫领域和民生领域。有研究表明,与"高

---

① 周雪光:《基层政府间的"共谋现象"——一个政府行为的制度逻辑》,《社会学研究》2008年第 6 期。
② 刘建平、陈文琼:《"最后一公里"困境与农民动员——对资源下乡背景下基层治理困境的分析》,《中国行政管理》2016 年第 2 期。
③ 《泉州市财政专项扶贫资金绩效评价三连优》,泉州市人民政府网,http://www.quanzhou.gov.cn/zfb/xxgk/ztxxgk/fp/tpcx/202008/t20200807_2400836.htm,2021 年 3 月 30 日。

官贪腐"相比，"小官大贪"更难以容忍和接受，并导致失去民心、干群关系疏远以及基层不稳等恶劣后果，严重地损害了党的执政基础和社会形象。①

乡镇纪委是基层反腐败的专责机关。党的十八大以后，党中央主要从突出主要业务和加强上级纪委对下级纪委的领导两个层面推动中国纪检机构改革。② 由于行政层级以及资源禀赋等方面的差异，基层纪检监察组织仍存在独立性较差，受到外来干扰和压力较多的问题。③ 首先，在当前的体制下，乡镇纪委受同级党委和上级纪检监察部门领导，这种双重领导体制在一定意义上影响了纪检监察干部队伍职能的发挥，不愿监督、不敢监督的现象并不鲜见。其次，在组织架构上，乡镇纪委普遍存在纪检监察人员少、流动性大等问题，很多纪检监察干部并非专职工作人员，没有从严格意义上去履行纪检监察工作，这就使得纪检监察工作难以正常开展，尤其是办案更加困难。最后，在物质基础方面，乡镇纪委也存在办案场所和办案装备供给不足的问题，办案经费也缺乏稳定的保障。这些因素都极大地限制了乡镇纪委监督工作的有效开展。

二 "5533"工作模式的运行与实践

党的十九届四中全会指出，坚持和完善党和国家监督体系，强化对公权力的监督和制约。泉州市纪委监委以"五统一""五必须"为突破口，系统性加强乡镇纪检监察组织建设，全面打通"末梢神经"监督，不断健全党统一领导、全面覆盖、权威高效的监督体系，为新时代纪检监察工作高质量发展提供地方经验。

---

① 栾大鹏：《小官贪腐，哪些心态在作祟？——基于9634份公众样本的调查分析》，《人民论坛》2014年第22期。

② 刘诗林、李辉：《双重领导与多任务性：中国乡镇纪检监察组织监督困境的实证研究》，《公共行政评论》2014年第3期。

③ 倪星：《在基层监督执纪问责：基于G省调查问卷的分析》，《特区实践与理论》2018年第1期。

(一)"五统一"规范化建设

积极探索乡镇纪委以县纪委领导为主的体制改革,推动乡镇纪委进一步聚焦主责主业,整合提升工作力量,强化监督执纪问责,泉州市纪委监委在全省范围内实施乡镇纪委"五统一"规范化建设,即统一人员调配、统一考核待遇、统一硬件配备、统一经费保障、统一工作标准。

1. 统一人员调配

泉州市纪委监委通过健全组织架构、规范提名考察、确保专职专用、实行片区协作等方式,促进乡镇纪检监察干部心往基层拢、力往基层使。

(1)健全组织架构

泉州市各镇(街道)纪(工)委设委员5名,其中纪(工)委书记1名、副书记1名、委员3名;镇(街道)纪(工)委在镇(街道)党(工)委和市纪委监委双重领导下开展工作。设立党委的村(社区)同时成立村(社区)纪委,设纪委委员3~5名(其中纪委书记、副书记各1名);村(社区)党总支、党支部设立纪检委员1名,同时设置村级纪检监察工作室,配备至少2名纪检工作人员(包括1名纪检委员和1名党风廉政建设联络员)。村级纪检组织接受村(社区)党组织和镇(街道)纪(工)委的双重领导,业务以镇(街道)纪(工)委指导为主。

(2)规范提名考察

镇(街道)纪(工)委书记、副书记考察以县纪委会同县委组织部为主,其中,镇(街道)纪(工)委书记由县纪委会同县委组织部提出人选,县委组织部就提名人选听取乡镇(街道)党(工)委意见;镇(街道)纪(工)委副书记由县纪委会同县委组织部听取乡镇(街道)党(工)委意见后提出人选。其他纪委委员和专职纪检干部的选配,由镇(街道)纪(工)委会同所在镇(街道)党(工)委确定初步人选,征得县纪委监委审核同意后,由镇(街道)党(工)委按有关规定办理。乡(镇)纪委书记任免统一报市纪委监委备案,其他纪检干部选配报县级纪委监委备案。

(3)确保专职专用

专职纪检监察干部一律不得分管或从事纪检监察业务外的工作,要聚焦主责主业，保障有足够精力和时间依纪依法开展信访调查、执纪监督、纪律审查等工作，坚定不移推动全面从严治党向基层延伸。纪检监察干部工作调整的，按规定报告并及时调配到位，实现 100% 镇（街道）纪（工）委配齐专职纪检监察干部。

（4）实行片区协作

建立基层纪（工）委、派驻纪检监察组协作机制，按照"毗邻相近、方便工作、优势互补"的原则，将同一县级行政区域内相邻的乡镇划分为若干片区，成立片区协作小组。以片区为单位，在县级纪委监委的协调下实现协作区内监督执纪工作的力量整合。

2. 统一考核待遇

乡镇专职纪检监察干部由县级纪委监委进行单列考核，由县纪委监委同当地党委组织部门制定具体考核办法。考核结果作为干部提拔使用、推荐交流的重要依据。乡镇纪检干部福利待遇由所在乡镇予以保障，年终考核奖励按有关规定执行。乡镇纪检专职人员（含事业编制）享受规定的纪检监察工作补贴。

2019 年泉州市洛江区乡镇（街道）纪（工）委、监察组工作目标管理考评表内容

工作类别	考核要求
党风政风监督	协助和督促党（工）委落实全面从严治党主体责任
	落实全面从严治党监督责任
	落实中央八项规定精神，驰而不息纠正"四风"
	推动全面从严治党向基层延伸
	查处和纠正侵害群众利益的不正之风
审查调查	立案审查调查
	协助审查调查
	执纪效果
案件监督管理	规范谈话函询工作
	规范问题线索管理
	材料报送
案件审理	案件质量
	案件执行

续表

工作类别	考核要求
信访举报	信访举报办理时效
	信访举报办理质量
	信访信息报送
宣传教育	党风廉政教育
	廉政文化建设
	新闻宣传
	纪检监察信息
一线监督	一线走访
	一线监督检查
	强化追责问责
自身建设	调研工作
	重点工作项目化管理
	规范化建设
	干部队伍建设
	干部监督工作
巡察工作	支持和配合巡察工作

资料来源：中共泉州市洛江区纪律检查委员会、泉州市洛江区监察委员会：《洛江区推进乡镇（街道）纪检监察组织"五统一"规范化建设工作材料汇编》，2019，第78～83页。

3. 统一硬件配备

执行"九个一"标准，做到至少配备一间专用办公室、一间谈话室、一台专用电脑、一部电话机、一台打印机、一支录音笔、一个保密柜、一台碎纸机和一个专用举报箱等，并根据经济社会发展情况不断完善。统一制定工作业务流程和制度规范上墙。统一制作人员工作证和工作铭牌，实行配证上岗、亮岗履职。

4. 统一经费保障

将乡镇纪委日常工作经费列入县级财政预算，乡镇纪检干部公用经费保障参照县级纪检监察机关干部标准定额。乡镇纪委工作经费由县财政单列拨付，被纳入乡镇政府财务统一管理，在经费支出下单独设置"纪检监察事务支出"，确保专款专用。

5. 统一工作标准

乡镇纪委根据县纪委制定出台的《乡镇纪检监察业务工作规范（试行）》开展工作，履行纪检、监察两项职能，切实做到工作流程、工作要求、工作标准等依规依据依法，规范有序推进。县纪委监委制定《乡镇纪委业务量化考核办法（试行）》，明确业务考核的项目、内容、标准等，每年度组织进行量化考核。考核结果作为干部提拔使用、推荐交流的重要依据。

安溪县乡（镇）纪委业务量化考评标准（试行）

序号	工作类别	考核要求
1	队伍建设工作	加强干部队伍建设，规范乡（镇）纪委组织建设；严格纪检监察干部监督管理
2	党风政风监督工作	协助党委落实党风廉政建设责任制；突出抓早抓小，运用把握监督执纪"四种形态"；加大落实中央八项规定精神以及加强对发生在群众身边的"四风"和腐败问题的常态化监督
3	信访举报工作	落实信访举报"三抓三服务"要求，加强信访举报问题的处置工作
4	审查调查工作	加大审查力度，及时查处违纪违规问题
5	案件审理工作	严格依纪依规依法审理，做到"事实清楚、证据确凿、定性准确、处理恰当、手续完备、程序合规"
6	案件管理工作	规范问题线索的处置和管理
7	廉政宣传教育工作	推进反腐倡廉宣传报道，加强网络舆情信息工作，深化廉政文化建设，切实履行党风廉政宣传教育职能
8	参与配合片区协作工作	以片区为单位，积极配合参与开展巡察、监督检查、信访初核、审查调查等方面的片区内和片区间协作
9	特色亮点工作	争创工作特色，树立工作品牌
10	民主评议	对乡镇纪委履职履责情况开展综合评价

（二）"五个必须"工作方法

泉州市纪委监委为了进一步打通监督执纪问责"最后一公里"，在全市范围开展乡镇（街道）纪检监察干部进村（居）入户工作。进村（居）

入户的纪检监察干部在开展监督工作中,必须严格落实"五个必须"的工作要求。

1. 必访

纪检监察干部要深入走访农村(社区)党员、村(居)"两委"干部、致富能手、困难户、信访户、特殊户(家中有残疾人士的、孤寡户、单亲家庭)等六类对象,通过"拉家常",努力发现问题、解决问题,每季度开展"回头看",对群众反映问题点对点反馈,引发"裂变"效应。

2. 必谈

纪检监察干部把贯彻落实上级重大决策部署、群众反映强烈的矛盾纠纷和民生问题等作为走访谈话重要内容,对于乡(镇)村(居)党员、干部而言,苗头性、倾向性问题为必谈内容。

3. 必讲

积极宣讲党的路线方针政策、党章党纪党规、纪检监察主业主责,拓宽廉情收集渠道,引导农村(社区)党员、干部加强党性修养,增强纪律观念,继承优良传统。

4. 必核

村(居)党组织建设、"三会一课"制度落实情况、党费收缴管理情况,农村"三资"管理制度执行情况,上级资金拨付使用情况,农村(社区)民主决策制度落实情况以及村务公开和党务公开,为必须察看核实的内容。

5. 必查

始终保持惩治腐败高压态势,对乡镇(街道)、村(居)党员干部"四风"问题和群众反应强烈的突出问题,基层干部不作为、慢作为、乱作为和侵害群众利益问题,政策在农村(社区)"搞变通""打折扣""走过场"问题以及群众信访举报问题,第一时间核查处置,坚决追责问责。

(三)"三挂钩"机制

为了强化市级纪检监察机关的指导作用,推动纪检监察机关领导具体化发展,泉州市纪委监委建立"三挂钩"机制,即市纪委监委班子成员挂钩联系片督办、挂钩信访件化解、挂钩帮扶项目落实,通过开展"请上来＋走下去"、片区联动协作，推动工作落实"一竿子插到底"。"请上来"，每季度随机抽调部分乡镇纪检监察干部到市县纪委监委汇报履职情况，现场"问诊"，"出题"考核，增强系统纠错功能。"走下去"，结合"四下基层"，深入一线督导，帮助解决实际问题。同时，按照"毗邻相近、方便工作、优势互补"原则，建立市、县、乡三级贯通的片区协作小组，由各级纪委监委领导班子成员担任本级片区长，通过片区内"对标"、片区外"找差"，实现力量整合、资源共享和业务融合。泉州市共建立60个片区协作组，统筹开展专项检查、交叉督查、协作办案等工作。

（四）"三元主体"监督链条

统筹抓好村级监督队伍，构建"490 名乡镇纪检监察专干＋2522 名村支部纪检委员＋2522 个村务监督委员会"的"三元主体"监督链条，通过建立直接报告、日常考核等制度，有效延伸监督触角直抵"神经末梢"。

从上述可以看出，"5533"工作模式的核心内容是切实提高乡镇纪委的独立性和专业性。独立性主要通过完善乡镇纪检监察组织结构、规范提名考察、统一考核待遇、统一经费保障等方式实现。"三挂钩"机制也可以在一定程度上强化对乡镇纪委的直接领导，在一定程上弱化乡镇党委对乡镇纪委的影响。专业性主要通过统一工作标准、"五个必须"工作方法以及片区协作机制得以体现，不断推动乡镇纪检监察工作规范化、制度化发展。"三元主体"监督链条中的村支部纪检委员和村务监督委员会实际是动员群众参与纪检监察工作的一种方式，其主要功能在于：一方面，夯实纪检监察工作的社会基础和政治基础；另一方面，破解乡镇纪委在开展监督工作中的信息不对称问题。

三 "5533"工作模式的成效

泉州市纪委监委通过乡镇纪委"五个统一"规范化建设、进村入户"五个必须"、纪委监委领导"三挂钩"督促、"三元主体"镇村监督链条，推动基层监督工作内容、方式、机制进一步规范，发展和解决一批群众痛点、难点和焦点问题,实现了监督在基层一线延伸、矛盾在基层一线化解、问题在基层一线解决、干部在基层一线锻炼。

(一)打通监督的"神经末梢"

泉州市初步形成"490名乡镇纪检监察专干+2522名村支部纪检委员+2522个村务监督委员会"的"三元主体"监督链条,实现"上下贯通、内外衔接"的乡村权力监督结构。监督触角有效延伸,优亲厚友、吃拿卡要、贪污侵占等问题得以及时进入纪检监察机关的监督视野,家门口的"监督哨"效应充分彰显。国家统计局泉州调查队关于2019年泉州市乡镇纪委工作规范化调查的数据显示,有89%的基层干部认为2019年以来乡镇纪检监察组织发挥作用好,11%的基层干部认为比较好。此外,还有99.59%的基层干部认为2019年以来乡镇纪委工作更加规范。

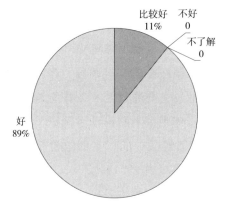

2019年以来泉州市乡镇纪检监察组织作用发挥情况

(二)提升乡镇纪检监察干部的监督能力

与之前发现问题能力不足、问题线索过多依赖信访举报相比,泉州市乡镇纪检监察干部主动监督、发现问题的能力得到明显提升。国家统计局泉州调查队的数据显示,有99.8%的基层干部认为2019年以来乡镇干部查办违法违纪案件的力度加大。2019年,泉州市163个乡镇运用实践"四种形态"

3281 人次，立案 863 件，实现 100% 有自办案件，监督能力有效提升。

（三）增强了基层群众的获得感

国家统计局泉州调查队针对 762 名群众的调查显示，有 92.64% 的群众认为当地村级纪检委员能够发挥作用，仅有 0.86% 的群众认为不能发挥作用。有 93.31% 的群众对本级纪检委员工作持满意态度，5.78% 为基本满意，仅有 0.27% 的群众不满意，总体满意率达到 99.74%〔满意率 =（满意人数＋基本满意人数）/（762 – 不了解人数）〕。截至 2020 年 3 月 31 日，泉州市乡镇（街道）纪检监察干部已进村入户访视 102900 次，开展必谈 33892 次、必讲 36572 次、必核 11404 次、必查 5629 次，发现收集问题 2941 个，解决问题 2279 个（其中转送其他部门解决 1633 个），初步显示了监督在一线跟进、问题在一线解决的良好效果。

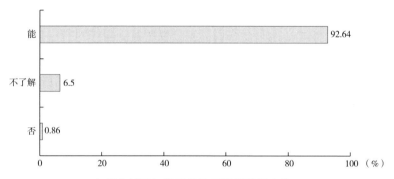

泉州市村级纪检委员作用发挥的调查情况

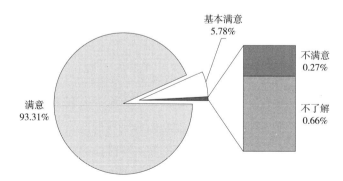

群众对纪检委员工作满意度的调查情况

当然，作为一项创新实践，"5533"工作模式在实际运行过程中难免存在一定的问题。一是政治监督存在差距。有的乡镇纪检监察干部政治站位不高、政治意识不够敏锐，对政策把握不够精准，落实"两个维护"未能很好地转化到具体行动中；有的纪检监察干部政治素养有待加强，政治辨析力和政治执行力较弱。二是依靠群众有距离。一些基层干部深入群众不够，不能准确把握群众关心的热点和难点问题，无法第一时间掌握群众之所思、所想、所盼、所急。在与群众沟通过程中顾此失彼，无法真正地引导群众参与纪检监察工作。三是业务素质有短板。部分基层纪检监察干部在纪检监察专业知识方面还存在一定的不足，履行监督调查处置职能的业务能力也有待进一步提高。

四　对"5533"工作模式的进一步思考

十九届中央纪委四次全会强调，充分发挥监督保障执行、促进发展完善作用。立足推进国家治理体系和治理能力现代化的视角，基层纪检监察机关应进一步做深做细做实监督，履行好协助党委推进全面从严治党主体责任，服务化解基层矛盾，以基层监督高质量发展助力廉洁乡村建设。

（一）进一步强化乡镇纪检监察组织政治监督属性

政治监督是纪检监察机关的首要职责、根本职责。习近平总书记深刻指出，要准确把握形势任务，加强政治监督，深入查找贯彻落实党的路线方针政策和党中央重大决策部署存在的政治偏差。准确把握纪检监察工作与国家制度和治理体系建设的内在关系，就是要求纪检监察机关履行好政治监督职能，确保党中央决策部署落到实处。乡镇纪检监察机构应当持续强化管党治党政治责任，贯通村级监委委员和村务监督委员会，在开展一线监督过程中，聚焦党的路线方针政策在基层贯彻落实情况，例如，脱贫攻坚政策、生态环境保护政策、惠民政策、乡村振兴政策等在基层落实落地情况，着力聚焦解决体制性障碍、机制性梗阻，推动政治监督具体化、常态化发展。

(二) 充分发挥监督的治理功能

坚持以人民为中心是"十四五"时期经济社会发展所必须遵循的原则之一。乡镇纪检监察机构应充分发挥监督在基层治理中的作用,切实增强人民群众的获得感、幸福感、安全感。一是进一步压实村级监督。充分发挥村级纪检委员和村务监督委员会"左膀右臂"作用,重点围绕村务党务公开、财务收支、"三资"监管等事项展开监督,着力解决群众反映强烈、损害群众利益的突出问题,化解基层矛盾和难题,推动基层治理现代化,不断厚植党的政治基础和群众基础。二是做好群众信访举报工作。持续组织"开门接访、全员接访、带信下访、入户走访",推动群众来访标准化、规范化建设。重点关注越级、重复信访群众的诉求,精准靶向监督,有效化解信访积案。

(三) 推动乡镇纪检监察组织专业化、规范化发展

"5533"工作模式实践创新是一项系统工程,未来应在专业化和规范化建设方面持续发力。一是开展差异化的培训学习。泉州市下辖 13 个县(市、区)、163 个乡镇、2522 个村(居),沿海地带与山区经济发展、人文环境、民俗风俗等各方面存在差异,这要求开展不同角度、不同需求、具有高度实用性的纪检监察专业知识培训,不断提高乡镇纪检监察干部、村级纪检员、村务监督委员会主任业务水平,切实打造一支"专精尖"的基层纪检监察干部队伍。二是完善监督队伍管理。"5533"工作模式涉及多元主体的协同配合,这对队伍的管理也提出了更高的要求,应不断完善村级"两员"的设立程序、资格条件、工作职责、工作机制等内容,严防"灯下黑"。三是优化考核和激励机制。不断优化乡镇专职纪检监察干部绩效考核和选拔任用机制,建立阶梯式人才培养模式。探索将村级"两员"纳入纪检津贴发放范围,调动基层干部积极性,树立扎根基层、监督在一线的价值导向。

企业单位篇

"硬科技＋软文化"合纵连横　共同创建企业廉洁生态的世茂探索[*]

创新简介

世茂集团通过硬科技、软文化开展集团内部廉洁文化建设，反舞弊成效显著，取得多项反腐败成果。同时，通过纵向带动上下游企业，横向联合众多致力于反腐败的民营企业，"兼己达人"共同创建企业廉洁生态。世茂集团自主设计研发多项精准适用各业务环节的智慧反腐平台，并在行业内部及全社会推广企业廉洁价值观和生态体系建设经验，切实改善了行业风气，传播了有效的企业反腐败策略，助推更多企业协同治理腐败问题。

随着中国市场经济体制改革的不断深化，民营企业在促进经济增长、增加税收、吸纳就业和管理创新等方面的贡献日益突出，与此同时，民营企业也面临着越来越高的腐败风险。民营企业开展反舞弊和廉洁文化建设可以促进自身的合法经营、提高经济效益，也是党和国家廉洁文化建设有益的、必要的补充，对于构建风清气正的社会风气也具有积极作用。世茂集团作为一家有责任、有担当的国际化、综合性大型集团，自上而下高度重视企业治理及反腐败工作，积极探索"硬科技＋软文化，合纵连横共同创建企业廉洁生态"的做法，为民营企业反腐倡廉工作的深入推进提供了宝贵的经验。

---

[*] 作者简介：彭舒新，北京航空航天大学人文社会科学学院博士研究生，廉洁教育与研究中心研究助理。

一 建设企业廉洁生态的背景

世茂集团作为中国十强房地产公司之一，构建了住宅、商业、旅游、主题乐园、文化艺术等多元业务并举的"可持续发展生态圈"，成为"缔造生活品位，成就城市梦想"的行业引领者。然而，在企业和行业迅速发展的同时，从业人员需求大幅增加，人员素质参差不齐，加之早年间房产、建筑行业风气较差，索贿、受贿、职务侵占等问题愈演愈烈，世茂集团也受到一定影响。随着党的十八大之后国家以"零容忍"的态度打击腐败，全面推进国家治理体系和治理能力现代化建设，世茂集团顺应时势，在企业和行业反腐败需求增加等多因素的推动下，全面开展企业廉洁生态建设。

（一）国内外对反腐败认知和治理的深化

20 世纪 70 年代开始，随着公私经济的深度融合、经济全球化的发展，私营部门的腐败问题开始受到欧美发达国家和国际组织的重视。透明国际等国际组织从"委托—代理理论"这一更为广泛的视角来界定腐败，私营企业、社会组织的腐败受到各国立法的规约，2003 年的《联合国反腐败公约》也明确了对私营部门反腐败的要求。

自改革开放以来，中国民营经济蓬勃发展。2019 年民营企业占据了我国企业总数的 94%。[①] 党的十八大以来，我国以"零容忍"的态度高压反腐，大力度惩治腐败，随着反腐败斗争的持续深入，涉及企业的腐败犯罪逐渐增多，我国政府和民营企业自身对于非公有制企业廉洁文化建设的关注持续增加。国家以推动"非公企业党建反腐"和"检察机关职务犯罪预防指导"等方式与企业合作开展腐败治理，着力构建新型政商关系，助推企业治理体系和治理能力现代化。

在国内外对腐败认知和治理不断深化的背景下，一些民营企业开始审

---

① 数据根据《中国统计年鉴 2020》表 1－7 计算所得。

视自身的反腐建设，通过完善内控、合规、审计等机制加入自觉反腐的阵营，深入开展企业内部廉洁文化建设，积极响应国家反腐倡廉的政策方针。

(二) 企业自身反腐败需求及内部治理困境的加剧

企业在发展过程中面临诸多风险，而企业员工舞弊和腐败即风险之一。企业内部腐败案件频发对企业的正常经营产生严重的消极影响。其一，推高企业运营成本，造成不必要的经济损失；其二，损害企业的品牌形象，影响企业文化，有损企业声誉；其三，污染经营环境，严重阻碍行业经济的健康发展，甚至妨碍正常的社会秩序。

然而大部分的企业内部控制难以满足其对腐败问题的治理需求；经济转型升级迭代提速，企业内部舞弊行为也变得更为隐蔽、多元，国家的反腐败资源尚未向民营企业部门倾斜，因此，企业自身的反腐败需求成为企业寻求廉洁治理创新的内部催化剂。首先，企业内部审计不具备司法权，出现腐败问题调查取证难，亟须反腐败措施前置；其次，针对民营企业内部腐败惩治的法律门槛高，惩罚与企业损失难以匹配，需要企业在日常运行中加强风险防控，加大防范舞弊的力度；加之产业转型升级、互联网等信息技术发展快，传统内控手段易失效，推动企业探索反腐败治理创新。

(三) 世茂集团企业廉洁治理经验的积淀

房地产行业占中国经济总量的份额为7%左右，随着房地产调控力度加大，如何优化企业治理增强抗危机能力，实现企业转型升级，是当前众多房地产企业面临的最重要和最紧迫的问题。世茂集团作为行业龙头企业之一，在企业高层的坚定支持下率先积累了丰富的企业廉洁文化建设经验。

第一，世茂集团作为中国房地产行业的引领者，追求"与城市共成长，与人民同幸福"的理念，集团自上而下高度重视企业治理及反腐败工作。全国政协常委、中国侨商联合会会长、世茂集团董事局主席许荣茂先生将企业廉洁文化建设作为"董事长工程"，高度重视企业廉洁文化，对企业治理腐败和反舞弊工作常抓不懈。许荣茂先生坚持认为反腐人人有责，企业不可"独善其身"，认为"不正之风真正得到遏制，需要依赖整个行业甚至整个社会的力量"，成为世茂集团自身廉洁文化建设及推动业界联合反舞弊行动的原动力之一。

第二，从 2013 年开始，世茂集团通过多项举措加强内部控制，加大防范舞弊、打击职务犯罪的力度，积累了丰富的廉洁文化建设经验。首先，完善制度建设。2013 年，世茂集团先后出台《世茂集团员工职业道德准则》《世茂员工涉嫌严重违规及违反〈职业道德准则〉的调查和处理指引》《世茂集团员工重大违规行为》等一系列内部反舞弊制度规范，奠定了企业廉洁文化建设的基础。其次，加强宣传教育，促进制度贯彻落实。世茂集团邀请检察院职务犯罪预防专家和内部审计专家针对全体员工开展多场系列宣讲活动。最后，建立审计稽查组，搭建起"信箱、电邮、电话、微信、网站"五位一体的举报网络，与检察院合作，利用司法手段打击职务犯罪。对于涉嫌索贿受贿、职务侵占以及与供应商勾结，以虚假合同或股权变更方式侵占公司资产的犯罪分子，移送司法机关，进行强力打击。至此，世茂集团形成了从"宣传、警示"到"防范、打击"再到"宣传、警示"的良性循环，开始将反舞弊这项工作深入集团的方方面面，积累了丰富的企业廉洁文化建设经验。

二　建设企业廉洁生态的创新举措

世茂集团高度重视廉洁文化建设，在审计、监察、风控岗位设有 37 名廉洁使者，通过在集团内部打造反腐硬件基础，培育廉洁软文化，积极建设上下游反腐协同机制，共同发起企业反舞弊联盟，纵向到底、横向到边共建廉洁社会，搭建起世茂集团特有的全方位廉洁生态建设体系。

（一）发力"硬科技"，以科技创新筑牢反腐防火墙

随着集团业务的快速发展，传统的监管和治理模式受到挑战。世茂集团审计部与 IT 部门深度合作，基于大数据、人脸风控技术、AI 智能、物联网等高科技创新技术和手段，与企业内部反舞弊实际需求紧密贴合，

搭建起集团内部全方位"风险管理平台",这是世茂自主产权技术的创新成果。该平台延伸至"线上招采平台""智慧工地""智慧案场"等多个业务领域,并将以数据收集、查询、分析研判为一体的反舞弊业务模块添加其中,为进一步发现腐败问题线索、锁定违纪违法犯罪证据提供了强有力的支持。经过 2 年多的努力,从采购到销售、开发到建设、收款到付款,世茂集团已建设起较为完善的全过程、全覆盖的高科技反腐硬件基础设施。

1. 搭建防范舞弊的"线上招采平台"

"招投标"是房地产行业舞弊和腐败案件高发的重点领域,加上时间的不可追溯性,"资料造假、标底泄露、恶意围标串标"等违规舞弊的行为频发且贯穿招投标全过程,又因其极具隐蔽性,更使得审计查证难度增大。为此,世茂集团审计部提出实行线上招投标,将传统的招标、投标、评标、合同等业务全部实现数字化、网络化、高度集成化,公开透明,阳光运行。经审计优化后的世茂集团线上招采平台更加关注招投标过程中腐败和舞弊行为的有效控制。例如,可以记录各轮次回标单位的 IP 地址,通过 IP 地址有效识别关联单位围标、虚假投标等;有效辨识投标文件等相关文本、排版等关键信息雷同或重复等,从而有效识别可疑舞弊文件;为投标单位提供投诉反馈的窗口,若甲方经办人员存在舞弊或其他不合规的行为,投标单位可以及时将问题提交给集团审计部等。

2. 建设监控、查处舞弊行为的"智慧工地"系统

房地产项目建设过程中,以次充好、偷工减料、虚报工程量等舞弊行为在建筑工地上时常发生,但大多隐蔽于工程施工中,不但事后复检困难,其背后的腐败源头更是难以查证。为了在工程实施过程中对上述违规行为进行监督、管控,世茂集团审计部联合 IT 部门开发出智慧工地摄像头监控系统,以有效记录、识别和防范施工过程中的舞弊行为,精准打击"偷工减料、以次充好、虚报工程量"等行为,压缩贪腐舞弊生存空间。

3. 铺设识别销售欺诈行为的"防飞单"智慧案场

"飞单"是房地产销售中被诟病已久且难以有效解决的第一顽疾,飞单人、被飞单人和客户三方利益绑定，均可从"飞单"中获利，致使房地产企业利益受损且对商业环境造成负面影响。世茂集团对症下药，独立研发出智慧案场防飞单系统，其中"防飞单软件"及"人脸对比软件"分别荣获国家版权局发布的软件著作权登记证书。该系统填补了国内市场空白，采用动态多人脸检测定位技术，破解行业内生物特征检测采集和预处理技术中需要客户在镜头前停顿并配合识别比对的难题，并通过一系列算法优化，使得远距离、低分辨率下的人脸比对也能取得较高成效，成功实现企业私有云部署方式，且数据保留在开发商服务器内，确保客户信息安全可控。利用"防飞单"智慧案场可以有效对渠道带客行为舞弊进行稽核，是人脸识别技术在企业反舞弊领域的一大应用创新。

（二）培育"软文化"，以廉洁自律夯实清正价值观

世茂集团通过制度建设、惩治打击、内部审计、廉洁宣贯等一系列举措，多维度发力培育企业廉洁"软实力"，促进廉洁价值观内化，使得廉洁文化成为世茂文化的基本精神。

1. 制度先行、强化承诺

2013 年，世茂集团颁布了《员工职业道德准则》，并陆续发布《世茂集团员工违反职业道德准则调查和处理指引》《世茂集团员工重大违规行为》等，明确了对 56 条红线行为的处理原则以及对舞弊行为零容忍的一贯态度。2019 年上述制度被升级至 2.0 版本，其中重要规定被写入员工手册。世茂集团对制度准则关键内容制作视频，开展线上培训，确保全员参与，并组织线上考试，督促员工深入学习，熟悉企业廉洁规范。

2. 猛药去疴、刮骨疗毒

近年来，世茂集团对工程、成本、营销、企划等职能部门中涉嫌索贿受贿、职务侵占以及与供应商勾结侵占公司资产等犯罪行为进行了强力打击，掀起了一场卓有成效的反腐风暴。因舞弊贪腐等问题内部处罚员工近百人，移送司法机关 20 余宗职务犯罪案件，处置 70 余项违规舞弊事件，彰显了集团坚定的反腐信念和严厉打击的坚决态度，对各级企业员工起到了巨大的震慑作用。

3. 审计伙伴、防控风险

世茂集团自 2017 年开始施行内部审计伙伴计划（IABP），以"强内控、提效率、促发展、降风险"为工作目标，将传统审计工作向纵深拓展，更强调对问题背后的原因深入剖析和落实解决。第一，每个地区公司配备 2~3 名审计伙伴，倾听一线声音、解决一线困难，在审计发现问题的基础上，形成 IABP 问题清单。第二，由各公司一把手亲自负责对问题清单逐项消除，聚焦"跨职能交圈、流程优化、风险防范"等方面的问题。第三，最终将工作成果都转化为制度，收集追踪一线建议，并向员工反馈解决进展，形成闭环，帮助公司切实解决共性问题，提速增效。IABP 计划将集团管控职能与业务一线各部门组成"强纽带"，使得审计内控成为一线员工的"业务伙伴"，是世茂集团"内部控制体系建设"和"风险管理工作"的有效支撑。

4. 培训宣贯、内化廉洁

世茂集团通过多种渠道开展了形式丰富的廉洁宣贯，促进廉洁价值观深入基层、有效内化。其一，不定期聘请外部知名公检法专家，普及法律法规，开展预防职务犯罪宣讲；其二，邀请审计部门将审计发现的问题及典型视频和案例在各地区公司巡回宣贯；其三，设立"世茂集团审计部"微信公众号，建立廉洁文化宣传的主阵地，定期分享审计案例；其四，将集团廉洁制度和舞弊案例拍摄成廉洁微视频，更为直观地传播公司廉洁文化，开展警示教育。

（三）纵向到底，推进建设上下游反腐协同机制

企业内的多数腐败问题并非某企业独有，大多难以与产业生态圈内上下游企业的腐败风险相割裂。因此，企业内部反腐必然要求上下游协同。在我国持续推进高压反腐的背景下，纵向联合企业上下游反腐败日益成为世茂集团高层的共识，然而知易行难，如何切实推进上下游协同反腐具有很大挑战性。世茂集团探索出通过表明反腐决心和切实深度沟通双管齐下的方式，让审计部直面上下游生态链，推进反腐败纵向协同机制建设。

1. 多渠道向上下游企业表明反腐败决心

一方面，360°宣传举报渠道，让供应商、客户、施工方及其他相关方获知各个举报通道，向其彰示世茂集团的反腐决心，激发合作企业的敬畏之心；同时，定期召开供应商大会，及时进行廉洁教育及职业道德准则宣讲。另一方面，书面告知，在所有招标文件及合同文件中放入廉洁告知函，列明各类员工违规行为，且要求供应商必须郑重承诺遵守"告知函"条款和担负共同打击腐败的责任。据此，向上下游企业传递世茂集团反腐败的决心，建立廉洁价值统一战线。

2. 助推审计部与供应商和客户进行深度沟通

世茂集团以审计部为主体，让其代表集团直面纵向上下游企业。一是对上下游企业开展定期、不定期的沟通、深度访谈和问卷调查；二是推行供应商反向点评机制，收集来自供应商和客户的意见、建议及违规舞弊的相关线索或证据。多项深度沟通举措促进了世茂集团审计部与供应商和客户达成利益共识，进一步推进上下游企业共享违规信息、共同参与反腐败行动。

（四）横向到边，促进企业合力共建廉洁社会

民营企业反舞弊不可能一蹴而就，也不可单打独斗，只有动员整个行业、多个领域，加强企业间协作，共筑腐败防线，形成反腐合力，才能真正遏制贪腐的不正之风。

1. 寻求合力，共同发起企业反舞弊联盟

2015年由世茂集团联合万科、阿里巴巴、碧桂园、复星、顺丰、中集等国内多个行业的标杆企业以及广东省企业内部控制协会、中山大学等，共同发起中国企业反舞弊联盟。目前反舞弊联盟已汇聚近700家知名企业，成为国内规模最大、最有影响力的企业反舞弊公益性互助组织。

在联盟工作中，世茂集团重点负责推进会员单位间的信息共享机制，建设"不诚信黑名单"，不断提高失信人的违规成本。会员企业在招聘新员工、选择新供应商时均可在联盟查询确认其诚信记录。同时，世茂集团还负责企业反舞弊联盟蓝皮书研究院的工作，定期调研发布《中国企业反

舞弊蓝皮书》。通过对更多民营企业舞弊的行为特点、结构特征进行深入分析，对现有各企业的反腐败建设进行统计评估，从而不断探索、提炼和总结经验，致力于推广更为有效的企业廉洁文化建设经验，并为全球反舞弊事业提供中国智慧和中国方案。

2. 成己达人，推广企业反腐经验和技术方案

世茂集团秉持"成己达人"的理念，持续推广自身的反腐经验和技术方案，积极践行企业社会责任。世茂集团派出包括集团审计总监在内的审计、监察专家在各地举办反舞弊调查技术研修班，至今已累计举办近 20 场，通过经验分享、互动答疑的方式帮扶中小企业建立健全"防范舞弊，遏制腐败"的治理体系。

三　建设企业廉洁生态的成效

经过 8 年多的持续推进，世茂集团以硬科技、软文化实现集团内部廉洁文化建设全覆盖，反舞弊成效显著，取得多项反腐败成果。同时，通过纵向协同上下游企业，横向联合众多致力于反腐败的民营企业，世茂集团在行业内部及全社会推广企业廉洁价值观和生态体系建设经验，切实改善了行业风气，传播了有效的企业反腐败策略，助推企业、社会协同治理腐败问题，取得了良好的效果和反馈。

（一）有效遏制腐败行为，挽回企业经济损失

据不完全统计，通过一系列反舞弊举措的开展和实施，世茂集团近 5 年共处置 70 余项违规舞弊事项，处罚员工近百人，移送司法机关 20 余宗职务犯罪案件，一些行业不正之风在世茂得到了有效遏制。

通过重拳打击企业腐败案件，挽回直接经济损失近亿元。此外，通过科技反腐手段还为企业间接挽回大量经济损失。例如，通过智慧案场防飞单系统节约佣金费用 6000 余万元，且飞单率从最初的 18% 显著下降到 6.2%；通过"线上招采系统"发现围标串标若干起，通过智慧工地发现违规操作等事项若干，并处罚了相关施工单位和监理单位，及时防止企业遭受经济损失。

（二）廉洁制度全面落地，实现风险管理全覆盖

由于传统监管模式无法满足集团业务的快速发展，世茂集团基于《员工职业道德准则》等一系列制度框架，以审计部门为专业支撑、IT部门为技术支撑，建立起了一套行之有效、全过程、全覆盖的高科技"风险管理平台"。经过不断优化的多项风险管理平台已取得国家专利，是世茂集团自主产权技术的创新成果。首先，将制度、准则等以实际监管技术平台为依托，实现了企业廉洁制度全方位、可操作的落地。其次，将企业廉洁制度与企业反舞弊的实际需求相结合，将数据收集、查询、分析研判融为一体的反舞弊业务模块添加至集团各业务模块，为进一步发现腐败问题线索、锁定违纪违法犯罪证据提供了强有力的支持。

同时，世茂集团以内部审计伙伴计划为基础，将集团管控职能与业务一线各部门组成"强纽带"，使得审计内控成为一线员工的"业务伙伴"，不断在具体业务中排查风险、填补制度漏洞，成为"内部控制体系建设"和"风险管理工作"的有效支撑。自2017年起，以IABP为基础，集团审计部发出202份风险排查审计详单，收到275条建议，其中222条问题和建议得到落实和解决。在此基础上提出技术或制度需求，进一步通过夯实风险管理平台的硬件基础，或以多元廉洁文化宣贯软着陆，解决顽疾、精准定位、覆盖盲区，落实制度补位，不断细化、完善集团各项廉洁管理制度。

（三）根植廉洁核心价值观，形成廉洁文化认同

通过集团高层的示范和坚守，道德规范准则的约束，多部门联合、全方位的警示宣贯等一系列措施，世茂集团坚守的廉洁价值观得到更深层的内化及更广泛的传播，在整个集团内部形成廉洁文化认同，并辐射至纵向、横向企业。

2013年颁布的《世茂集团员工职业道德准则》奠定了世茂集团廉洁文化的坚实基础，为打造与合作伙伴及客户的廉洁合作构建了公开、透明的良好环境。随着《世茂集团员工职业道德准则》2.0版本的进一步深化，

世茂集团形成了从"宣传、警示"到"防范、打击"再到"宣传、警示"的良性循环，反腐败理念深入集团全业务线，廉洁这一核心价值观根植企业文化。此外，通过多种渠道合纵连横，世茂集团积极向行业内和全社会传播廉洁价值观，以实际行动助力形成风清气正的行业风气和商业环境。

（四）分享技术、强化研究，助推企业、社会协同治理

基于"成己达人"的理念，世茂集团邀请审计、监察专家，举办了多场企业廉洁文化建设经验分享培训会，持续推广反腐经验和技术方案，积极践行企业社会责任，助力更多中小民营企业建设反舞弊内控系统。此外，世茂集团多年持续为企业反舞弊联盟会员单位分享舞弊案件侦破经验和心得，交流在反舞弊工作中遇到的问题和解决方法，以及各项工作开展的思路和方法等。2019年，世茂集团荣获"全国企业反舞弊工作十佳单位"的称号，侦破的厦门舞弊案荣获中国企业反舞弊联盟"优秀案例"，两位员工荣获企业反舞弊"先进工作者"。

世茂集团在企业反舞弊联盟中负责蓝皮书研创，每年研究和发布《中国企业反舞弊调研报告》。在世茂集团的引领和深度参与下，联盟已连续出版两本蓝皮书，发布了中国企业在反舞弊领域的现状、反舞弊工作的方式方法以及所面临的问题等基础数据，为进一步探索、研判、总结适合我国民营企业的反腐败建设方案提供了依据。据此，世茂集团带领研究院团队连续两年对中国企业舞弊行为、舞弊探查、舞弊者特征、行业特点等进行具体分析，并从企业文化、内部控制、内部审计、监察体系等维度对当前中国民营企业反舞弊机制建设及其有效性进行探究，提出了相应的治理建议。同时，也向全社会展示了民营企业反舞弊工作的努力与进步，激励并引导更多的企业投入反舞弊事业之中。

四　建设企业廉洁生态的思考及启示

世茂集团在内部建成完善的组织架构和制度保障，实现可持续的反腐败硬软件协作机制，取得显著成效。在外部，通过合纵连横，世茂集团同

上下游企业达成反腐败统一战线，致力于持续、全方位推广廉洁文化建设经验，帮扶众多民营企业投身体系化的廉洁治理，协同共建廉洁社会。世茂集团"成己达人"廉洁生态建设的实现逻辑及其对当下中国民营企业廉洁文化建设的启示都是值得进一步思考的。

（一）企业廉洁生态可持续发展的思考

经过多年的持续推进，世茂集团的廉洁生态建设成为以集团高层大力支持为基础，软文化和硬科技双管齐下，廉洁制度建设、制度有效落地为支撑的全覆盖廉洁文化建设网络。该网络内部各部门的良性互动帮助其实现自我更新和完善的功能，既构成了集团内部廉洁生态建设可持续的基础，也是世茂集团合纵连横推动更广泛廉洁生态圈建设的根基。

1. 原动力：集团高层坚定不移的支持

缺乏政治意愿被认为是发展中国家反腐政策失败的主要原因之一。[①]对于企业而言，企业高层反腐败的诚挚决心、以身作则的廉洁价值观是企业廉洁文化建设行稳致远的关键。高层反腐败的决心通过以下两方面对企业廉洁文化建设实现推动：一是将廉洁价值观、廉洁文化内化为企业的深层核心价值，从而推动企业廉洁制度确立与员工主动合规；二是更倾向于为企业廉洁内控建设提供人力、财力、技术等方面的支持，助力企业内控部门更有效履职。

世茂集团董事局主席许荣茂先生高度重视企业廉洁文化建设，对企业治理腐败和反舞弊工作常抓不懈，将企业廉政建设作为"董事长工程"；他更是坚持认为"不正之风真正得到遏制，需要依赖整个行业甚至整个社会的力量"。许荣茂先生对打击腐败的坚定信念成为世茂集团自上而下向内开展全方位廉洁文化建设，向外推广廉洁文化建设经验，打造廉洁生态体系的坚实基础。随着这一理念被整个集团高层和员工不断内化，廉洁业已成为根植于世茂集团企业文化中的核心价值观之一，并直接作用于廉洁

---

① Abdulai, A. G., "Political Will in Combating Corruption in Developing and Transition Economies: A Comparative Study of Singapore," *Hong Kong and Ghana. Journal of Financial Crime*, 2009 (4).

软文化、间接作用于反腐硬科技，成为持续不断的原动力，促进世茂人坚定不移地推进廉洁生态建设。

2. 执行力：软文化与硬科技的良性互动

现有针对东亚地区私营企业反腐败的研究表明，大多数反腐败工作较为成功的企业认为需同时具备四个要素才是有效的反舞弊方案：第一，公司领导的积极支持；第二，公司价值观和雇员行为守则，其必然也会形成一套详细而一致的政策和经营程序声明；第三，确保所有雇员熟悉公司准则和道德期望的执行机制；第四，适用于资源监督和承诺、举报与告发的预警系统。[①] 因此，员工践行廉洁行为最终依赖于一系列的原则和实践，这些原则一方面需要符合企业发展的需要，须被员工认可、内化、制度化，甚至成为一种习惯；另一方面要有一套与原则相匹配、可操作性强的实践模式和预警、监督工作系统，包括内控运行机制、监督技术平台等。

世茂集团在公司高层的支持下将廉洁作为公司的核心文化，并以此为理念确立、完善了一系列规章制度，更是以审计部的专业意见为基础，在大数据反腐技术的发展红利中开发出适应各类企业业务的科技监督平台。一方面，大数据反腐、科技反腐等大量具体技术的落地和实施，使得全方位智慧风控管理平台的硬件建设成为可能，极大地提高了世茂集团的反腐败效率，破解了房地产企业的监督难题；另一方面，该智慧风险管理平台又是基于企业的廉洁文化和制度，围绕企业各项反腐败需求而建立的，实现了软文化在硬科技中的有效嵌入，更具针对性。因此，硬科技平台的反腐效果初步显现，在为企业挽回损失、节约佣金、降低成本等方面均发挥了积极的作用，各个职能部门也从对科技创新管理的质疑转变为积极的拥护和支持。

与此同时，基于科技反腐的良好效果，各项廉洁软文化的推广也更为生动、深入。第一，科技反腐的案例使得廉洁文化宣贯更具说服力；第

---

① 〔英〕让·弗朗索瓦·阿维、〔英〕罗纳德·贝伦贝姆：《东亚地区私企反腐败》，李长山、陈贻彦、臧惠娟译，中国对外翻译出版公司，2004，第52页。

二,员工更加积极主动地为企业廉洁文化建设提出意见和建议,有利于软文化制度建设项目的持续推广;第三,各部门更为频繁、深入、主动地与审计部门进行意见交流与反馈。

在此基础上,通过审计合作伙伴制度、监督平台信息收集反馈等机制,不断完善规章制度,软性制度修补又进一步继续作用于科技反腐的创新与完善,进而形成"制度建设—科技监督—软文化深化反馈—制度完善—新一轮技术监督更新……"的良性循环互动,成为世茂集团企业内部廉洁文化建设的强大执行机制。

3. 推动力:民营企业生态圈治理需求的增加

在中国持续深化纪检监察体制改革,坚决有效惩治腐败,坚持有腐必反、有案必查,持续保持反腐败斗争高压态势的时代背景下,越来越多的民营企业开始建立和完善自身的内部控制机制,寻求同行业内外更多企业联合开展反腐败建设。自 2015 年 6 月企业反舞弊联盟宣告成立以来,会员数量和质量都得到了显著提高。数量上,2018 年 11 月联盟会员单位突破300 家,至 2020 年 11 月,会员单位已达 700 家以上;五年间,会员数量增长 60 倍。质量上,越来越多优秀的企业加入,现有会员单位中世界 500强超过 20 家,中国 500 强超过 110 家,上市企业超过 50%,覆盖互联网、汽车、医药、房地产、制造、连锁经营、鞋服、金融、速递、农牧、餐饮、化工等几十个行业。

然而,在国家创新创业政策的鼓舞下,中国民营企业蓬勃发展,仍有大量的小微民营企业亟待加入企业廉洁文化建设的阵营,第四次全国经济普查结果显示,至 2018 年末,我国小微企业有 1783.1 万家,占全部规模企业法人单位的 98.5%。① 特别是在互联网和创业公司高速发展的同时,各企业合规内控的制度建设却远远滞后,如果说过去十年是中国企业的内控 1.0 时代,未来十年则是企业内控的 2.0 时代。

随着更多行业及地区的民营企业加入廉洁文化建设的阵营中,其对信

---

① 国家统计局普查中心:《中小微企业成为推动经济发展的重要力量——第四次全国经济普查系列报告之十二》,国家统计局网站,www. stats. gov. cn/statsinfo/auto2074/201912/t20191217_1718068. html,2020 年 12 月 18 日。

息交流与分享，联合协作、技术支持与分享的需求会持续增加，中国民营企业合力反腐、全方位协同治理的需求必将更旺盛。作为企业廉洁文化建设先行者之一的世茂集团，其在联盟中、协作平台中将被赋予更高的期待。分享企业内部全方位反舞弊体系，推广优质、可持续的治理结构，通过合纵连横助力中国民营企业的廉洁生态圈的完善，是世茂集团廉洁生态建设强劲的外部推动力。

（二）对中国民营企业廉洁治理的启示

随着中国经济转入持续稳定增长，越来越多的企业管理者意识到，以往粗放的管理模式已不能适应时代的发展，只有精细化管理才能给企业带来效益的提升。党的十八大以来加快构建"亲""清"新型政商关系，聚焦破解市场、融资和转型"三座大山"，各项举措都在着力优化民营经济发展的外部环境。然而，市场环境的变迁、产业技术的持续升级、业务的多元化增长，使得行业、企业内的腐败更为隐蔽多变，既成为企业发展的绊脚石，也对现行的企业管理提出了严峻挑战。

在国家治理体系创新、信息科学技术迅猛发展、企业管理理论和实践不断突破的大背景下，中国民营企业为了应对外部经营环境、内部资源等多重变化，必将更为重视企业自身的腐败风险防控，加强廉洁生态建设。因此，以持续提高企业经济效益为基本动力，全面提升企业廉洁文化建设的新型企业管理模式，将成为处于发展中的民营企业之必然选择。世茂集团从探索、实践到不断完善的企业廉洁生态建设过程中积累了丰富的经验，对当前中国民营企业的廉洁文化建设具有一定启发意义，值得更多企业学习借鉴。

1. 工作模式可推广：廉洁价值与制度、科技反腐平台一体推进

世茂集团建立了一系列廉洁规范制度，通过多种形式根植企业廉洁价值观，并以审计部门为核心开展审计合作伙伴计划，变被动为主动进行内控制度创新。在此基础上搭建智慧风险管理平台实现对企业内部全方位的监督，集价值、制度、科技管理平台于一体的企业廉洁网络工作模式更符合目前中国民营企业内部反腐败建设的需求。因此，以软文化和硬科技良

性互动而构建的全方位、一体化企业反腐工作模式在世茂集团已卓有成效。该工作模式已通过集团审计和监察专家在多个培训班进行分享，帮助中小型企业建立、完善其廉洁理念、反舞弊方法、审计嵌入模式等，并取得了良好的反馈，具备持续推广价值。

此外，世茂集团自主研发的智慧反腐硬科技平台，在开发过程中充分考量了投入成本、场地适用标准和应用环境等因素，且已经取得专利权。经过多轮测试和在集团内部的大规模使用后，操作合理，并收到了较好的反腐效果，对开展相关业务的企业具有借鉴价值。

2. 建设思路可借鉴：全方位、体系化的廉洁生态圈

随着国家治理体系现代化建设的稳步推进，中国民营企业开始自发联合推进企业内部、行业内部、行业间的廉洁文化建设。近年来，在企业反舞弊联盟、阳光诚信联盟等以反舞弊为目标的民间非营利性合作组织的推动下，中国各领域行业标杆企业与科研院所共同发力，通过合作、创新，为中国民营企业的反舞弊行动、制度建设、反腐败治理等提供资源，搭建交流平台，共同推动建设廉洁的商业环境。一方面要充分借鉴并不断发挥现阶段较为成熟的民营企业联盟组织的管理经验和优势，推进民营企业廉洁治理制度化、规范化，提升各行业治理现代化水平；另一方面，仍要清醒地认识到，建设中国民营企业廉洁生态圈仍然任重道远，行业廉洁自律的供给仍然与我国民营企业的整体需求存在较大差距，广大的中小微企业并没有获得更多行业廉洁文化建设的红利，且致力于发展全球市场的中国企业依旧会受到国际较高标准的限制与针对。

世茂集团通过硬科技和软文化武装集团内部的廉洁文化建设，同时合纵连横全方位构建廉洁生态体系，符合我国民营经济发展的实际，具有很强的针对性和有效性。因此，在鼓励世茂集团等大型民营企业"强强联合"的同时，更要借助产业、市场、用户群等优势，将企业廉洁治理的思路、标准、理念、策略、技术等向多层级、多行业的中小微企业推广，助力建设与我国民营企业现状和治理能力相匹配的全方位、体系化的企业廉洁生态圈。

五粮液集团公司党委：建设信息化
平台助力党内监督[*]

创新简介

　　四川省宜宾五粮液集团有限公司党委以信息化建设为抓手，通过建设"党内监督履责监督平台"推进党内监督"清单化"管理工作，压紧压实了党内监督各项主体责任，实现了"党组织主动履责的意识更强、党员干部的作风更实、公司改革发展的成效更明显"的工作目标，形成了风正心齐的发展环境，在开展党内监督工作方面起到了示范标杆作用。

　　当前我国正处于社会经济转型的重要时期。信息化建设在公共管理过程中发挥着越来越重要的作用。信息化弥补了过去公共管理中存在的短板，在一定程度上提高了公共管理质量和效率。各地党委政府在开展党内监督方面做了大量的工作。其中，四川省宜宾五粮液集团有限公司（以下简称"五粮液集团公司"）党委打造的"党内监督履责监督平台"在推进国有企业全面从严治党、促进企业领导干部廉洁从业等方面收到了良好的效果。

一　"党内监督履责监督平台"建设背景

　　五粮液集团公司"党内监督履责监督平台"是对四川省宜宾市委党

---

[*] 作者简介：崔亮，清华大学公共管理硕士，现就职于北京市纪委市监委宣传部。

内监督责任"清单化"管理工作的落实，更是加强对权力监督的实践创新。

（一）深层原因：《中国共产党党内监督条例》实施

没有监督的权力必然导致腐败。党的执政地位决定了党内监督在党和国家各种监督形式中是最基本的、第一位的。十一届三中全会以来，我们党越来越认识到加强党内监督的重要性。2003年12月31日，中央颁布《中国共产党党内监督条例（试行）》，要求广大党员干部进一步提高认识，自觉履行党内监督的职责，正确行使党内监督的各项权利。

《中国共产党党内监督条例（试行）》对加强党内监督、维护党的团结统一发挥了重要的作用。但是，随着形势任务发展变化，其监督主体比较分散、监督责任不够明确、监督制度可操作性和实效性不强等与新实践新要求不相适应的问题显现出来。[1] 更有学者将其问题总结为：上级监督太远，同级监督太软，下级监督太难。[2]

2016年10月27日，中国共产党第十八届中央委员会第六次全体会议审议通过了《中国共产党党内监督条例》。与《中国共产党党内监督条例（试行）》相比，《中国共产党党内监督条例》把所有党组织和工作部门纳入监督主体范围，要求建立健全党中央统一领导，党委（党组）全面监督、纪律检查机关专责监督、党的工作部门职能监督、党的基层组织日常监督、党员民主监督的党内监督体系，建构起党内监督体系的基本框架。《中国共产党党内监督条例》是新形势下加强党内监督的顶层设计，对监督主体、监督内容和监督方式做了明确的规定，是党在新的历史时期加强自身建设、全面从严治党，增强党在长期执政条件下自我净化、自我完善、自我革新、自我提高能力的一项重大举措。《中国共产党党内监

---

① 《严格执纪问责确保〈条例〉贯彻落实——中央纪委有关负责同志就〈中国共产党党内监督条例〉答记者问》，中国政府网，http：//www.gov.cn/xinwen/2016-11/14/content_5131982.htm，2016年11月3日。

② 《多位省部级高官涉贪仍有上级监督太远尴尬局面》，央视网，http：//news.cctv.com/china/20090702/100315.shtml，2009年7月2日。

督条例》公布后，认真落实党内监督各项制度任务成为各级党组织的重要工作。

（二）直接原因：四川省宜宾市委党内监督责任"清单化"管理

为深入贯彻落实《中国共产党党内监督条例》，2017 年 4 月，时任四川省宜宾市委常委、市纪委书记唐浪生提出了"为压紧压实党内监督主体责任，四川省宜宾市分层分类制定八类党内监督责任清单和系列配套措施"的工作思路。

经过宜宾市委常委会研究，2017 年，《宜宾市加强党内监督十项措施》及"八张清单"正式印发。"八张清单"将《中国共产党党内监督条例》明确的五大监督主体责任进行细化，分层分类延伸为八类主体，分别是党委（党组）全面监督责任、书记第一责任、班子成员分管责任、纪检机关专责监督责任、党的工作部门职能监督责任、党的基层组织日常监督责任、村（社区）党支部纪检委员"一线"监督责任、党员民主监督责任，实行清单化管理，并明确监督事项的量化标准。时任宜宾市委常委、市纪委书记唐浪生在接受媒体采访时表示，"八张清单"是以最低限度的方式规定了监督事项的量化标准，八类主体构成的体系覆盖市、县（区）、乡镇（街道）和村（社区）4 个层级，是一个上下贯通、左右并联的监督网。

"八张清单"下发后，宜宾各地各单位结合实际，制定了更为细化的清单。为推动党内监督在国有企业落地落实，宜宾市国资委也印发了《"四 +"工作法构建"国有企业党内监督履职记实监督平台"工作方案》，要求全市国有企业全面推行党内监督"清单化管理"，构建全方位、多层次的监督体系。五粮液集团公司作为大型国有企业代表，率先在国有企业中推进"八张清单"。

（三）现实需要：五粮液集团公司"二次创业"

五粮液是中国白酒龙头企业和浓香型白酒典型代表，1909 年正式得名，至今已逾百年。新中国成立以来，经过五次扩建，五粮液集团公司已经发展成为占地 12 平方公里，拥有员工近 5 万人，以酒业为主，大机械、大金融、大健康产业多元发展的大型现代产业集团。

2017 年 6 月 2 日，在主题为"共商共建共享"的五粮液集团公司运营商代表工作会上，五粮液集团公司党委书记、董事长李曙光上任以来首次公开提出了五粮液"二次创业新思维，再启千亿目标新征程"。在"二次创业"的关键期，五粮液集团公司在企业生产经营过程中，针对人、财、物、项目等诸多方面进行防腐。为有效降低和防范廉洁风险，开展党内监督"清单化管理"有利于进一步强化上级对下级、下级对上级以及同级之间的监督，把权力置于各方监督之下，为公司发展和干部职工创造更加风清气正的干事创业环境。在上述背景下，五粮液集团公司确定了与信息化技术紧密结合的思路，着力建设"党内监督履责监督平台"。

五粮液集团公司从 2017 年 11 月份开始着手"平台"的可行性论证工作。通过科学论证，2018 年 2 月 26 日，五粮液集团公司组织召开党委会，对实施党内监督"清单化管理"进行专题研究，并审议通过了实施方案。2018 年 3 月 23 日，五粮液集团公司下发了《关于实施党内监督"清单化管理"的工作意见》（宜五集党〔2018〕17 号），就公司纵深推动党内监督"清单化管理"工作学习宣传、明确职责、突出重点、落实制度、考核问责等进行了安排部署。2018 年 3 月 30 日，五粮液集团公司召开 2018 年党风廉政建设工作会，将平台的研发和建设工作作为"一把手"工程，公司党委班子成员认真履行党内监督责任，自觉认领清单，自觉细化任务，自觉身体力行。2018 年 4 月 9 日，平台正式上线，并在全市国有企业推广使用；2019 年 5 月，平台"手机 App"正式上线运行。

五粮液集团公司通过"九步走"循序推进工作任务，一是初建平台，形成基本框架；二是讨论修正，经过不断思索和反复讨论，对"平台"结构及要素进行修正和完善；三是平台测试，验证平台实用性和可操作性；四是确定试点，初步确定 18 个试点单位首批上线运行；五是集中培训，夯实工作基础；六是细化清单，要求各责任主体对各自任务内容、完成时限、责任人等进行确认；七是采集数据，集中在后台进行数据植入；八是实操培训，为"平台"正式上线做好准备；九是正式上线，平台自 2018

年 4 月运行以来情况良好。

二 "党内监督履责监督平台"主要功能

五粮液集团公司"党内监督履责监督平台"实行责任分解、任务落实、跟踪督查、效果评估、考核问责"五位一体"的"清单化"运行模式。"党内监督履责监督平台"以互联网为载体，公司各责任主体可通过登录指定网址进入平台，在界面上输入指定用户名、密码和验证码即可进入平台系统。"党内监督履责监督平台"主要有任务分解、任务落实、跟踪督查、效果评估和考核问责五大核心功能，同时还具备信息发布、学习交流等辅助功能。

一是任务分解功能，任务分解实行"清单化"。五粮液集团公司根据市委、市纪委和市国资委纪检监察组要求，在"八张清单"的基础上，结合公司具体实际，增加了自己的个性化清单"群众监督责任清单"，明确了党内监督"8+1"清单。同时，对"8+1"清单中的 102 项任务进行了细化，形成了 245 个子任务项。每张清单均结合上级要求和公司中心工作进行动态调整，一年一优化。

二是任务落实功能，任务落实实现"具体化"。公司主要通过建立机制抓落实、锁定目标抓落实、细化任务抓落实来推进各项工作。各责任主体根据任务清单，按照自己确定的时间节点去完成任务，并及时上传支撑材料来记录和反映任务落实情况，责任主体的所有信息及执行情况会在平台中体现，杜绝了党内监督工作走形式、"两张皮"现象的发生。

三是跟踪督查功能，跟踪督查实现"常态化"。公司主要通过抓分类督查逐级推进、抓分段督查按时推进、抓整改督查重点推进的措施来实现平台跟踪督查功能。平台管理员依据平台管理制度，通过"任务管理"模块对各责任主体贯彻落实情况进行检查，提出整改要求，确保整改实效，形成"常态化"的工作机制。除通过平台对各责任主体履责情况进行监管外，还通过调阅支撑材料、实地检查、员工抽查等方式，对各责任主体清单完成情况及取得的成效进行督查，确保线上线下有机融合，避免重信息

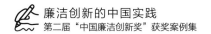
录入、轻工作落地。

四是效果评估功能,效果评估实现"科学化"。五粮液集团公司采取各责任主体履职情况与平台数据相结合、日常督查与年终考核相结合、述职述廉与群众监督相结合的方式实现效果评估。平台具有"数据分析+多方评价"的综合考核功能,定期通过从系统提取履职情况数据,由"综合分析"模块对各责任主体履职排列情况进行检查评估,再结合多方评价调研,形成综合考评。同时,平台还设立了积分榜、任务完成榜、认真负责榜、优秀评价榜、进度榜5个榜单,全面展示各责任主体履职前五名和后五名,树立正面标杆,激励后进单位,营造出"比、学、赶、帮、超"的浓厚氛围。

五是考核问责功能,考核问责实现"刚性化"。"党内监督履责监督平台"可通过动态发现、动态问责、履职体检报告等途径来实现逗硬考核。平台具有提醒预警功能,通过短信提前通知责任人即将逾期的任务,对逾期未完成任务的,发出整改通知。对两次整改不合格的,平台对该项任务的责任人自动进入问责程序。同时,监督机构可根据平台自动生成的综合考评数据,对各责任主体履职成效进行验证,提炼先进做法、成效突出的成果,并作为年终绩效考核的加分依据;梳理执行不够、效能低下的"短板"或问题,并追究相关人员的责任。

六是辅助功能。"党内监督履责监督平台"通过"信息发布"和"学习交流"模块,实现相关资料、文件的上传下载以及在线学习,把信息化、智能化手段运用到党内监督管理工作中,提升工作成效。

在正常运行平台基础上,五粮液集团公司提出对平台任务实行一年一优化思路。2019年、2020年,增设了个性化清单,共发布强化监督管理、强化队伍建设、强化集中整治等任务11项,体现了五粮液集团公司以党内监督促进生产经营发展的总体思路。

三 "党内监督履责监督平台"创新

有效监督权力是反腐败的根本。而监督权力的一个重要环节就是公开透明权力的运行。阳光是预防腐败的"防腐剂"。近年来，围绕制约和监督权力，各地根据自身特点创新监督方式，例如，北京的廉政风险防控、四川宜宾的党内监督"清单式"管理等。五粮液集团公司"党内监督履责监督平台"主要是用互联网技术来推进党内监督"清单式"管理工作，从而有效地减少监督成本，提高监督的准确性和实效。这种"互联网＋监督"方式在一定程度上避免了《中国共产党党内监督条例》规定的具体制度虚化或者流于形式。具体而言，"党内监督履责监督平台"的创新之处在于三个方面。

一是知责，即通过平台让责任主体知道自己的责任有哪些。有效监督权力的前提是明确责任主体。针对公司有115个党组织、5265名党员，而且各党组织的工作重点、工作属性各不相同的情况，五粮液集团公司党委认真履行主体责任，将任务项逐一发放到各责任主体，由各责任主体根据自身情况进行细化分解和确认，再植入平台数据，确保了任务分解、执行的有效性，并对"8＋1"清单中的102项任务进行了细化、分解，形成了245个子任务项。每张清单均结合上级要求和公司中心工作进行动态调整，一年一优化。通过层层细化，切实把党内监督"清单化管理"落实落地。为了做到监督主体全覆盖，五粮液集团公司分三个阶段实施"清单化管理"工作。第一阶段是选出18个基层党组织作为平台试点运行单位，通过对试点单位数据的采集和平台试运行，不断完善和优化平台建设。第二阶段是全面推进所有基层党组织（不包括子公司党委、纪委）平台运行工作。第三阶段是参照五粮液集团公司"8＋1"清单模式，在5个子集团公司全面推进平台建设，有序开展数据采集、植入、培训、上线、优化等工作。目前三个阶段的工作都已经完成，真正实现了党内监督管理工作全覆盖、无禁区、无盲点。精准识别监督主体，一方面体现了五粮液集团公司党委认真履行主体责任的决心；另一方面，也通过梳理相关责任清单让各监督主体明确自身的职责，同时通过互联网平台随时监督各项任务完成情况，有助于上级党委监督下级党组织，提高监督工作效率。

二是明责，即通过平台让群众知道自己的监督责任有哪些。党的十九大报告明确指出，增强党的自我净化能力，根本靠强化党的自我监督和群众监督。群众监督是最广泛、最直接、最有效的监督。群众的眼睛无处不在，群众的力量不可估量。阳光和公开是最好的防腐剂。群众监督与党务政务公开密不可分。但同时我们也要看到，由于各种条件的限制，党务公开、政务公开在执行过程中效果大打折扣。"党内监督履责监督平台"一大亮点就是在八张清单的基础上增加了"群众监督"，并用互联网大大降低了群众监督的成本。在"党内监督履责监督平台"上，群众不仅可以很直观地看到各责任主体的履职情况，而且可以为做好党内监督工作建言献策。"党内监督履责监督平台"一方面让群众切实感受到了公司党委落实全面从严治党各项要求的决心和信心，另一方面也督促公司党委和各责任主体及时履行职责，实现了党委监督、自我监督和群众监督的上下贯通，在一定程度上改变了过去"上级监督太远、同级监督太弱、下级监督太难"的工作局面。

三是尽责，即通过平台督促责任主体履行自身的责任。有权就有责，用权受监督。为进一步推进党内监督工作，切实保证"平台"运行成效，五粮液集团公司建立了《党内监督履责监督平台运行维护管理制度》《党内监督履责监督平台任务管理制度》《党内监督跟踪督查制度》《党内监督考核问责制度》四个配套管理制度，切实做到党内监督工作规范化、常态化、长效化、制度化。

四 "党内监督履责监督平台"运行效果

自 2018 年 4 月 9 日上线以来，"党内监督履责监督平台"取得了明显成效。

（一）从内部效益方面看，实现了三个"更加"

一是公司各责任主体主动履责的意识更强了。公司各基层党组织大力推进党内监督清单化管理工作，通过平台的不断运行，各责任主体主动履行党内监督的责任意识明显增强，表现在"三个"主动上，即主动细化任务清单、主动完成工作任务、主动接受监督检查。二是党员干部的作风更实了。"平台"的有效运转，时刻提醒党员干部认真履职尽责，进一步发挥了党员领导干部的率先垂范作用，促进了党员干部作风的明显好转。无论在生产一线、销售前沿还是职能部门，无论是班子成员还是中层干部和普通党员，勤勉敬业、永争一流蔚然成风。公司上下干事创业的精气神更足了，作风更务实了。三是改革发展的成效更加明显了。围绕"1+5"发展战略，公司广大党员干部对标先进、认真履责、主动作为，各项改革向纵深推进，转型发展不断加快。

2018年、2019年公司分别实现营收931亿元、1080.26亿元，年均增长16.03%，历史性跨越千亿元台阶；利润总额201亿元、255.37亿元，年均增长27.05%；利税323亿元、391.53亿元，年均增长21.22%。2020年，虽然受到新冠肺炎疫情影响，五粮液集团公司仍实现营业收入573.21亿元；净利润199.55亿元，同比增长14.67%。①

（二）从外部影响看，在党内监督工作上起到了示范标杆作用

"党内监督履责监督平台"运行以来，得到了宜宾市委、宜宾市纪委、宜宾市国资委的高度评价。2018年5月23日上午，宜宾市纪检监察系统召开全市推进党内监督暨村（居）务公开工作现场会，宜宾市委常委、市纪委书记、市监察委主任唐浪生充分肯定了五粮液集团公司率先在全市研发、推行"平台"的举措。2018年5月31日下午，宜宾市国有企业纪检监察工作推进会在五粮液集团公司党建文化中心召开。市属国有及国有控股企业，中央、外地在宜国有企业纪委书记和有关人员约90人参加会议。参会人员现场听取了公司平台研发、建设、运行工作汇报。2018年6月22日上午，宜宾市天原集团、丝丽雅集团等30余家公司到五粮液集团公司学习交流"党内监督履责监督平台"管理工作。本次交流学习，通过现场演

---

① 《五粮液2020年成绩单出炉，连续5年双位数增长，分红百亿破纪录》，第一财经，https：//baijiahao.baidu.com/s？id=1698378815907099482&wfr=spider&for=pc，2021年4月29日。

示、交流互动等形式，仔细向与会企业介绍了平台的各项功能、"九张清单"的责任主体、任务分解落实、考核问责等各个环节。

目前，"党内监督履责监督平台"已在全市国有企业中推广应用。中铁八局建筑公司、川投能源等央企、省属国企也先后到五粮液集团公司考察"平台"相关经验和做法。2019 年，五粮液集团公司荣获"2018～2019 年度全国企业文化优秀成果特等奖"。"党内监督履责监督平台"正成为五粮液集团公司党委履行主体责任、展示党内监督工作成效的名片和窗口。

五 "党内监督履责监督平台"完善建议

"党内监督履责监督平台"是五粮液集团公司党委履行主体责任的创新举措，并在实践中取得了良好的效果。但同时也要看到，与当前全面从严治党形势以及互联网技术特点相比，"党内监督履责监督平台"应当至少在三个方面予以完善和推进。

（一）从"党内监督"扩大到"党和国家监督体系"

党的十九大报告明确提出，构建党统一指挥、全面覆盖、权威高效的监督体系，把党内监督同国家机关监督、民主监督、司法监督、群众监督、舆论监督贯通起来，增强监督合力。十九届四中全会通过的《中共中央关于坚持和完善中国特色社会主义制度 推进国家治理体系和治理能力现代化若干重大问题的决定》提出，推进纪律监督、监察监督、派驻监督、巡视监督统筹衔接，健全人大监督、民主监督、行政监督、司法监督、群众监督、舆论监督制度，发挥审计监督、统计监督职能作用。以党内监督为主导，推动各类监督有机贯通、相互协调。各领域各环节监督的关联性互动性明显增强，每一种监督都不是孤立的，都需要其他监督配合；每一种监督都会对其他监督产生重要影响，也都需要其他监督协同配合，必须上下统筹、联动推进。"党内监督履责监督平台"需要按照新要求，发挥信息技术作用，服务监督体系建设，有效发挥监督合力。

（二）发挥大数据作用，为运用"四种形态"提供参考

党章第四十条规定，要运用监督执纪"四种形态"，让"红红脸、出出汗"成为常态，党纪处分、组织调整成为管党治党的重要手段，严重违纪、严重触犯刑律的党员必须开除党籍。准确运用"四种形态"，离不开对所在地区所在行业的政治生态精准把握。大数据管理分析是互联网技术专业优势。大数据已经成为各地反腐败工作的重要手段。例如，湖北省正在建设"精准扶贫大数据监察系统"，运用大数据对精准扶贫政策落实情况进行监督检查。而贵州省以"数据铁笼"监督试点工程建设破题，依托大数据技术，建立了以民生资金、"三公"经费、执纪审查监督系统为主的数据信息收集分析平台，实现对问题线索发现处置的智能监控。广州将运用大数据、云治理的工作理念和模式，建立全市为官不为问题数据库，定期对全市治理为官不为问题进行研判并提出对策建议。目前，"党内监督履责监督平台"已经对各责任主体、各项子任务进行了梳理。下一步，"党内监督履责监督平台"要通过对各责任主体履职情况、岗位风险点、问责情况等信息综合分析，定期对各责任主体进行分析，从而找出廉政风险点，为准确运用监督执纪"四种形态"提供参考。

（三）平台要与监督方式相结合

《中国共产党党内监督条例》等党内法规规定了多种党内监督方式，例如，巡视巡察、组织生活制度、党内谈话制度、干部考察考核制度等。"党内监督履责监督平台"目前主要是侧重于任务考核，没有完全覆盖党内监督各项制度。下一步，"党内监督履责监督平台"应当根据《中国共产党党内监督条例》等党内法规规定的各项制度，进一步完善内容，根据相应的子项任务，基本纳入平台建设内容，同时按照党务公开要求，保障党员民主权利，落实党员知情权、参与权、选举权、监督权，更好调动全党积极性、主动性、创造性，及时回应党员和群众关切，以公开促落实、促监督、促改进。

六 对"互联网+监督"模式的思考

五粮液集团公司"党内监督履责监督平台"既是对落实《中国共产党党内监督条例》的实践创新,也是运用互联网技术提高监督工作实效的有益尝试,从中我们主要得到三点启示。

(一)"互联网+监督"模式大有可为

互联网技术影响和改变了传统的社会方式,也对国家治理提出了新的要求。习近平总书记在全国宣传思想工作会议上强调,我们必须科学认识网络传播规律,提高用网治网水平,使互联网这个最大变量变成事业发展的最大增量。[①] 在全面从严治党工作中,互联网技术发挥着越来越重要的作用。以"党内监督履责监督平台"为例,互联网技术就体现了传统的监督方式无法比拟的优势。不愿监督、不敢监督、抵制监督等监督存在的问题,通过互联网得到了一定程度的缓解。同样,以往监督执纪中存在的难题,也可能因互联网技术的发展而逐一解决。因此,随着党风廉政建设和反腐败的深入推进,互联网技术在监督制约权力运行中大有可为。五粮液集团公司"党内监督履责监督平台"就是运用科技手段提高监督工作实效的有益探索。在实践中,要找准党风廉政建设和反腐败工作与互联网技术的结合点,围绕促进各类监督贯通融合、做细做实日常监督、整合监督力量、提升监督实效,为全面从严治党工作插上科技的"翅膀"。

(二)压实党委的主体责任

十八大以来的全面从严治党工作一个重要特点就是强调党委的主体责任。党章总纲规定"强化管党治党主体责任和监督责任",《中国共产党党

[①] 习近平:《举旗帜聚民心育新人兴文化展形象 更好完成新形势下宣传思想工作使命任务》,《紫光阁》2018 年第 9 期。

内监督条例》《中国共产党纪律处分条例》《中国共产党问责条例》等均对党委（党组）落实全面从严治党主体责任做出了相应要求。例如，《中国共产党党内监督条例》规定，建立健全党中央统一领导，党委（党组）全面监督、纪律检查机关专责监督、党的工作部门职能监督、党的基层组织日常监督、党员民主监督的党内监督体系。党委（党组）在党内监督中负主体责任。十九届四中全会通过的《决定》强调，"完善和落实全面从严治党责任制度"。党委（党组）肩负全面从严治党的主体责任，既是党中央的明确要求，也是党内法规的刚性规定。全面从严治党是各级党组织的职责所在，各级党组织及其负责人都是责任主体，必须担负起全面从严治党的主体责任。五粮液集团公司在"党内监督履责监督平台"建设中发挥了重大的作用。从平台设计到确定责任主体，再到分解各项工作任务，都离不开党委的积极推动。正是在五粮液集团公司党委的全力推动下，"党内监督履责监督平台"才能建设完成并发挥重要的监督作用。

（三）发挥群众监督的重要作用

《中国共产党党内监督条例》在总则中明确规定，坚持党内监督和人民群众监督相结合。群众监督在各类监督中有其独特的作用，是强化党内监督的有益补充，能够及时发现反映问题。当前，我们党正经受"四大考验"、克服"四种危险"，正肩负第二个百年的奋斗目标和实现中华民族伟大复兴"中国梦"的重任。我们党只有不断增强自我净化、自我完善、自我革新、自我提高能力，才能化解风险、应对挑战、实现目标。党内监督是党的建设的重要内容，也是全面从严治党的重要保障，对于保持党的肌体健康发挥了至关重要的作用。完善党内监督，一方面要坚持党内监督主体地位。党内监督任务是确保党章党规党纪在全党有效执行，维护党的团结统一，重点是解决主体责任缺失、监督责任缺位、管党治党"宽松软"等问题。党内监督作为党的建设重要的基础性工程，通过强化自上而下的组织监督，改进自下而上的民主监督，发挥同级相互监督作用，以保证党的领导干部忠诚干净担当，保持党的先进性和纯洁性。另一方面，要发挥群众监督的重要作用。群众监督作为外部监督的重要方式，要通过搭建平台拓宽群众监督公共话语空间，通过制度完善保障群众监督体系规范运行，通过权力赋予促进群众监督作用发挥，进而激发群众的主体意识和参政积极性，保障人民群众的知情权、参与权、表达权和监督权。五粮液集团公司在建设"党内监督履责监督平台"时，一个非常重要的举措就是在宜宾市委"八张清单"基础上，增加了第九张特色清单——"群众监督"。通过群众监督，五粮液集团公司可以倒逼各责任主体及时履行职责，同时还可以随时发现工作中存在的问题，督促各级党委及时解决，对今后进一步推进党内监督和群众监督结合提供了重要的启示。

山东海洋集团有限公司：基于融媒体理念的体验式廉洁教育新探索 *

创新简介

　　山东海洋集团有限公司探索运用融媒体理念推进国企体验式廉洁教育，通过强化"用户思维"、建立"中央厨房"机制等有效措施，带给干部职工融入式、沉浸式的体验，实现了廉洁教育点上"零时差"、线上"齐步走"、面上"全覆盖"，让干部职工真正成为廉洁教育的主体，实现了廉洁教育理念、机制、主体与模式的创新，增强了廉洁教育的针对性、有效性。

　　习近平总书记指出，要大力加强反腐倡廉教育和廉政文化建设，教育引导广大党员、干部坚定理想信念、坚守共产党人精神家园，不断夯实党员干部廉洁从政的思想道德基础，筑牢拒腐防变的思想道德防线。国有企业是中国特色社会主义的重要物质基础和政治基础，是我们党执政兴国的重要支柱和依靠力量。加强国有企业党风廉政建设，开展适合国有企业特点的党风廉政教育，是实现国有企业健康发展、促进国有资产保值增值、推动国有资本做强做优做大、有效防止国有资产流失的重要手段和重要保证。

　　作为一家以海洋产业为核心主业的省属大型国有企业，山东海洋集团有限公司致力于打造山东省现代海洋和内河港航产业核心投融资平台。截至目前，其已布局了现代远洋运输物流、海洋清洁能源、现代海洋渔业、

＊　作者简介：韩玉川，清华大学公共管理硕士，现就职于北京市东城区区委组织部。

内河港航投资运营、涉海金融服务等产业领域，呈现出经营业态多样、资产增长迅速、船舶和重大项目遍布全球的良好态势。山东海洋集团有限公司始终高度重视企业党的建设，坚持以特色化党建引领高质量发展，特别是2018年以来，立足自身特点，突出问题导向，积极运用融媒体理念，创新开展体验式廉洁教育，取得了积极成效，为新时代国有企业党风廉政教育进行了有益探索、积累了宝贵经验。

一 运用融媒体理念开展体验式廉洁教育的背景

党的十八大以来，以习近平同志为核心的党中央高度重视媒体融合发展。习近平总书记深刻指出，推动媒体融合发展，要坚持一体化发展方向，通过流程优化、平台再造，实现各种媒介资源、生产要素有效整合，实现信息内容、技术应用、平台终端、管理手段共融互通，催化融合质变，放大一体效能。所谓融媒体理念，就是指以发展为前提，以扬优为手段，把广播、电视、互联网等传统媒体与新媒体的优势充分整合并发挥到极致，使单一媒体的竞争力变为多媒体共同的竞争力，全面提升传播功能、手段、价值，从而为"我"所用、为"我"服务的一种运作模式。

山东海洋集团有限公司始终坚持党的领导，加强党的建设，不断强化党的政治引领、组织引领、文化引领，发挥了党的领导核心和政治核心作用，把党的政治优势转化为企业的发展优势。但是，随着企业的不断发展与壮大，与廉洁教育在企业发展中不断提升的重要性相比，传统廉洁教育的内容、方法、手段、载体在一定程度上已经不能适应新的形势和新的任务。主要体现在以下方面。

一是传统廉洁教育形式受到时间、空间限制，影响了廉洁教育的实效。由于工作性质原因，山东海洋集团有限公司有95%以上的干部职工常年工作在船上、在项目上，分布在不同大洲、大洋和不同时区。很多基层职工反映："只要出了海，就得有6个月到8个月的时间远离祖国大陆，集团开展的各种廉洁文化教育活动都没法参与。"传统的廉洁教育受到时间、空间等限制，难以做到全覆盖、无死角，还存在很多教育盲区和空白点。

二是传统廉洁教育形式、载体和内容的渗透力不够强。山东海洋集团有限公司的青年职工所占比例较高，青年职工的学习、生活空间都在向互联网迁移。传统的廉洁教育载体对青年职工的渗透力不够，形式比较单一，往往就是单纯地召开会议或者参观学习，虽有其必要性，但形式内容不够生动活泼，不能很好满足新形势下干部职工的需求，吸引力不足，干部职工的参与感不够强。

三是企业内部廉洁教育资源流动性弱。此前，山东海洋集团有限公司及其7家权属企业在组织廉洁教育方面都是"各自为政"，虽各具特色，但廉洁教育资源互相之间缺乏流动和共享，很多非常好的资源和好的经验，没有做到互联互通，造成了教育资源的浪费。

四是传统的体验式廉洁教育内容重复性比较高，主要是赴监狱、检察机关等廉政教育基地开展现场警示教育，每年的教育都是这些内容，重复性高，推陈出新不够，降低了廉洁教育的效果。

为了有效解决这些问题，山东海洋集团有限公司从2018年8月起，立足集团发展实际，在深入挖掘自身优势、总结以往廉洁教育的经验教训基础上，提出了充分运用融媒体的理念，建立共享、兼容的廉洁宣传和教育新平台，特别是探索开展了体验式廉洁教育的新模式。

二 运用融媒体理念开展体验式廉洁教育的主要做法

融媒体理念为山东海洋集团有限公司在新形势下开展廉洁教育赋予了新的动能，依托现代媒介，通过载体鲜活、接地气、易传播的方式手段，带给了干部职工融入式、沉浸式的体验，实现了廉洁教育点上的"零时差"、线上的"齐步走"、面上的"全覆盖"，让集团的干部职工真正成为廉洁教育的主体，实现了廉洁教育理念、机制、主体与模式的创新。

（一）运用"中央厨房"机制，开展廉洁教育宣传

山东海洋集团有限公司党委坚持把树导向、铸文化摆在突出和先导位

置，结合自身行业特点和企业实际，整合凝练出"海晏河清，行稳致远"廉洁文化愿景和"砺品行、知规矩、正航向、促发展"廉洁文化使命以及"忠诚、守正、思践、奉献"廉洁文化价值观，构建起了"教育导廉、制度保廉、修身育廉、慎权促廉、监督铸廉、防控守廉、榜样树廉"的廉洁文化体系，这为创新开展廉洁教育提供了重要基础和遵循。在这一廉洁文化体系的指导下，山东海洋集团有限公司党委积极履行主体责任，充分发挥统筹协调作用，明确将集团纪委作为廉洁教育的"融媒体中心"，采用"中央厨房"机制，着力做好廉洁教育的日常"三餐"。一是做好"订餐"。每年围绕党和国家大局、省委省政府决策部署、企业中心工作和重点任务，制订集团廉洁教育年度整体计划，明确全年廉洁教育的重点，对廉洁教育具体任务和要求进行全面部署和安排。坚持每年编发一本集团《廉洁文化手册》，使之成为廉洁教育的重要载体和重要指南，指导权属企业开展个性化、富有实效的廉洁宣传和教育活动，最大化发挥廉洁教育服务中心、引领航向的作用。二是做好"主餐"。积极推行"船岸联动制"，坚持"支部建在船上、政委设在岸上"的党建模式，履行船舶管理和党建工作"一岗双责"，有效保障了干部职工在船、在岸都能接受教育管理。同时，以抓好理想信念教育、党章党规党纪教育为重点，对干部职工的廉洁宣传教育，实行统一的"策、采、编、发"机制，全面升级集团党风廉政教育月刊《蓝海清风》。集团纪委每月统一策划《蓝海清风》选题，广泛采集各基层党组织党的建设和党风廉政建设工作的特色亮点和鲜活经验，编辑成电子杂志，并通过集团网站、微信公众号和各类工作微信群等新媒体平台统一发布，保证集团在境内境外、船上陆地的各工种干部职工接受廉洁教育的时间、内容"双同步"，实现廉洁教育"一次采集、多种生成、多元传播"。三是做好"配餐"。坚持组织开展"廉洁从业、创新发展"主题教育"六个一"活动，即廉洁从业承诺、党规党纪知识测试、编印《全面从严治党"100问"》、正面典型征集、反腐倡廉专题教育、理论研讨等，既突出重点、确保上级精神宣传贯彻无遗漏，又提高了基层单位主动性、创造性，推动全体干部职工遵规守纪、担当作为。

（二）运用"用户思维"，定制个性化廉洁教育内容

山东海洋集团有限公司将融媒体理念中的"用户思维"运用到廉洁教育之中。"用户思维"，就是"以用户为中心"，针对"用户"的各种个性化、细分化需求，提供各种有针对性的产品和服务，真正做到"用户至上"。山东海洋集团有限公司通过对党员干部、管理人员、普通职工的岗位职责、知识结构、爱好特长等信息进行"大数据"统计与分析，立足其个人的职业发展、家庭环境等实际情况，为干部职工"量身定制"了个性化的廉洁教育方案。对每名干部职工的廉洁教育，都包含了通识性、个性化和延伸性三大类内容。例如，针对公司领导管理层、中层、关键岗位人员，强化风险意识、底线思维，全面梳理其岗位廉洁风险点，有针对性地开展"一对一"提醒谈话，并组织开展预防职务犯罪等专题讲座。针对境外企业产权代表，做好境外相关法律法规学习普及，搜集并向其推送典型案例，明确境外公司监管和廉洁风险防控的重点、难点。针对有文艺特长及爱好的党员、管理人员、职工，组织其参与廉洁绘画、书法、摄影、微视频等文艺作品的创作，在参与活动的过程中渗透纪律要求、强化其廉洁意识。针对青年干部职工"网络原住民"的新特点，充分运用好"两微一抖"（微博、微信、抖音）等新媒体平台，及时精准推送廉洁教育的信息，着力提升学习的参与度、影响力和学习成果的转化率。针对那些一年大部分时间在海上、远离祖国大陆的船员，以"支部建在船上"和"船舶政委"机制为载体，将廉洁教育内容刻录成光盘并在船员活动室反复播放，常态化组织船员学习《蓝海清风》、《山东海员》和"廉洁讲堂"等廉洁教育内容，实现廉洁教育"全航程跟进""全航线覆盖"；同时，充分用好"家庭"这个重要阵地，在船员靠港、休假期间组织开展"家有清风幸福在"家庭助廉系列活动，采取共同签署家庭廉洁承诺书、海嫂嘱廉座谈会、家属党课和亲子阅读等方式，推动廉洁教育内容直抵心灵、更有温度、更富有人文关怀。

（三）运用"体验式"手法，渗透廉洁从业理念

山东海洋集团有限公司积极创新廉洁教育的形式和内容，突出融入

式、沉浸式体验，打造与传统说教式教育不同、更具代入感、更容易让干部职工产生共鸣的廉洁教育载体，使干部职工成为廉洁教育的主体，不断增强自主教育的主动性、能动性。在实际工作中，山东海洋集团有限公司重点打造了"四微平台"，即推出"纪律提醒微广播"，组织干部职工结合自身实际，积极创作廉洁教育"顺口溜""三句半"等，并以"廉洁提醒"的形式，在节假日等重要节点于企业微信平台播发；定期举办"党风廉政30分（钟）微课堂"，精心设计日常廉洁学习内容，固定于每周五集中组织干部职工学习集团公司统一发布的学习资料；组织"典型案例微讨论"，收集汇总各类违纪违法典型案例，不定期在企业微信群发布，让干部职工围绕典型案例交流感悟、碰撞思想，做到互相促进、防微杜渐；创作"廉洁主题微电影"，先后制作推出"周前进拒腐防变"系列微电影《沉甸甸的小信封》《一封廉洁家书》，从编剧、导演、演员到摄像，均由企业内的干部职工担任，集团纪委全过程参与、全过程指导，实时对剧中涉及的党规党纪做出解读，并组织大家进行交流研讨，从而让干部职工带着问题参与创作、观看，接受廉洁教育，引发其对廉洁从业的主动思考。这一系列体验式廉洁教育，让广大干部职工通过眼见、耳听、身感等，将抽象的理论知识、纪律要求融入日常工作和生活，提升了干部职工的参与感、融入感，干部职工的"廉洁自觉"不断增强，"不想腐"的思想根基不断加固。

（四）运用"数据库"模式，打通廉洁教育资源边界

为有效解决廉洁教育资源无法互通共享的问题，山东海洋集团有限公司积极运用融媒体理念，重点打造了四大数据库，打通了不同单位、不同形式廉洁教育资源之间的边界。建立了"党规党纪习题库"，把习近平总书记关于全面从严治党的重要论述、常用的党规党纪条文规定以及各级党委关于党风廉政建设的具体要求，转化为选择、判断、填空等题目，形成题库，干部职工扫描二维码就能够在手机端学习并自测，实现了线上线下同步学习、实时检验学习成果。各权属单位纪委可在后台实时查看学习测试的数据，有针对性地开展学习定向督导。建立了"先进典型事迹库"，

坚持典型引路，大力推行"海洋之星"等选树工作，充分发挥先进模范人物的示范引领作用，通过学习先进人物的先进事迹，用身边人、身边事开展廉洁教育，引导全体干部职工见贤思齐、崇廉拒腐、争当先进，进一步激发员工敬业奉献、干事创业的热情。建立了"典型违规违纪案例库"，动态收集、推送行业内相关案例，对易发多发廉洁风险点进行预警，以案为鉴、以案促改，督促党员、管理人员举一反三、引为镜鉴。建立了"廉洁文化作品数据库"，将全集团范围内干部职工的书法、绘画、文章、手抄报等廉洁文化作品转化为电子文件，统一编排后通过企业网站、微信群、微信公众号发布。通过四大数据库建设，每个干部员工既是"信息源"又是自主学习的主体，原本单一传播的文字、图片、视频等资源突破了传统功能界限，实现了全效能传播，各基层单位也由孤立的廉洁教育主体，变成了向集团传输资源的基础"数据库"，廉洁文化资源在集团内部流动起来，实现了"资源通融、内容兼融、宣传互融"。

（五）运用"互联网＋"载体，拓宽体验式廉洁教育平台

山东海洋集团有限公司运用融媒体理念，将互联网与廉洁教育深度融合，通过在山东海洋集团有限公司党校——启航学院以及"纪委书记大讲堂"建立网络云课堂，全体干部职工通过手机扫描二维码就可以观看各类廉政课程的直播与回放。针对渔业养殖领域远离海岸线的实际情况，集团充分利用5G网络覆盖作业海域的优势，将中央纪委推出的"清廉中国·微视频"展播搬上了"耕海1号"海洋牧场综合体平台的大屏幕。同时，通过邀请客户、海嫂共同连线观看《山东正风肃纪反腐2019》专题片等活动，切实让互联网发挥"亲情链接""织密防线"的重要作用。集团全体干部职工还可以在手机端和电脑端下载腾讯会议、前景大V、ZOOM等App，将其作为网络课程的备选用户端。廉洁教育云课堂建立，打破了时间、空间的限制，将廉洁教育覆盖境内外党员干部、管理人员、普通职工，实现了全球零时差、同进度、齐直播。此外，山东海洋集团有限公司正在积极探索如何将VR技术运用到廉洁教育之中，通过制作警示案例VR场景，带给干部职工沉浸式、直击心灵的教育体验。

三　运用融媒体理念开展体验式廉洁教育的主要成效

党建领航，筑梦海洋。三年来，山东海洋集团有限公司通过运用融媒体理念开展体验式廉洁教育，取得了积极成效。这些成效主要体现在以下四个方面。

（一）为企业改革发展保驾护航

山东海洋集团有限公司廉洁教育的创新实践，有效引导集团各级党员、管理人员树立高度的廉洁意识，广大干部职工的"廉洁自觉"不断增强，"不想腐"的思想根基不断加固，有效确保想干事、能干事、干成事、不出事，这是企业改革发展的重要保证和重要动力。2019 年，山东海洋集团有限公司实现营业总收入 74.99 亿元，同比增长 3.10%；实现利润总额3.3 亿元，同比增长 5.73%。山东海洋集团有限公司成立 10 年来连年实现盈利，无重大违纪违法案件发生。

（二）为企业营造了风清气正的环境

山东海洋集团有限公司运用融媒体理念后，教育产品从单一的书刊变成了多媒介，教育效果从被动接受转变为体验式的主动融入，干部职工参与热情高涨。三年来，山东海洋集团有限公司干部职工接受廉洁教育超过1 万人次。同时，在融媒体理念指导下，每个基层组织的特色活动都能够被集团公司宣传推广，有效促进了各权属企业创新党风廉政教育工作、塑造廉洁文化品牌的积极性、创造性，集团在峄州港建成"红色运河文化展馆"，打造了"海运先锋""船舶党旗红、安全航运行""红色运河""耕海牧渔党旗红""金控四季"等一批廉洁文化品牌和党建品牌，形成风清气正、海晏河清的气象。山东海洋集团有限公司及权属企业先后获得"全国交通运输系统先进集体""全国交通运输行业文明单位""全国工人先锋号""山东省优秀企业""山东省文明单位""山东省省管企业先进基层党组织""山东省纪检监察系统先进集体""厚道鲁商"等荣誉称号。山东海洋集团有限公司党委委员、纪委书记薛忠勇在 2017 年受到中央纪委嘉奖，2019 年被评为"山东省纪检监察系统先进个人"。

（三）为全体干部职工筑牢了思想防线

山东海洋集团有限公司运用融媒体的理念，运用"中央厨房"机制、"数据库"模式、"互联网思维"，实现了廉洁教育范围全覆盖。经调研，党员、管理人员和广大干部职工对原创廉洁文化作品高度认同，各基层单位主动组织开展《廉洁文化手册》研习活动，并着手积累下一期文化手册的素材，使廉洁文化"从群众中来、到群众中去"。廉洁微电影在各党支部展播后，引发热烈讨论，有许多员工热情高涨，自荐参与微电影的拍摄与制作。廉洁教育月刊下发后，网络后台显示企业 OA 邮箱点击率超过 95％。山东海洋集团有限公司充分发挥廉洁教育"咬耳扯袖"和"治未病"的功能，为全体干部职工深植廉洁从业理念、筑牢了思想堤坝。

（四）为人才队伍建设提供新的动能

习近平总书记多次强调，"过不了互联网这一关，就过不了长期执政这一关"。① 这对纪检工作者也提出了更高要求。山东海洋集团有限公司运用融媒体理念，统筹调动各级基层组织的人才资源，既充分调动起纪检工作人员的工作积极性，推进了廉洁教育内容和形式创新，推动了廉洁教育集约化、差异化、高效率发展，又在全员参与廉洁教育的过程中，引导全体干部职工强化"互联网＋"思维，不断提高个人综合素质，山东海洋集团有限公司干部队伍建设取得新成效、再上新台阶，这是企业持续发展的重要动力所在。

四 运用融媒体理念开展体验式廉洁教育的启示

山东海洋集团有限公司将融媒体理念注入体验式廉洁教育，为国有企

---

① 中共中央宣传部编《习近平新时代中国特色社会主义思想学习纲要》，学习出版社、人民出版社，2019，第 151 页。

业廉洁教育赋能、增效，实现了廉洁教育理念、机制及内容的创新，也为今后其他领域党风廉政教育提供了有益启示和参考。

（一）以融媒体技术手段，创新廉洁教育平台建设

当前，4K超高清、5G网络传输、大数据、云计算、虚拟主持人、全景VR、区块链等新技术新应用发展日趋成熟，推动媒体形态、传播方式等加速进步，为廉洁教育的素材采集、生产、传播、反馈提供了源源不断的技术支持，也为体验式廉洁教育有效开展提供了更多的形式选择。同时，融媒体技术正向着规模化、集约化、平台化方向发展，一体化平台、大数据、人工智能等技术手段，越来越多地被应用到媒体平台建设中。这一案例充分说明，在廉洁教育平台的搭建过程中，可以充分借鉴融媒体平台建设的有益经验，以打造"教育阵地一张网、工作协同一盘棋、业务平台一体化"的工作场景为目标，借助"中央厨房"系统、媒体管理系统、融媒体大数据系统等融媒体技术体系，着力打造集廉洁教育在线管理、教育内容生产分发、教育资源共享协同和大数据处理应用等多个方面功能于一体的新型廉洁教育平台。当然，我们也必须认识到，融媒体是信息技术发展的产物，迭代是其重要特征和规律，创新是其本质要求。面对信息技术日新月异的发展形势，推进融媒体理念指导下的廉洁教育，就必须不断加强学习，及时运用信息技术的新手段新方法新机制，加强对大数据、人工智能的研究运用，更好、更全面、更精准地宣传党的主张、畅通沟通渠道、强化资源共享，扩大廉洁教育的覆盖面，实现廉洁教育效果的最大化和最优化。

（二）以融媒体生产方式，创新廉洁教育内容形式

融媒体内容生产发布多采取"一体策划、一次采集、多元生成、多次传播"的方式进行。山东海洋集团有限公司体验式廉洁教育项目创新运用"中央厨房"机制，建立了更为开放的廉洁宣传教育平台，其中，集团纪委负责统一"策、采、编、发"，统一调配各权属单位的专兼职纪检人员，运用融媒体生产方式，对《蓝海清风》《廉洁文化手册》等刊物进行再造，统筹建立起党规党纪习题库、典型违规违纪案例库、先进典型事迹库、廉

洁文化作品数据库等教育载体，有效解决了传统廉洁教育资源分散、信息不对称等突出问题，极大提升了基层单位的积极性、创造性，打通了不同权属单位、不同形式的廉洁教育边界，拓展了廉洁教育的渠道和载体。这一案例充分说明，在廉洁教育内容生产过程中，可以充分引入融媒体生产的经验和技术，以"中央厨房"为核心，提前策划、精准布局，充分统筹各类资源，用好各种传播渠道，有针对性地将教育内容加工成图文、H5、短视频、动画、微电影等干部职工喜闻乐见的形式，提升内容传播的实效性，激发干部职工参与廉洁教育的内生动力。

（三）以融媒体传播方式，创新廉洁教育教学途径

随着传播技术的飞速发展，我们已经进入全媒体时代，信息传播方式也已经从"人找信息"，变成了"信息找人"。山东海洋集团有限公司将传统廉洁教育"我说你听"的单向理论灌输模式，优化提升为体验式、互动式、参与式教育，让党员干部、管理人员、广大职工回归到廉洁教育的主体位置，使每个基层员工既是廉洁教育的"信息源"，又是自主学习、自主教育的主体。该项目实施后，山东海洋集团有限公司为党员干部、管理人员、广大职工搭建起"廉洁从业每月一讲"、警示教育片"每周一看"、"家有清风幸福在"家庭助廉活动、"廉洁从业、创新发展"正面典型征集等载体，通过全程参与一堂廉洁党课的准备、亲自制作一个廉洁文化作品、编写一个案例、写一封嘱廉家书、扮演一个影视角色等活动，党员干部、管理人员、广大职工在体验互动中身入心入，融入情境，实现了自发的廉洁教育。这一案例充分说明，廉洁教育必须让教育对象全方位参与其中，积极利用传统媒体与新兴媒体相融合的传播方式，打破干部职工在学习上的时间、空间隔阂，把"线上"和"线下"、"键对键"和"面对面"紧密结合起来，提供不同形式的廉洁教育内容，提升党员干部参与廉洁教育的热情和效率，不断提高廉洁教育的针对性和有效性。

（四）以融媒体运营方式，创新廉洁教育供需模式

在融媒体运营当中，全面树立"用户思维"是关键一环，从教育对象

的需求出发，将大数据理念、"互联网＋"理念引入廉洁教育之中，可以更全面地掌握干部职工的思想动态，更有效地评判教育内容，更精准地了解党员干部的学习偏好和需求，以此来不断深化廉洁教育的"供给侧改革"。山东海洋集团有限公司项目创新运用融媒体理念赋能廉洁教育工作，在廉洁教育中强化"用户思维"，由主要关注教育内容转变为关注教育对象，从追求廉洁教育开展的频次转变为追求廉洁教育的广度、深度和效度。项目实施后，山东海洋集团有限公司为境内境外、船上陆地的员工提供了同步的廉洁教育，为领导层、中层管理人员、关键岗位人员设计"点对点"的个性化廉洁教育，为不同年龄、知识、爱好的员工搭建了不同的体验式教育活动平台，实现了人在哪里，廉洁教育的重点就在哪里。这一案例充分说明，新形势下的廉洁教育必须从"有什么讲什么"的传统模式，转变为"需要什么就讲什么""什么形式更易接受就怎么讲"，更加注重对教育对象需求的掌握和分析，从而更有针对性地设计教育载体、内容，让廉洁教育取得实实在在的成效。

山东海洋集团有限公司运用新媒体理念开展廉洁教育的创新实践，为国有企业乃至更多的领域提供了很好的参考和借鉴，此类项目的实施不受组织的性质、规模及人员结构等客观条件限制，在国家机关、企事业单位中都能推广应用。各类型组织均可运用融媒体理念中的"中央厨房"机制、"数据库"模式、用户思维等，对各类廉洁教育资源和相关工作人员进行统一调配，既通过多种媒介将廉洁教育覆盖全体干部职工，从而实现廉洁教育内容、频次同步，廉洁教育范围"纵到底、横到边"，又能充分调动干部职工的主观能动性，生产更多更贴近受教育者实际的廉洁教育产品，有效避免廉洁教育的"空对空"，真正使广大干部职工在参与和体验中受到教育。

国网安徽电力"上下联动、两级多维"巡察工作体系构建[*]

国网安徽电力"上下联动、两级多维"巡察工作体系构建[*]

创新简介

国网安徽省电力有限公司积极推动巡察监督创新，在实践中探索建立了"上下联动、两级多维"全覆盖工作管理体系，通过立体化、制度化、规范化的巡察监督体系，推动基层巡察工作实现全面覆盖和有效落实，在破解"熟人社会"监督难题、巡察监督形式主义、巡察干部队伍建设不力等困境方面提供了有益的借鉴。

作为强化党内监督的一项重要的制度安排，巡视巡察监督有利于推动全面从严治党向纵深发展。《中国共产党章程》规定，党的中央和省、自治区、直辖市委员会实行巡视制度，党的市（地、州、盟）和县（市、区、旗）委员会建立巡察制度。十九大报告也强调，深化政治巡视，坚持发现问题、形成震慑不动摇，建立巡视巡察上下联动的监督网。巡视巡察制度是加强党内监督的重要举措，有利于强化责任追究和推动责任落实。但与此同时，巡视巡察制度在具体实践过程中也存在着监督效应层级递减、"熟人社会"监督难题、制度化程度低、巡察干部队伍建设不力等问题。基于此，国网安徽省电力有限公司（以下简称"国网安徽电力"）积极探索创新，构建"上下联动、两级多维"全覆盖体系，探索建立立体化、制度化、规范化的巡察体系，夯实巡察工作干部队伍，在破解巡视巡

---

* 作者简介：吴昌杰，清华大学马克思主义学院博士研究生。

察制度困境方面做出了积极的探索，也形成了一些可供借鉴的经验。

一 国网安徽电力巡察工作体系创新的起因和背景

党的十九大从党和国家事业发展全局出发，对推动全面从严治党向纵深发展做出新部署，对构建党统一指挥、全面覆盖、权威高效的监督体系提出明确要求，将实现巡视全覆盖、开展市县巡察内容写入党章，要求在市县党委建立巡察制度，建立上下联动的监督网。作为党领导的国有企业，国网安徽电力坚决贯彻落实党的路线方针政策，高质量开展内部巡察，这不仅是对党中央全面从严治党的战略部署的积极响应，也是大型电网企业持续、稳定、高质量发展的需要，有利于推动公司重大决策部署贯彻落实。同时国网安徽电力当前正处于电力体制改革发展的攻坚期，存在潜在的风险，内部巡察工作有利于防控公司内部重大经营和廉洁风险。在这种背景下，国网安徽电力通过开展巡察工作对各级党组织进行全面"体检"就显得尤为必要。

巡察监督是巡视监督的延伸和拓展，构建巡视巡察监督网对于实现监督全覆盖具有重要意义。但巡视巡察制度在具体实践中存在着效用逐级递减的问题，越向基层延伸，巡视巡察监督的独立性和权威性就越低，存在巡察走过场、整改走形式的可能性就越大。究其原因，主要是巡察制度的实践过程中还存在诸多困境。一是面临"熟人社会"监督难题。基层社会普遍存在着基于地缘、血缘、业缘等建立的庞大而复杂的社会关系网络，各种人际关系盘根错节，呈现出"熟人社会"和"人情社会"的特征。在这种情况下，巡察监督越往基层走，党员干部之间就越熟悉，容易受到人情因素的影响，不少巡察干部抹不开面子，无法做到铁面监督，严重制约巡察工作向基层延伸的有效性。二是巡察监督缺乏制度化标准。巡察监督是包括巡察准备、巡察了解、报告巡察情况、反馈巡察意见、问题线索移交、督促整改、档案移交等多个环节在内的复杂程序，但目前还没有形成统一的党内法规和具体的指导意见，很多地方党委部门的巡察工作也仍处于探索阶段。这导致很多地方巡察工作制度化水平较为低下，尤其是针对巡察问题、整改工作缺乏科学合理的分类、认定和评价标准与方法，也缺乏有效的整改督导机制，这无疑会严重制约巡察监督的权威性和有效性。三是巡察工作的干部人才队伍建设问题。巡察干部是保障巡察监督有效开展的关键因素，建立一支专兼结合、结构合理、管理有序、作风优良的巡察干部队伍对于巡察工作高质量发展意义重大。然而，在巡察工作实践中仍然面临着巡察机构建设薄弱、巡察干部结构不合理、专业化水平和综合素质低下等问题。这些现实问题已经成为严重阻碍巡察制度有效运行、限制党内监督效用充分发挥的制度顽疾，必须进行有针对性的制度创新才能有效破解上述困境，推动巡察工作创新发展。

二 国网安徽电力巡察工作体系的运行与实践

国网安徽电力是国家电网公司的全资子公司，以建设和运营电网为核心业务，承担着保障能源安全、服务人民美好生活的重要使命，是安徽省能源领域的骨干企业。2017 年以来，国网安徽电力全面贯彻中央巡视工作方针，落实国家电网公司党组工作部署，结合企业实际不断探索创新，深入开展内部巡察工作。国网安徽电力围绕市、县公司巡察任务目标，制定多维巡察制度标准规范，强化两级巡察队伍组织保障，深化"巡察＋"多维巡察成果应用，着力构建"上下联动、两级多维"巡察全覆盖工作管理体系，为推动企业和电网高质量发展提供坚强保障。

（一）编制两级巡察组"上下联动"巡察监督网

巡察覆盖率是衡量巡察制度运行绩效的重要指标之一，通过创新巡察监督方式提高巡察覆盖率是优化巡察制度的重要路径。国网安徽电力创新巡察方式方法，推动常规巡察和专项巡察相结合，省公司巡察组和市公司巡察组联动结合，在国家电网公司系统内率先实现了对二级单位巡察和督导、对县公司巡察、市公司对所属集体企业巡察的"三个全覆盖"，做到巡察监督"无死角"，有力推动全面从严治党向基层延伸。

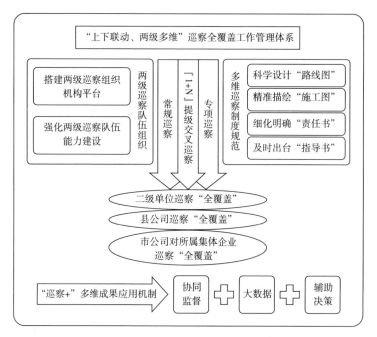

"上下联动、两级多维"巡察全覆盖工作管理体系框架

1. "按图索骥"推进常规巡察

国网安徽电力按照党中央巡视工作方针和国家电网公司党组决策部署,扎实推进常规巡察工作。公司党委详细制定全覆盖巡察的时间表和路线图,严格按照"巡察路线图"时间节点要求,公司党委部署三个巡察组在2017～2018年开展8批次巡察,实现对全部16家地市公司以及11家直属单位的常规巡察全覆盖。

2. 探索开展扶贫领域和农网工程专项巡察

除了常规巡察以外,国网安徽电力坚决贯彻落实党中央脱贫攻坚决策部署,还聚焦贫困地区用电保障、农网工程建设质效、光伏扶贫政策执行、扶贫领域腐败和作风问题等重点领域推进专项巡察工作。省、市公司巡察组"上下联动"开展专项巡察监督,通过专项巡察压紧压实各级党组织扶贫工作"两个责任",充分发挥巡察监督在贯彻落实重大决策部署方面的作用。

3. 创新构建"1+N"提级交叉巡察督导模式

为有效破解"熟人社会"等监督难题,国网安徽电力创新开展"1+

N"提级交叉巡察督导工作，即 1 个省公司巡察组在对市公司进行巡察或督导的同时，带 N 个市公司巡察组"清盘式"交叉巡察该公司所辖区县公司，其他市公司巡察组和被巡察单位"人地两疏"，最大限度避免了熟人之间"抹不开面子"的情况，促使巡察组充分履职履责。构建两级巡察组"上下联动"管理机制，部署 16 家市公司对所属集体企业直接开展巡察，实现市公司督导和县公司巡察全覆盖。

（二）制定多维巡察工作制度标准规范

规范化和制度化是提升巡察工作质量的战略路径之一。国网安徽电力极为重视建章立制，通过细化工作程序、量化工作标准、明晰工作方法，不断推进公司巡察工作制度化、规范化和科学化。

1. 科学设计"路线图"，以制定巡察工作规划为核心

国网安徽电力研究制定了《公司巡察工作规划（2018～2022 年）》，形成了五年巡察工作蓝图，为巡察工作开展提供了基本遵循。该规划明确在 2018 年底前完成二级单位巡察全覆盖，2019 年底前完成三级单位巡察全覆盖。公司党委提出以常规巡察为主、专项巡察为辅、机动式巡察督导为补充的巡察任务体系；同时，还印发了《公司二级单位党组织开展巡察工作的意见》等文件，成为指导各单位开展巡察工作的纲领性文件。

2. 精准描绘"施工图"，以完善巡察工作"一规定、四规则"为主线

国网安徽电力结合工作实际，修订公司党委巡察工作规定及巡察办、巡察组、被巡察党组织配合等"一规定、四规则"，为构建贯穿巡察准备、实施、整改、处置全过程的巡察制度体系奠定了基础。

3. 细化明确"责任书"，以加强巡察工作规范管理为重点

国网安徽电力相继出台了《公司党委巡察组及成员考核办法（试行）》《提级交叉巡察工作规则（试行）》等规章制度，确保巡察组考核管理、提级交叉巡察有章可循。发布《关于进一步规范公司党委巡察组日常管理意见》《关于严明巡察工作纪律及规范配合巡察直接费用支出的通知》等文件，进一步加强巡察组日常监督管理。通过这些规范性文件，强化对于巡察工作的监督管理，进一步规范巡察组的权力行使，保障巡察工作组积极履行巡察职责，合理合法进行巡察监督。

4. 及时出台"指导书"，以创新方式方法、提升工作效率为基础

国网安徽电力自主编写印发了《巡察工作手册》《巡察作业指导书》，覆盖党建、组织人事、纪检监察等多个专业领域，形成了67项操作指南和工作规范。通过这些指南和规范设计，对巡察工作的内容、环节和流程进行细致梳理和整体优化，对巡察工作进行全方位的规范和指导，确保巡察工作既全面深入、重点突出，又规范易行、高质高效。

（三）建立省、市公司两级巡察队伍组织保障体系

针对巡察工作普遍存在的干部人才队伍建设问题，国网安徽电力高度重视组织机构建设和干部人才队伍建设，强化巡察工作的组织领导，建设素质优良的巡察队伍，为高水平巡察工作提供组织保障。

1. 搭建两级巡察组织机构平台

国网安徽电力持续完善省、市公司两级巡察组织机构，明确巡察组工作职责。在省公司层面，设立3个省公司巡察组，配齐6名专职巡察组组长、副组长，巡察组成员不仅涵盖党建、纪检、人事人资、财务、审计等专业，还包括营销、工程、物资等与电网生产经营相关的业务骨干党员。在地市公司层面，指导16家地市公司分别组建巡察组，作为"1＋N"提级交叉巡察体系的重要组成力量。国网安徽电力是包含多个市、县公司的庞大国有企业，巡察工作任务重、周期长，省、市两级巡察组织机构的建设与完善为实现公司巡察全覆盖提供了坚实的组织基础。

2. 强化两级巡察队伍能力建设

巡察干部人才队伍建设的关键在于解决好干部人才短缺、素质低下、结构不合理等问题。针对此类问题，国网安徽电力的应对措施主要有以下几点。一是激活"蓄水池"，加强巡察专家人才库储备。基层单位大力推荐优秀人才，省公司组建巡察专家人才库共455人，各级后备干部占比31.2%，为开展巡察工作提供了人力资源保障。二是办好"大课堂"，分级分类开展巡察干部理论培训。贯彻落实《2018～2022年全国巡视巡察干部教育培训规划》，有针对性地开展分级分类培训。2017年以来，组织举

办 8 期巡察业务培训班，省、市公司巡察组成员参培 650 余人次，有效提高了巡察人员的政治素质和理论水平。三是用好"孵化器"，充分发挥两级巡察组"雁阵效应"。实施后备干部巡察轮训机制，把巡察组作为培养人、锻炼人、考验人的平台，加大年轻干部孵化培养力度。

（四）深化"巡察＋"多维巡察成果应用

巡视巡察制度是党内监督体系的一把利剑，国网安徽电力充分利用巡察制度，多维度打造"巡察＋"成果应用机制，以巡察工作促进业务工作改革发展。

1. "巡察＋协同监督"打好整改"组合拳"

一是"精准化"开展立项。公司党委推动实现协同监督与巡察监督联动，把工程建设、招标采购、供电服务等巡察过程中发现的突出问题作为立项来源。二是"立体化"推进实施。坚持省、市、县三级公司纵向联动，管理部门横向协同，建立全覆盖工作体系，推动项目在基层单位有效落地。发挥职能部门主体作用，改进专业管理工作，强化专业监管，堵塞制度漏洞。三是"专业化"监督检查。各专业部门组织开展专项监督检查、督导"回头看"和自查自纠工作，确保项目工作落到实处。

2. "巡察＋大数据"促进成果共享

公司党委建立"一档三单三库"机制，实现巡察工作数据共享，强化巡察工作对业务工作的促进作用。一是实施"一单位一档案"，明确 5 类 28 项档案资料，实行巡察工作海量档案常态化、规范化管理。二是建立"问题、责任、任务"清单，推动各级党组织问题整改、落实闭环管理。三是建立典型问题库、整改措施库、整改典型经验库，系统梳理巡察"大数据"，形成涵盖 13 个领域的 1043 条问题清单，提炼典型共性问题 96 个，结合专业管理要求，从公司本部层面提出针对性措施 254 条，并总结巡察整改工作成功经验 85 个，推广至整个公司系统，举一反三推动全面整改工作。

3. "巡察＋辅助决策"推动公司发展

巡察工作能够发挥辅助公司党委决策的作用，具体体现在以下方面。

一是协助公司党委督促基层单位贯彻落实上级重大决策部署，在巡察中发现重大决策贯彻落实过程中的问题，并对落实不力的单位及时约谈问责。二是巡察组向公司党委报告巡察典型突出问题，推动解决了跨区域供电管理等一批历史遗留问题，督促加强农网工程建设、集体企业做实做强做优、市县一体化管理等重点工作。

三 国网安徽电力巡察工作体系的创新亮点与主要成效

国网安徽电力在巡察工作实践中探索建立了"上下联动、两级多维"巡察全覆盖工作管理体系，形成了独具特色的创新亮点，也产生了显著的工作成效。

(一) 创新亮点

国网安徽电力的巡察工作起步早、力度大，坚持边实践、边创新，在实践中积累了许多创新与独特的做法。

1. 创新构建"1+N"提级交叉巡察"上下联动"管理机制

"1+N"提级交叉巡察通过建立高效集约、上下联动的管理机制，派出省、市公司巡察组，市、县公司两级单位同时接受巡察，这种模式是国网安徽电力巡察工作体系的重要创新之一。

第一，明确"大组+小组"责任分工。在公司党委和巡察工作领导小组统一领导下，提级交叉巡察工作期间，按照集中统一管理原则，对3个省公司巡察组和16个市公司巡察组实施一体化运作，"大组"和"小组"之间分工明确，各司其职，相互配合，共同编织一张覆盖全公司的巡察监督网。

第二，制定"上下联动"两级巡察组管理流程。一是建立沟通汇报机制，省公司巡察组对市公司巡察组定期开展督导，各市公司巡察组定期向省公司巡察组汇报日常巡察工作。二是构建问题线索管理机制，针对"熟人社会"监督难题，巡察组对重要问题线索做到统一分类处置、统一组织核查、集中审核把关，做到核查清楚、处置妥当，避免巡察组成员个体受到人情因素影响。三是实施统分结合管理机制，在常规巡察方法的基础上，对两级巡察组工作流程进行适当合并和简化，明确3类18项统分结合工作程序。省公司巡察组不断加大对市公司巡察组的指导力度，盘活组内资源，灵活采取"市组结对帮扶""专业对口支援"等方法，形成较强的巡察工作合力。

第三，建立巡察队伍考核激励机制。以聚焦巡察监督职责、全面客观科学为原则，突出发现问题的能力和纪律作风导向，建立巡察工作领导小组、巡察办、巡察组的分级负责考核机制。每批次巡察结束后开展批次考核，年底开展年度考核，巡察工作考核与党风廉政建设责任制、企业负责人业绩考核和个人绩效考核挂钩，并作为个人奖惩、干部任用的重要依据。建立巡察组与被巡察单位"双向评价"机制，在巡察现场工作结束后，由被巡察单位对巡察组纪律作风建设情况进行客观评价，同时各巡察组也对被巡察单位配合工作情况进行评估。通过考核机制促进巡察组积极履职履责，规范行使监督权，避免形式主义和官僚主义。

第四，探索建立巡前调研常态机制。在巡察工作开展前，巡察组需要向组织部、审计部等有关部门了解被巡察党组织领导班子及成员的有关情况，重点了解被巡察单位基本特点和廉洁风险，有针对性地开展巡前调研，制定个性化巡察工作实施方案，做到"带着问题进驻"。采取深入基层一线调研访谈、明察暗访等多种手段，拓宽发现问题渠道，夯实巡察工作的信息基础。

2. 创新构建巡察政治生态"画像"评价体系

政治生态"画像"评价体系是国网安徽电力对于政治生态评价体系的重要探索创新，公司在总结巡察工作经验的基础上，研究制定了《领导班子政治生态和领导干部巡察"画像"操作办法（试行）》，构建"画像"指标体系，将各级党组织领导班子作为主要研判对象，不断提高巡察"画像"工作的精准性。在实际操作中，政治生态"画像"和巡察工作同步开展、紧密结合，把分析研判贯穿巡察全过程，与巡察发现问题相互印证。2019年，两级巡察组共开展"背靠背"画像636人次，其中包括232个市公司班子成员和404个县公司班子人员，重点分析政治生态背后的"病灶病因",推动各级党组织"疏浚"与"扬清"并举,不断净化政治生态。

3. 创新建立"以干代培"巡察干部培养锻炼机制

国网安徽电力注重推动巡察工作与干部培养相结合,探索"以干代培"巡察干部培养锻炼机制。国网安徽电力出台《关于进一步加强公司系统纪检和巡察干部队伍建设的意见》,把巡察工作与干部培养工作有机结合,通过基层推荐、公司考察,将后备干部和优秀青年党员纳入巡察组或巡察办,在巡察实战中鉴定其表现,及时淘汰不合格人员,把巡察工作作为提升干部政治素质、锻炼工作能力的重要平台。2017 年以来,共计 116 名骨干党员参加省公司巡察组工作,其中科级后备干部占比 45.7%,24 名县公司纪委书记参加巡察轮训,200 余名骨干党员参加市公司巡察组工作。经严格培养考验后,公司各级党组织重点培养和任用巡察干部 72 人,巡察工作的干部培养检验"熔炉"作用得到不断发挥。

(二) 主要成效

国网安徽电力的巡察工作体系建设取得了显著的成效,既有助于营造风清气正的政治生态,又推动上级重大决策部署在基层落到实处,同时有效提升企业治理水平,严守纪律红线和法律底线,为企业持续稳定高质量发展创造良好的环境。

1. 进一步压紧压实基层党组织管党治党政治责任

2017~2019 年,省、市公司两级巡察组累计走访调研了 1358 个基层党组织,开展个别谈话 5016 人次,发现问题线索 1005 个,移交立行立改问题 1725 个、问题清单 4768 条。对于核查属实的问题,各级党组织依规依纪严肃处理,对管党治党"宽松软""两个责任"履行不力的基层党组织严肃问责追责,形成了强烈震慑效应。通过开展巡察实现"上位监督"全覆盖,加大责任压力传导力度,进一步压实管党治党"两个责任",培育和增强基层党组织特别是县级供电公司党组织主动担当作为的思想自觉和行动自觉,推动各级单位党组织主要负责人认真落实管党治党第一责任人职责,班子成员进一步落实"一岗双责",纪委进一步履行监督执纪问责的主业主责，共同推动解决管党治党"宽松软"问题，促进全面从严治党向基层延伸落地。

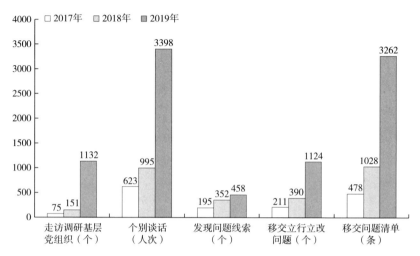

2017~2019 年国网安徽电力巡察督导工作情况

2. 进一步强化上级重大决策部署的贯彻执行

巡察监督起到了积极的警示和引导作用，在推动上级重大决策部署的贯彻执行方面发挥重要作用，有助于营造依法决策和依规执行的浓厚氛围，促进政治生态持续净化，确保上级各项决策部署政令畅通，公司治理取得良好成效。2019 年公司完成固定资产投资 172 亿元；110 千伏及以上线路开工 1554 公里、投产 4025 公里，变电开工 1530 万千伏安、投产 2610 万千伏安；完成售电量 1822 亿千瓦时，增长 8.95%；综合线损率 6.7%，下降 0.24 个百分点；实现营业收入 1077 亿元，增长 4.55%；完成利润 14.95 亿元，资产负债率 63.44%；全员劳动生产率 76.7 万元／（人·年）。2019 年公司在国家电网公司企业负责人业绩考核中位列第 8，在党风廉政建设业绩指标考核中位列第 9。

3. 进一步增强企业风险防控和应对能力

国网安徽电力巡察工作既突出政治性，又与公司中心工作紧密结合，通过加强巡视监督进一步增强企业防范重大风险的能力。国网安徽电力通过围绕"三重一大"、工程建设、物资采购、营销服务和集体企业管理等关键领域，发现和处理了一批治企不严、制度规则意识淡薄的问题，切实维护党纪权威，强化监督执纪问责，形成有力震慑，唤醒了广大干部的纪律意识和规矩意识，"红线"和"底线"意识进一步强化，将大量问题解决在萌芽状态，及时化解和防范重大廉洁风险和企业发展隐患，保障企业和干部政治安全，挽回或避免企业经济损失约965.5万元。

4. 进一步提升企业治理效能和社会评价

通过巡察问题整改，国网安徽电力从制度和管理机制层面加强源头治理，在补齐短板、夯实基础、完善机制中实现管理提升和稳步发展。针对巡察中发现的普遍性问题，被巡察单位制定整改措施4089条，公司本部各相关部门加强协同整改，完善制度或建立问题整改长效机制63项，促进企业治理效能不断提升，也帮助公司获得了良好的社会评价。2019年，公司创新成果《探索构建省级电力企业"纵向到底横向到边"巡察工作格局》获得安徽省企业管理现代化创新成果二等奖。2019年公司参加庆祝新中国成立70周年"伟大历程、辉煌成就"展，媒体报道量效双增，全年央视37次报道（包括4次专题直播和4次《新闻联播》），在新华社通稿、《人民日报》各刊登10篇文章，受到国家能源局、省委、省政府高度肯定和社会各界赞扬，展现了"国家电网"品牌形象，不断提升公司的社会评价。

四 国网安徽电力巡察工作体系创新的经验启示

在巡察制度运行过程中，需要破解"熟人社会"监督难题、巡察形式主义问题、巡察干部队伍建设问题等困境，才能扎实推进巡察工作，充分发挥巡察监督的制度效能。国网安徽电力在巡察工作创新方面的探索实践为破解上述困境提供了一定的借鉴意义。

（一）保障坚强有力的组织领导

国网安徽电力党委高度重视开展巡察工作，主动对标中央巡视工作，把开展巡视巡察作为加强国有企业党的建设的重要举措、依法从严治企的内在要求和加强党内监督的重要方式，以高标准、严要求开展内部巡察。党委书记、董事长亲自过问巡察工作，每批次巡察结束后专门听取巡察情况汇报，召开党委会审议研究，对被巡察单位有关领导班子成员开展巡察专项约谈；纪委书记亲力亲为，周密安排部署各个重要节点，参加每批次巡察动员会、反馈会，确保巡察"发现问题、形成震慑、推动改革、促进发展"作用得到充分发挥。强有力的组织领导为巡察监督工作落实落地提供坚实的保障。

（二）构建科学有效的巡察监督体系

国网安徽电力的"上下联动、两级多维"体系是巡察工作创新的重要探索，1个上级（省公司）巡察组在对市公司巡察或督导的同时，带领 N 个下级（其他市公司）巡察组"清盘式"交叉巡察基层被巡察单位（市公司所辖区县公司），不仅能够通过上下联动，监督推进巡察工作实现全覆盖，而且有助于发挥上级巡察组经验丰富、统领全局的优势，对下级巡察组工作进行全程指导和把控，保障巡察工作高质量开展。同时，还可以通过整合不同市公司的巡察人员，实现巡察组和被巡察单位"人地两疏"，最大限度避免"熟人社会"的"人情困境"，充分发挥巡察监督的制度效能。因此，要构建科学有效的巡察监督体系，发挥上级巡察力量的经验、权威和领导优势，利用下级巡察力量的规模和信息优势，实现上下联动和优势互补，推进巡察全覆盖；同时，要构建交叉巡察模式，实行回避原则，最大限度破解"熟人社会"监督难题。

（三）建立规范化的巡察工作标准和操作指南

制度化程度不高是制约巡察监督有效运作的关键问题，因此推动巡察工作制度化和规范化是实现巡察监督创新的必由之路。国网安徽电力的实践经验表明，首先，要明确巡察工作的战略目标，从党中央政策和国家电网公司的决策部署高度出发，围绕公司改革发展的核心议题设计巡察监督的总体战略。其次，要对巡察工作的环节和流程进行细致的梳理，对巡察工作流程进行整合与优化，保障巡察工作落实、落细、落地，避免巡察工作的形式主义问题。再次，要制定包括规划、规定、指南和标准等在内的制度规范体系，保证巡察工作有法可依、有章可循、有据可查，提高巡察工作的规范化和制度化水平。最后，要建立完善的责任分配和绩效考核机制。制度的有效运行依赖于责任的科学分配和绩效的有效考核，因此需要对巡察组进行系统的履责评估和绩效考核，以激励巡察工作组成员尽心尽力履职履责。实践经验表明，只有实现规范化、制度化和责任化，才能够避免巡察工作的形式主义问题，推动巡察工作有效落实，进而充分发挥巡察利剑作用。

（四）打造素质过硬的巡察干部人才队伍

巡察干部人才队伍是巡察监督工作的主体性力量，是巡察监督有效运行的重要保障，加强巡察监督建设必须加强巡察干部队伍建设。从国网安徽电力的实践中看，建立健全各级巡察干部人才库和"以干代培"的巡察干部培养锻炼机制是重要经验。要调整优化巡察专业人才储备库，持续加强巡察干部人才规范化管理，提升广大干部党员参加巡察工作的积极性和主动性。在传统的干部培训体系之外，通过"以干代培""以老带新"丰富巡察干部培训机制，坚持考核与激励并重，打造一支政治过硬、本领高强的巡察干部队伍，为开展高质量的巡察工作提供坚强支撑。

伊利集团构建反舞弊大数据云管理平台
创新"舞弊病毒"防控[*]

创新简介

　　伊利集团充分运用信息化、大数据、云管理等信息技术，整合集团供应链系统、人力资源系统、云商系统等多个主业务信息系统，构建"反舞弊大数据云管理平台"，对内外部舞弊问题进行实时的识别、评估与防控，并对异常操作及时阻断，通过对反舞弊的常态化、平台化管理以及预防、教育等组合措施，实现了对"舞弊病毒"的有效防控。

　　内蒙古伊利实业集团股份有限公司（以下简称"伊利集团"）作为中国规模最大、产品品类最全的乳制品企业，一直秉承"透明成就好公司"的理念，积极开展公司内部的廉洁文化建设。随着企业的发展壮大，舞弊问题成为公司治理中亟待解决的问题，对舞弊问题的查处、惩治以及对反舞弊的宣传预防变得尤为重要。反舞弊涉及整个集团全员、全流程、上下游合作方等方方面面，为了有效防治"舞弊病毒"的扩散及蔓延，自2017年起，伊利集团通过集团总部项目的立项审批，自主开发搭建了伊利反舞弊大数据云管理平台。这一平台的构建，充分利用了伊利集团在信息化、大数据、云管理等信息科技建设方面的优势，是集团开启反舞弊防控体系信息化建设的里程碑。与此相适应，伊利集团还陆续开展了一系列反舞弊专项行动，倡导全员反腐倡廉，集公司各部门力量，从惩治、预防到教

＊　作者简介：牛朝辉，北京航空航天大学公共管理学院讲师。

育，形成了全方位、全领域、全链条的反舞弊监察体系，打造廉洁伊利。

一 反舞弊大数据平台建设的背景与动因

伊利集团建设反舞弊大数据云管理平台是在伊利集团企业规模不断扩大，从国内市场向全球化拓展进程中，企业出于自身利益考虑，自发开展的创新实践。它建立在原有的审计平台基础上，综合企业的其他主要业务信息平台，使集团防治"舞弊病毒"的能力得到了质的飞跃。具体而言，反舞弊大数据平台建设的背景与动因包括以下三方面。

（一）市场环境不断变化，"舞弊病毒"带来风险隐患

伊利集团是我国规模最大、产品品类最全的乳制品企业，连续多年蝉联亚洲乳业第一，位居全球乳业八强，是我国第一家市值突破2000亿元的乳业股。近几年，企业规模不断壮大：在国内市场上，伊利集团的分支机构遍布全国各地，且能下沉到村级市场；在国际市场上，伊利集团始终坚持"国际化"战略，在亚洲、欧洲、美洲、大洋洲等乳业发达地区构建了一张覆盖全球资源体系、全球创新体系、全球市场体系的骨干大网，员工规模超过6万人。

在集团业务发展过程中，由于市场环境的不断变化，内部舞弊风险不断提高，舞弊问题时有发生，已成为阻碍公司健康发展的一大隐患。一方面，舞弊问题会带来集团经济利益的损失。美国注册舞弊审核师协会（ACFE）发布的《2018年全球舞弊报告》指出，商业组织每年因舞弊所造成的损失，平均占其收入的5%。另一方面，企业的正常经营管理秩序因为舞弊问题而受到威胁，企业的社会形象受到损害。因此，集团对防范和治理舞弊的需求日益迫切。

在项目发起人的访谈中，公司员工提到：

> 伊利集团属于民营企业，经营快消品。在公司不断扩张的过程中，业务的发展和操作具有一定的灵活性，会根据市场的变化而调

整。在员工的聘用上，大量员工通过聘用制、合同制、劳务雇佣等方式加入伊利；在合作方的选取上，硬性的条条框框相对少一些，有一定的灵活性。在实际操作中，无论是在采购、生产、营销等部门，即使是公司的基层员工，在开展业务时，都会有一定的权限。这些环节都存在舞弊风险。这些年出现过员工非法职务侵占，非公受贿，围标串标等事件，对企业健康发展和品牌美誉度产生负面影响。

（二）原有的审计平台不能满足公司业务发展的新要求

伊利集团曾经在 2014 年底根据集团领导的倡导，在审计部专门成立反舞弊监察模块，用于承接集团预防和打击职务犯罪工作。原有的信息化管理平台是目前企事业单位中比较常见的财务审计系统，它主要依托审计项目以及审计内部数据。这种管理平台仅能够实现对历史审计数据的梳理、分析及结果运用，系统平台数据量有限，对审计风险点的识别和分析只能依托基于历史审计数据建立的数据库。

原有的系统存在诸多弊端。首先，该系统的数据量和信息量有限，且不能很好地与企业其他信息系统进行对接；其次，原有的审计信息系统不能适应企业的发展速度，无法与业务发展规模、业务要求进行高准确度、高响应度的对接；此外，企业在发展中遇到较多新变化、新业态，例如，电子商务、新零售、新营销等一系列新生事物，而仅依靠历史审计数据，无法及时地识别、评估及应对新业态中的舞弊风险。

（三）企业构建多个业务信息平台，使实时有效监督成为可能

随着企业规模的扩大，伊利集团在办公的母系统基础上，建立起了财务信息系统、人力资源共享系统、供应链系统、云商系统等多个业务信息平台，各平台记录了集团人、财、物等方面的海量数据。然而不同业务平台此前一直相对独立地运转，形成封闭的内部循环，且各平台之间数据的统计口径存在一定的差异。

为了有效管控整个集团的舞弊风险，就需要将各个分散的平台整合在

一起,打破信息系统屏障,使企业反舞弊管理系统与企业内关键业务信息系统能够实时对接,将企业信息系统数据用于支持反舞弊工作的开展。通过大数据、云计算等技术对数据进行实时监测,分析数据背后隐藏的信息,及时发现舞弊风险。在舞弊行为发生初期就能及时发现并加以管控,从而最大限度地降低舞弊给企业带来的负面影响。

二 反舞弊大数据平台的建立及其防治"舞弊病毒"的机制

"万丈高楼平地起",伊利集团的反舞弊大数据云管理平台的建立也不是一蹴而就的,该项目从 2017 年就开始建设,经过不断地完善、提升,该平台能够从多种机制防治"舞弊病毒"。

(一) 反舞弊大数据云管理平台的建立

伊利集团反舞弊大数据云管理平台的建设始于 2017 年 10 月,该平台整合了伊利集团的多个平台,包括集团供应链系统、人力资源系统、云商系统等多个主业务信息系统平台,这些系统云集了伊利集团人、财、物全链条的关键数据链。平台以"嵌入式"的方式与伊利集团内部的办公信息化母系统相结合。此外,它还与集团投诉举报信息系统、反舞弊预警系统等进行了无缝链接。该平台打破了企业反舞弊管理系统与企业内关键业务信息系统的信息屏障,使系统间可以实时对接,将企业信息系统数据运用到企业反舞弊工作的开展中。

与原有的审计信息系统相比,反舞弊大数据云管理平台增加了多项新功能。该平台能够基于大数据审计的需要,强化异常信息处理流程、重复性舞弊问题处理追踪、历史遗留案件库、利益关系查询、离职人员信息查询及信息管理功能。此外,平台对原有流程表单中的被投诉人分成内部和外部,并将内部被投诉人与 HR 信息相关联。通过对被投诉人历史投诉信息进行数据分析,借助大数据分析筛查手段,平台能够有效协助业务部门在事前实现对舞弊信息的排查预防。

反舞弊大数据云管理平台极大地提高了伊利集团反舞弊工作的及时

性、主动性和实时性。它不仅是集团范围内投诉举报的信息化处理平台，更是集团范围内利益关系排查、异常数据信息接收、预警及处理的平台。该平台还实现了"舞弊病毒"控制的电子化、可视化。平台不再仅仅依靠举报投诉信息作为反舞弊工作开展的重点，而是能够实时地分析伊利集团内部数据的异常，进而发现线索并进行挖掘，实现企业反舞弊工作的前瞻性及高效率。

（二）反舞弊大数据云管理平台防治"舞弊病毒"的机制分析

"舞弊病毒"借鉴了生物学中的概念，由于舞弊问题具有隐蔽性、潜伏性、传染性、破坏性等特征，与生物学中病毒的特征相似，因而借用此概念。舞弊问题的产生与发展规律与病毒有一定的相似性。伊利集团反舞弊大数据云管理平台对于"舞弊病毒"的防治，正是借鉴了生物学中防治病毒的相关理论。具体地，伊利集团反舞弊大数据云管理平台主要可以通过如下机制防治"舞弊病毒"。

1. 实时监控"舞弊病毒"发展情况，抓早抓小

在生物学中，病毒从出生到死亡的全过程存在着生命周期，借鉴此概念，也可以将"舞弊病毒"生成和发展的阶段分为生成期、积聚期和暴发期。在生成期，"舞弊病毒"在日常工作和生活中形成，舞弊行为偶然发生，社会影响较小。在积聚期，"舞弊病毒"在系统或组织内逐步扩散，并向外传播，"舞弊病毒"的负面影响不断加重。在暴发期，"舞弊病毒"逐渐积聚，出现由量变到质变，"舞弊病毒"带来的严重的负面作用，引起媒体及大众的普遍关注，影响相关部门的正面形象和声誉。对于"舞弊病毒"的防治应该"抓早抓小"，在生成期就及时发现苗头性、倾向性问题，并采取措施加以防治。

伊利集团的反舞弊大数据云管理平台整合了企业关于人、财、物等各方面的原始数据，通过计算机技术的应用，将监督嵌入公司各业务运行之中并进行有机融合，将事后监督变为过程监督，将人为监督变为电子监督，将单体监督变为整体监督，实现对公司各业务的实时、全程、自动监控。这有助于在"舞弊病毒"刚刚形成、还未对企业造成危害时加以管控。

2. 识别重点人群、领域及事项，对症下药

舞弊问题可能存在于企业的方方面面，在有限的资源下，反舞弊工作很难做到面面俱到。因此，应根据"舞弊病毒"的来源、形成和发展的阶段，舞弊行为发生概率、危害，涉事人员权力等因素进行评估和排序，优先应对那些舞弊问题集中、危害性大的事项，做到对症下药、有的放矢。

伊利反舞弊大数据云管理平台通过对舞弊问题进行及时的数据分析，可以发现异常信息处理的情况，通过对人、对事、对权的多维度分析，从而实现对投诉举报信息的重点人群、重点领域及重点事项的识别。这有助于伊利集团利用有限的资源，采取有针对性的专项整治措施。伊利集团每年会根据防控舞弊的情况设定年度反舞弊的重点主题，制定每年度的反舞弊管理办法、评估方案以及应对措施方案，并保障实施，对重点领域的舞弊问题进行防控。

3. 切断"舞弊病毒"传播途径，防止"人传人"

切断传播途径是预防和控制病毒传染与扩散的重要手段，通过隔离等手段，将病毒感染者及病毒携带者与易感人群分离，使得易感人群接触不到传染源，就不会被传染。

伊利反舞弊大数据云管理平台系统汇集了集团关于人际联系的各类平台，包括供应链系统、人力资源系统、经销商及供应商信息系统等。平台运用云计算等技术手段对关联系统的数据进行实时排查，分析企业内外部人员的利益关系，能够及时发现企业内外部存在的裙带关系、利益输送等潜在隐患。一旦出现异常信息，即可根据各部门的业务内容，对相关人员进行预警、提醒，并阻断其进一步操作。这有助于企业及时采取措施以消除隐患，建立反舞弊防火墙，杜绝"舞弊病毒""人传人"。

4. 及时分析频发性问题，内防"舞弊病毒"变异

病毒在传播过程中，当环境中的物理、化学等因素发生变化时，可能出现变异，变异后的病毒可能传染性更强、危害性更大。因此，应密切关注病毒的发展情况，实时监控，对于新出现的、频发的问题及时分析并采取应对措施。

伊利反舞弊大数据云管理平台能够对企业内部风险集中、舞弊频发的事项进行排查和梳理，通过机器学习等技术，对不断更新的海量数据进行聚类分析，以发现"舞弊病毒"的新特点、新情况、新形式。此外，该平台还能够分析"舞弊病毒"的影响机制，及时发现风险，针对不同等级的舞弊风险，采取相应的措施整治督办。

由于综合了企业各主要业务平台的数据分析比对，平台可以系统地、整体地、全方位地对企业内部存在的舞弊问题进行精确评估与管控。平台极大地提高了企业对舞弊问题从发现、响应到治理的速度，对存在舞弊问题的漏洞进行第一时间的治理整顿，防止舞弊问题的负面影响扩大。

5. 建立"黑名单制度"，外防"舞弊病毒"输入

作为亚洲最大的乳制品企业，伊利集团的影响力有目共睹，想要与之合作的企业众多。而在业务开展中，伊利集团的员工掌握着大大小小的权力，很容易成为其他企业围猎的对象。鉴于此，伊利集团采取多项措施防止"舞弊病毒"从外部输入。一方面，定期曝光"黑名单"。伊利集团根据大数据云管理平台的数据分析及反舞弊投诉调查结果，对存在重大利益冲突及违规舞弊的内部员工及外部合作方，在公司内网、"阳光伊利"等平台实时曝光舞弊"黑名单"。此外，伊利集团还会通过"反舞弊联盟"和"阳光诚信联盟"等途径，将不合规的企业、员工等进行公示。这一制度对伊利集团的员工、已有的及未来的合作方形成威慑。另一方面，对"黑名单"企业采取严厉措施。伊利集团对于纳入"黑名单"的实体，采取"永不合作，不再接受其提供的任何产品或服务，如违反国家规定，还移交有关机关处理"的措施，坚决杜绝其再对伊利员工的利益诱惑、围猎，损害企业利益。

6. 平台化管理，建立反舞弊免疫屏障

伊利集团将反舞弊相关的业务都汇集到反舞弊大数据云管理平台上，伊利员工可以通过电脑或手机终端对相关业务进行处理，大大提高了管理的效率。具体的举措包括以下两个方面。一方面，集团开展"猎豹行动2.0"计划，优化对舞弊问题的提报流程，各业务系统开展内部自查自纠、推进重复性舞弊问题整治措施。各单位通过"爱数客户端"实现线上提

报,实现了数据自动汇总,大大提升了反舞弊工作人员的工作效率,使他们能集中精力开展实际业务及整改验证等工作,从而实现减负增效。另一方面,投诉调查项目的管理都在反舞弊大数据云管理平台上进行,实现了从投诉信息的录入到调查报告的出具、问题的追踪整改等全流程线上管控。相关伊利员工可以以多层次、多图表的形式查看在办或办结的举报信息情况。平台化管理,打通了调查部门与业务单位、各级管理层的信息共享通道,提高了合力反舞弊能力,真正建立起了"不能腐"反"舞弊病毒"免疫屏障。

7. 常态化管理,让"舞弊病毒"无处遁形

反舞弊工作永远在路上,通过反舞弊大数据云管理平台,伊利集团实现了对舞弊问题的常态化管理、制度化管理。一方面,该平台将异常信息处理数据汇总,形成历史舞弊案件库,并运用大数据分析找到制度漏洞,根据市场形势和公司业务的变化,不断完善内部反舞弊制度建设,以实现"不能腐",将权力关进制度的笼子里;另一方面,反舞弊大数据云管理平台还实现了舞弊信息发布的无纸化、曝光"黑名单"等常态化管理。此外,通过制度修订、管理漏洞及风险整改计划表、频发舞弊问题整改等信息的云管理,让"舞弊病毒"无处遁形。

8. 开展宣传教育,提高反"舞弊病毒"免疫力

面对病毒的入侵,提高自身免疫力,才是防治病毒最根本、最有效的措施。对于防治"舞弊病毒"而言,开展反舞弊宣传教育,提高每一位员工的诚信、廉洁意识,使各级管理人员以及一线员工以身作则、恪尽职守,对舞弊问题保持"零容忍"的高压态势,以实现"不想腐",才是治本之策。伊利集团的反舞弊大数据云管理平台为实现全员反腐倡廉、打造廉洁伊利做出了重大贡献。

平台为反舞弊预防及宣传工作提供了反舞弊预防方面的海量信息及素材,这些素材用于"反舞弊大讲堂"、"反舞弊知识学习周"及"反舞弊线上知识竞赛"等活动。此外,伊利集团还针对业务特点和过往舞弊情况制作大量的反舞弊漫画及短视频,通过伊利报电子版、伊利集团内网、伊利集团内部移动办公平台、微信、办公场所大屏等渠道传播,在伊利集团

内部形成良好的反舞弊预防及宣传功能，使廉洁自律的观念深入人心。这些宣传教育活动，例如"反舞弊知识学习周活动"，能够全方位扩充员工的舞弊防控知识，营造浓厚的学习氛围，对廉政教育工作起到了积极的推动作用。

目前，伊利集团已形成系统化的反舞弊教育体系，与集团现有的人才培养体系相结合，为新晋员工、培训生、潜力后备人才、系统内重点领域人员量身定制，搭建"专属"的反舞弊教育体系。集团针对不同系统、不同人才、不同阶段、不同成长情况的员工实行不同的反舞弊培训课程，打破了传统授课式的培训模式，新颖的现场互动感知式培训，增强了反舞弊教育的可接受性，从而提升每一位员工的反舞弊思想意识。

三 反舞弊大数据平台的成效

反舞弊大数据云管理平台的建设取得了显著的成效，对企业内部，它提高了企业识别和管理舞弊风险的能力，提升了集团整体的业务管控能力；对企业外部，它有助于改善营商环境，并通过多种途径传播先进经验。此外，平台的建设还得到了各界的肯定，为企业赢得了多项奖项。具体包括以下五方面。

（一）提高企业对内外部舞弊问题的识别、评估与防控能力

自反舞弊大数据云管理平台搭建以来，伊利集团以该平台的系统数据分析为基础，利用信息线索查获了多起重特大群体性舞弊案件，减少了企业的损失。平台实现了审计价值在查处舞弊案件方面的最大化，使企业的反舞弊工作从事后调查向事前预防转变。

（二）提升企业各部门的业务管控能力，形成廉洁自律的风气

大数据云管理平台为数字化、信息化反舞弊审计提供了良好的工作业务平台，构建起覆盖全员的全方位、立体化的反舞弊监察体系。该项目在企业内部的运作已起到良好的示范效应，伊利集团的治理环境改善，使得

高度重视廉洁自律，对舞弊问题保持"零容忍"的原则深入每个伊利集团的员工心中。在全体员工的努力下，集团的投诉举报渠道知晓率达到100%，集团公司近几年连续被市检察院评为"无犯罪记录单位"。

（三）通过内外部培训，改善营商环境

近年来，配合伊利集团反舞弊大数据云管理平台的建设，集团公司组织"阳光行动"，针对企业内部员工及现有的合作方开展反舞弊相关培训教育；集团公司还开展"雷霆行动"对营销领域费用使用效率进行专项核查，取得了良好的社会效益。此外，集团公司还在"阳光行动""雷霆行动"等反舞弊专项活动经验基础上，拓展延伸针对产业链合作伙伴的"清风行动"，强化内外部合规意识，遏制违法舞弊行为，有效改善营商环境。

（四）通过多渠道推广经验，赢得业界肯定

伊利企业反舞弊大数据云管理平台的建设及运营已作为企业反舞弊先进创新性的管理经验在内蒙古自治区内审协会、反舞弊联盟、阳光诚信联盟等企业单位得到了很好的传播和推广。此外，伊利集团审计部还积极参加社会团体组织的反舞弊论坛等会议分享相关经验。例如，2019 年 6 月 15日，伊利集团受邀在清华大学廉政与治理研究中心组织的"一带一路"背景下企业廉洁与合规管理研讨会上进行了相关经验的交流与分享，并表示将进一步与其他企业对接，共同探讨反舞弊领域的信息化平台建设，借助大数据、云管理平台手段，将企业反舞弊的价值更大化。各企业单位对伊利集团创新性地运用企业大数据整合平台开展反舞弊工作给予高度评价。

（五）获得多个奖项，得到各界的高度评价

依托反舞弊大数据云管理平台，伊利集团审计部近年来开展"雷霆行动""清风行动"等一系列专项审计，审计成果得到国家行业组织的高度评价及奖项，受到内审协会、企业反舞弊联盟等组织的高度评价。2013年，伊利集团设计部荣获"全国内部审计先进集体"荣誉称号；2014 年 8月，审计署、自治区内审协会相关领导到访，对伊利集团审计业务高度评

价："作为中国乳业的龙头企业，伊利的内审模式已经远远走在很多企业的前面，有不少值得推广的先进经验！"2019 年伊利集团获得企业内部管理创新奖、全国内部审计先进单位、内蒙古自治区内部审计先进单位、反舞弊联盟先进集体、反舞弊先进个人等荣誉。

四　反舞弊大数据云管理平台的创新反思

伊利集团反舞弊大数据云管理平台的建设是企业出于自身利益考虑而进行的探索，其经验对于未来利用信息技术治理腐败问题提供了很好的参考。该项目的成功，一方面得益于伊利集团始终坚持公开透明和信息披露；另一方面，也得益于企业完善的信息系统建设。此外，积极协调各部门，打破信息壁垒，也是重要因素。

（一）阳光是最好的防腐剂

根据"委托—代理理论"，在信息不对称情况下，委托人雇用代理人为其服务，授予代理人一定的执行权力，并根据其提供的服务数量和质量对其支付相应的报酬。由于代理人比委托人掌握更多的信息，且双方利益不一致，从而代理人有条件获得更多的私人利益，而造成委托人的损失。

舞弊行为具有隐蔽性，因此，加强信息公开、建立良好的沟通机制很有必要。建立规范化、法制化、正规化的信息公开制度，就能有效解决"信息不对称"问题，使各利益相关方掌握充分信息，实现有效监督。

伊利集团的反舞弊大数据云管理平台，始终坚持对舞弊信息的披露。对内部，集团会将涉嫌舞弊的员工、合作方及事项通过公司内网向相关员工曝光。对外部，集团会通过伊利官网上的"阳光伊利"向社会各界公开反舞弊工作，接受全社会的监督。这一平台包括阳光制度、阳光头条、阳光举报平台 3 个组成部分。伊利此举树立了诚信经营的榜样，有助于带动所有合作伙伴乃至整个产业链共同参与，推进清廉建设，塑造透明、清廉的营商环境。这也使得企业把资源用在创新和管理上，形成真正的企业文化和核心竞争力。

（二）完善的信息系统建设是大数据反腐的必要条件

伊利反舞弊大数据云管理平台建立在企业健全的基础信息系统之上，需要企业基础管理信息系统平台数据作为基础数据。只有积累了庞大的数据量，才能实现对舞弊问题的精准定位、评估及防控。

伊利集团早在1996年就已经打破传统管理模式，迈出了信息化建设的步伐，引进国际领先的MRPⅡ（生产资源计划）系统，极大地提高了生产计划的准确性。随后，在集团发展壮大的过程中，伊利不断跟随时代创新，逐渐完善信息化布局，在2009年全面启动实验室信息管理系统、人力资源管理系统、商业智能（BI）、原奶管理系统等四大系统项目。伊利集团还与尼尔森、凯度、英敏特等权威机构进行大数据合作，搭建了覆盖430个数据源、有效数据量级达到全网90%以上的大数据雷达平台。

伊利反舞弊大数据云管理平台将集团现有的财务系统、供应链系统、人力资源系统、云商系统等多个主业务信息系统进行系统接口，实时对系统进行比对分析，覆盖伊利的几万员工，每天以数以亿计的数据量在跑，集团一旦出现利益冲突、舞弊等行为，反舞弊大数据云管理平台可以立即弹出异常信息提示。

由此可见，完善的信息系统以及互联网、大数据、云计算、物联网等信息技术的熟练应用，是搭建反舞弊大数据云管理平台的必要条件，这为未来的腐败治理提供了很好的借鉴。

（三）打破"数据孤岛"，才能打通大数据反腐的"任督二脉"

反舞弊大数据云管理平台的建设需要将分布于不同部门的零散的信息资源进行整合，将企业内部信息系统，例如，供应链系统、人力资源系统、云商系统等主系统的信息共享与对接。然而上述系统作为企业主业务系统，掌握着企业产供销的全流程数据，数据保密性要求极高。此前各系统相对封闭地运行，数据统计口径存在一定差异。因此，如何打破"数据孤岛"，以实现信息数据的无缝对接，是亟待解决的问题。此外，该平台是一种创新的数据分析预警平台，无法利用现有的第三方信息系统开发工具进行开发，需要打破固有思维，创新性地建设新系统。

为了解决上述问题，伊利集团做出了如下努力。

第一，企业管理层的高度认可与支持。伊利集团的管理层一直非常重视审计内控及风险防控的工作。对于此次反舞弊大数据云管理平台的建设，企业的管理层给予大力支持，协助打通企业内部各信息系统间的数据壁垒及屏障。这也是此项目得以顺利开展的前提条件。

第二，项目主推部门的协调推进。在反舞弊大数据云管理平台的建设中，项目的主推部门审计部在协调各部门推进项目方面做出了大量的工作。在具体操作上，首先，审计部在集团内部要与信息科技中心、公司领导层进行多轮次的沟通交流以获取项目的立项实施。其次，针对信息系统的开发，审计部与信息系统开发人员进行详细沟通。如何开发系统，需要哪些关键要素等问题是项目建设的难点。审计人员将要实现的结果设想与系统开发人员进行沟通。在沟通过程中，审计人员对系统搭建不熟悉，而系统搭建人员熟悉；对于所要实现的业务场景，双方在理解上存在偏差；双方存在知识结构不对称、数据理解不对称、实现路径思路不统一等问题。为解决这些问题，审计部成立了专门的项目组，对各方的职责进行明确并建立了倒排期制度，加强了对关键节点时间的管控，从而提高了效率，保证了平台建设在半年时间内顺利完成。

此外，反舞弊大数据云管理平台的不断完善。在主体框架建设完成并上线运行后，原有线下业务流程与线上流程仍存在不相适应，如系统集成太多，数据分析导出慢、流程节点多等现象。通过对系统的不断优化，对逻辑关系的不断梳理，减少不必要的数据加工环节，从而提高了效率，保障了系统平台的不断优化和创新功能的开发。

审计部以利益关系梳理作为切入点，将内部人员与各合作方（供应商、经销商、第三方合作方等）的信息进行了归集，并利用数据分析机器人实现信息的自动排查，通过开展专项调查实现了各系统间档案信息的集成共享，通过项目成效进一步拓宽了信息共享的领域，从而以点带面地实现全面数据的共享。

京东：民营企业廉洁治理的探索与创新[*]

创新简介

京东集团作为民营企业的代表，顺应国家治理现代化的现实需要，勇担新时代反腐重任，在廉洁治理方面进行了有益探索，形成了以科技手段为依托、内部制度创新和外部行业共治相结合的创新治理模式，在推动企业内部管理变革的同时，实现了多元主体参与，获得了社会广泛支持与认可。

党的十八大报告指出："反腐倡廉是全社会的责任，政府有责、国有企业有责，民营企业同样也不能置身其外。"京东集团作为民营企业的代表，顺应国家治理现代化的现实需要，勇担新时代反腐重任，在廉洁治理方面进行了有益探索，形成了以科技手段为依托，内部制度创新和外部行业共治相结合的创新治理模式，在推动企业内部管理变革的同时，实现了多元主体参与，获得了社会广泛支持与认可。

一 京东集团廉洁治理的创新背景

保持企业廉洁、高效运转，是谋求企业长远发展的内在要求。京东集团致力于营造公平、公正、阳光透明的营商环境，廉洁治理是京东集团结合自身需要和时代要求进行的探索实践，有其特定的背景因素。

---

* 作者简介：李莉，中国政法大学政治与公共管理学院副教授；李宁卉，中国政法大学国家监察学硕士研究生。

（一）诚信经营的企业价值观

京东集团是中国收入规模较大的互联网企业之一。2016 年 7 月，京东集团入榜 2016 年《财富》全球 500 强，成为当时中国唯一入选的互联网企业。京东集团致力于成为一家为社会创造最大价值的公司。京东集团的主要业务涉及电商、金融和物流，经过 13 年砥砺前行，京东集团在商业领域一次又一次突破创新，获得了跨越式发展。

京东集团一直秉承"诚信经营、正道成功"的经营理念，致力于为合作伙伴营造公平、公正、阳光透明的营商环境和职业发展通道，为顾客创造价值和品质生活是其持续努力的方向，将假货和腐败视为永远的死敌，诚信是京东集团的立足之本，是京东集团的基因，为了企业健康、长远发展，就必须保持员工清正廉洁、恪尽职守的工作作风。"诚信经营、正道成功"的企业价值观是京东集团廉洁治理的重要基础。

（二）廉洁创新文化发展需要

当今的市场竞争日趋激烈，在企业全球化的过程中，保持企业的可持续发展，廉洁文化是基石。面对各国法律环境和文化的差异性、业务模式的变化，只有持续对公司廉洁治理方面进行创新实践才能积极应对企业发展的需要，才能保障公司的业务持续开展。

京东集团坚持"只做第一"和创新的企业文化，鼓励员工主动创新实践。对于廉洁治理方面，廉洁文化是土壤，管理者重视是保障，员工和合作伙伴的积极参与是关键，创新是可持续发展的推动力。坚持廉洁创新文化是保证企业可持续发展的必要条件和内在要求。

（三）互联网零售行业成为反腐重要阵地

中国的网络零售行业对拉动内需和消费升级做出了越来越多的贡献。国家统计局数据显示，2019 年 1～11 月，中国社会消费品零售总额达到372872 亿元，同比增长 8.0%；全国网上零售额达到 94958 亿元，同比增长 16.6%。随着中国的网络零售行业对拉动内需和消费升级的贡献日益突出，互联网公司滋生腐败的风险也日益凸显，由于互联网行业自身的特性，其内部腐败行为隐蔽性有别于传统公司，呈现出多元化和复杂化的趋势，反腐形势愈发严峻。

国际货币基金组织（IMF）报告，贿赂和腐败每年消耗世界经济高达2万亿美元，每年因贪污消耗的金钱占全球国民生产总值（GDP）的2%；零售行业高速发展，由于零售行业上下游的采销关系，供应商给予采销人员回扣、返点等贪腐方式占商品成本5%左右，而且手法隐蔽、方法多样，甚至采取内外勾结的方式，成为零售行业共同的痛点。腐败问题长期困扰国内互联网零售行业，该领域成为反腐重要阵地之一，京东集团廉洁治理的创新探索顺应时代发展要求和现实需要。

党的十八大以来，党中央着眼于新的形势任务，把反腐败斗争提升到国家战略的高度，为民营企业廉洁治理提供了良好的政治生态优势。十八大以来，我国的社会环境大变革，民营企业合作伙伴也越来越认同和理解"亲""清"政商关系构建的重要意义，社会环境给了京东集团廉洁治理的探索和创新最好的生长土壤。

二 廉洁治理的主要内容

京东集团一直秉承"诚信经营、正道成功"的经营理念，作为互联网零售行业的领军代表，积极顺应新时代国家治理现代化的现实需要，将自身发展战略重心从外部业务扩张逐渐转向内部管理完善，勇于创新，在廉洁治理方面进行了有益探索，致力于探索可复制可推广的民营企业廉洁治理"新"经验。其主要做法包括以下三个方面。

（一）内部廉洁治理的制度创新

1. 建章立制，筑牢"清廉防线"

企业反腐，制度先行。为了鼓励供应商及其他合作伙伴、京东集团员工参与到京东集团诚信经营的监督体系中，2016年11月京东集团制定并发布了《京东集团举报人保护和奖励制度》，每年特设1000万元奖励基金，鼓励员工和合作伙伴积极举报腐败和职务犯罪等违规行为，并加强对举报人的保护，从治理上力求达到"人人反腐"的效果，使员工"不敢受贿"。

为进一步鼓励员工拒绝商业贿赂，营造诚信廉洁的商业氛围，公司对在拒收商业贿赂方面有出色表现的员工进行奖励，于 2017 年 3 月制定了《京东集团廉洁奖励试行办法》，规定对于员工拒收现金类的商业贿赂行为，经查实后奖励拒收商业贿赂金额的 50%，对于行贿者按照《反商业贿赂协议》进行处理，使供应商和合作伙伴不敢行贿，从而达到从源头上让行贿的行为得到有效控制。同时，通过奖励的方式对员工做正确事情给予特别认可，鼓励员工拒收贿赂。

《京东集团举报人保护和奖励制度》和《京东集团廉洁奖励试行办法》两者相辅相成，让企图行贿者不敢送，让企图受贿者不敢收，是京东集团在反腐实践和廉洁治理制度建设上的一个新的探索。

2. 实名公布违规案例，廉洁警钟长鸣

企业内部腐败案例一般包括职务侵占、商业受贿、虚报会议费用、占据推广费等，同时，互联网行业还存在其特有的腐败行为，例如，为商家刷单、篡改搜索排名、与外部人员勾结收费删帖、泄露个人信息等。针对企业内部的腐败违法案例，京东集团打破原有企业"家丑不外扬"的传统，主动发布公告晒出反腐成绩，体现反腐决心。

2016 年 10 月 26 日，京东集团通过内部网站和廉洁京东集团微信公众号发布了一则《反腐内部公告》，将查处的 10 起内部腐败案件集中进行实名公布。这些内部腐败事件，有多起是京东集团内部的运营人员勾结商家，收受商家贿赂，并帮助商家上线促销活动、给予商家资源倾斜或违规帮助商家入驻京东集团平台的案例。京东集团对涉事员工和供应商进行了移交司法机关或辞退的严肃处理。京东集团针对任何腐败事件涉及的人员均会在公司内外进行实名公告，查处一起公告一起，对于违法违规商家，京东集团将永久终止与其合作。此外，京东集团组织全体员工认真学习违法违规案例，汲取经验教训，此举意在传递内部反腐警钟长鸣的信号，防微杜渐，构筑"不敢腐败"的惩处震慑防线，体现京东集团坚决打击腐败的决心。

3. 开放失信名单查询，共营廉洁风气

2017 年 5 月 4 日，廉洁京东集团网站新增"失信名单查询"功能并对外开放查询通道，在京东集团任职期间因腐败问题而被解聘的员工，以及与京东集团合作期间通过不正当手段谋取利益的商家都会被记入其中。查询者进入"失信名单查询"页面后，可通过输入企业名称、社会统一信用代码或者人员身份证号码进行相关查询。此举旨在限制腐败者生存空间，让腐败者无处可逃，有效震慑腐败行为，提高廉洁意识和自觉抵制腐败行为的能力，促进廉洁自律的清廉风气。

（二）外部廉洁行业共治：阳光诚信联盟

在完善内部制度的基础上，京东集团重视加强与外部行业在廉洁治理方面的交流与合作。2017 年 2 月 24 日，由京东集团倡议，联合腾讯、百度、沃尔玛中国、宝洁、联想、美的、小米、美团、唯品会、李宁、永辉等知名企业以及中国人民大学刑事法律科学研究中心共同发起的"阳光诚信联盟"正式成立。该联盟旨在通过互联网共同构筑反腐败、反欺诈、反假冒伪劣、打击信息安全犯罪的安全长城，共同提升联盟成员内控部门的履职能力和员工的职业道德建设，共同打造诚信经营、放心消费的商业环境，引领中国商业文明发展，打造阳光、透明的商业环境。截至目前，联盟成员单位已达 160 多家，企业员工规模高达百万人，覆盖面极广，基本涵盖了主流互联网公司。

阳光诚信联盟成员企业的员工，一旦因贪腐被辞退，黑档案将永远跟随他们，而其求职几乎绕不开"阳光诚信联盟"成员企业，求职处处碰壁，这对他们无异于致命打击，很难继续待在互联网圈，极大程度上加大了腐败成本。不过，对于成员企业来说，其将大受裨益，只有开放、联合、共治，才能高效合理应对在诚信经营、腐败预防等领域的挑战。成立阳光诚信联盟，行业协力共筑反腐长城，打造反腐生态圈，对于共同建设阳光、透明的商业环境具有重要意义。

（三）廉洁治理的技术依托：科技反腐

京东集团是一家以技术为成长驱动的公司，从成立伊始，就投入大量资源开发完善可靠、能够不断升级、以应用服务为核心的自有技术平台，从而驱动电商、金融、物流等各类业务成长。基于此，京东集团充分利用京东集团内部大数据和京东集团云的技术优势，进行反腐败工作，目前在案件管理、数据异常监控、腐败案件调查方面取得良好的效果。

首先，京东集团的案件管理系统针对案件全流程进行管理，包括立案、分配、管理、结案以及分析统计等功能，实现了案件管理过程的数据化、可视化、可追溯。其次，京东集团建立了业务异常监控模型，通过大数据及实时计算技术，将异常业务进行分析及定位，并通知相应调查人员进一步核实异常，大大提升了公司防范和处置风险的能力。最后，公司自主研发了一套案件调查系统，该系统结合调查人员经验、大数据、实时计算的能力，让调查工作变得简单、高效。基于实时计算技术，对于简单常规的调查案件，调查人员仅需输入调查线索，系统就会自动输出标准的调查模板和结果；较为复杂的案件，系统会提供数据分析支持，大大提升了调查人员的工作效率。

三　廉洁治理的创新亮点

京东集团在腐败治理方面的创新实践，以解决问题为出发点，在反腐败三大策略"不想、不敢、不能"方面进行有效实践，以科技手段为依托，实现内部制度创新和外部行业共治相结合的创新治理。京东集团的廉洁治理的创新亮点，主要包括以下四个方面。

（一）内部奖惩制度创新

奖惩并重是当前人才管理的一个重要手段，也是廉洁治理的有效手段。京东集团在内部奖惩制度创新方面进行了有益尝试。

首先，京东集团实行廉洁奖励办法。对于员工拒收现金类的商业贿赂行为，经查实后奖励其拒收商业贿赂金额的50%，奖励金额高；对于拒收商业贿赂的员工，公司将给予其升职和加薪优先考量。同时，对于员工的拒收贿赂行为及时奖励表彰，树立正面典型，发挥榜样作用，极大提高了员工参与廉洁治理的积极性和创造性。

其次，针对失信人员和失信企业失信成本过低的情况，京东集团在惩治方面进行了大胆的创新。对于涉及腐败的人员和企业，不仅会实行内部实名通报，而且会通过廉洁京东集团微信号和廉洁京东集团网站对社会进行实名公布。同时，京东集团向社会开放廉洁京东集团网站失信名单查询系统，进一步与社会联动，做好腐败群防群治的工作。

（二）内部监督制度创新

内部监督重在完善内部举报人制度，它对于弥补企业监管盲区具有重要作用。

京东集团鼓励并奖励举报行为，同时创新举报人保护制度，让举报人举报无后顾之忧，提高举报的积极性。首先，京东集团给予供应商举报"豁免权"，即无论主动还是被动向京东集团员工及其关联人员提供不正当利益，如果主动向京东集团说明情况，不仅继续保持合作，同时对供应商违规责任不予追究，免于处罚；其次，对于举报的个人和合作伙伴给予5000元为起点的奖励，涉及刑事案件是5万元为起点，最高奖励1000万元。截至目前，最高一笔奖励金额高达50万元。同时，做好保密和举报人保护工作，在受理、登记、保管、调查等各个环节，对举报人的个人信息及举报人提供的所有举报资料严格保密。针对实名举报，京东集团专门设置秘密的"特别保护名单"，由京东集团内控合规部专人管理，其他个人和部门均无权接触。管理"特别保护名单"的人员负责处理"特别保护名单"里人员的沟通、培训、奖励和保护等事务。"特别保护名单"的管理人员均为经过严格挑选的、受过特别训练的专业人士，切实做到严格保密。

（三）外部行业共治创新

京东集团在行业共治方面采取了一系列措施，旨在搭建信息共享平台，编织反腐巨网，同时加强行业交流，提高行业整体反腐治理水平，这是未来发展的重要方向。

首先，京东集团成立阳光诚信联盟，建立失信名单共享系统，实现失信员工和失信供应商名单的共享。提高失信员工的成本，加强行业自律。联盟内有多家成员反馈，通过失信名单共享系统查询已经拒绝录用失信相关的人员和劝退了几名在职的失信人员，其中有一名还是某社交电商部门负责人。

其次，组织专家团队和专业论坛。联盟聘请中国人民大学法学院刑事法律科学研究中心为顾问单位，聘请时延安、何家弘等法学专家并组成联盟专家顾问团队，定期组织专业主题和国际交流论坛，提供国内和国外行业与专家、企业代表的交流平台。2018 年 1 月，中英协会召开《公司治理与反腐败研讨会》，阳光诚信联盟成员单位京东集团、美团、滴滴等 5 家企业成员受邀参加了会议，中英两国学者和企业代表进行主题的沟通和交流。

最后，创建联盟阳光学堂项目。线上共享行业腐败治理的资源库，线下组织开展免费的腐败治理的训练营，为同行业赋能，提升行业反腐败治理的水平。同时，联盟组织和开展香港廉政公署的游学项目，定期为联盟成员提供向标杆学习和交流的机会。

（四）科技反腐技术创新

随着腐败行为越来越复杂化、隐蔽化、智能化，相应的廉洁治理与反腐方式也必须与时俱进。现代科技手段具有公开性、公平性、程序性、严密性等特点，这些特点与廉洁治理相结合，融入企业反腐的各环节，不仅能最大限度保证工作过程及其结果的公平公正，还能够通过严密的程序设置，提高工作质量和效率，在规范权力运行、预防腐败方面发挥出强大效力。京东集团通过大数据、云计算的运用，在案件管理、数据异常监控、腐败案件调查方面取得良好的效果，让调查工作变得简单、高效，有效提升腐败调查的效能，实现了案件管理过程的数据化、可视化和可追溯，有效提升了公司防范和处置风险的能力，显著提高了监督和办案效率，强化了制度执行能力。

四　京东集团廉洁治理的工作成效

京东集团在发展进程中不忘廉洁初心，秉承"诚信经营、正道成功"的经营理念，积极探索廉洁治理创新实践，紧跟新时代党和国家反腐浪潮，积极推动企业内部管理变革，充分调动社会力量参与廉洁治理的积极性，构建行业廉洁治理共同体，发挥廉洁治理社会"正"效应，获得社会各界的广泛支持与认可，产生了广泛的社会效应，是新时代民营企业廉洁治理创新的一次有益探索。

（一）调动社会力量参与廉洁治理的积极性

京东集团充分调动供应商和企业员工共同参与廉洁治理的积极性，形成企业内外反腐合力，大力提高廉洁治理成效。

首先，京东集团积极调动供应商参与廉洁治理的积极性。京东集团通过线上供应商沟通系统（商家论坛、VC 和金钢系统）、播放供应商宣传视频和发放供应商"廉洁京东"宣传手册等多渠道触达的方式，让供应商及时了解京东集团的廉洁文化和制度；通过组织供应商大会现场分享公司廉洁文化和制度，有效提升了供应商对于廉洁的重视度和参与度。《京东集团举报人保护和奖励制度》颁布后，公司对多个实名举报的供应商进行奖励，最高一笔奖励为 50 万元，实名投诉量显著增加，投诉质量大幅提升，有效提升了供应商参与公司腐败治理的积极性。

其次，京东集团得到企业内部员工的参与和支持，并获得广泛好评。《京东集团廉洁奖励试行办法》颁布后，有近百名员工由于拒收贿赂得到相应的奖励，在员工中间传递正能量，净化了商业环境。通过廉洁京东集团微信号和内部系统宣传员工拒收贿赂的事迹，员工在微信公众号和员工论坛评论区表达了正面、积极的评价，廉洁文化已经深入人心，取得良好成效。

（二）构建行业廉洁治理共同体

2017 年 2 月，京东集团联合腾讯、百度、沃尔玛中国等十余家各行业领军企业成立了"阳光诚信联盟",第一批引入网易、新浪微博、今日头条、PINTEC（品钛）集团、小狗电器、微贷网等6家具有强烈社会责任感的企业,搜狐、聚美优品等十余家各领域知名企业后来陆续提交申请加入联盟。目前成员单位已有160多家,企业员工规模高达百万人。

联盟的成立旨在从公司治理的角度出发预防腐败、打击腐败,推动社会的商业信用体系建设。为提高联盟廉洁治理和反腐积极性,京东集团带头实施创新项目并及时分享和宣传联盟创新成果。阳光诚信联盟作为行业廉洁治理共同体,协力共筑反腐长城,打造反腐生态圈,共同提升行业廉洁治理的水平,共同营造稳定、公平、透明的营商环境。

具体来说,通过建立共享失信名单,在发现重大违规腐败事件之后,联盟成员会在不诚信名单记录系统中公布不诚信者姓名、有效身份证号及违规案件细节。联盟成员单位可以通过联盟官方网站的共享查询,核对当事人信息,第一时间了解所聘人员案底,减少可能造成的损失,大大增加了员工腐败成本,起到事前预防作用。此外,共享失信名单不仅能实现事前预防腐败行为发生,同时还能协助联盟企业进行腐败案件调查,为当事公司积聚调查资源,共享协查信息,发挥威慑作用,让内部员工更具廉正诚信品质,发挥惩前毖后的功用,形成行业共治合力。

（三）发挥廉洁治理社会"正"效应

京东集团作为发展成熟的互联网领军民营企业代表,着眼于企业内部管理变革,坚持高调正风反腐,获得了社会的广泛赞誉和认可,京东集团的廉洁治理创新实践在全社会发挥了模范先锋作用和正面宣传效应。

2017年6月,京东集团荣获由中国商业联合会颁发的2016~2017年商业行业反腐败模范单位奖;《中国纪检监察报》发表《民营企业加入反腐阵营值得赞赏》和《正风反腐,也是对世道人心的校准》的文章,肯定京东集团廉洁创新实践的做法,倡导鼓励社会各界人士参与反腐工作;2017年8月,作为反腐倡廉优秀企业的代表,刘强东先生应《中国纪检监察报》邀请,发表题为《正风反腐,让正气回归》的文章,向社会介绍京东集团正道成功经营理念和廉洁创新的实践;2018年9月28日,在中国社会科学院中国廉政研究中心主办的《反腐倡廉蓝皮书：中国反腐倡廉建设报告（2018）》发布会上，京东集团在反腐败上的创新实践，被写入2018年的《反腐倡廉蓝皮书》，这也是国内首家民营企业的反腐败经验入选。京东集团的廉洁治理创新实践充分发挥社会正面宣传效应，成为值得广大民营企业学习借鉴的先行经验。

五　前景展望

京东集团廉洁治理的探索与创新，具有良好的可持续性。京东集团带头树起民营企业反腐败、廉洁治理创新的旗帜，成立阳光诚信联盟，对于促进行业生态的净化具有重要意义。

在内部廉洁治理的制度创新方面，京东集团秉承"诚信经营、正道成功"的经营理念，通过建章立制，实现奖惩制度创新，积极鼓励员工举报腐败行为和拒收贿赂行为，充分调动社会力量参与廉洁治理的积极性，营造诚信廉洁的商业氛围；通过实名公布违规案例和开放失信名单查询，构筑"不敢腐"的惩处震慑防线，有效震慑腐败行为，形成廉洁自律的清廉风气。

在外部行业共治方面，京东集团打破传统的依靠民营企业自身内控合规举措反腐模式，充分吸收社会力量，实现多元主体参与，构建以反腐败为核心的行业共治组织，充分体现出其应用联合力量治理腐败的创新优势。

总的来说，京东集团充分利用自身优势，在诚信经营的企业价值观指导下，运用现代化信息技术手段，为民营企业内外廉洁治理创新提供技术保障。京东集团以科技手段为依托，构建内部制度创新和外部行业共治相结合的创新治理模式，具有较强的可持续性和可复制性。同时，通过加强宣传，京东集团已经在相当范围内实现诚信廉洁和开拓创新理念的扩散，获得了社会的广泛赞誉和认可，京东集团在廉洁治理方面的探索和创新实践具有深远的意义，为民营企业的廉洁探索提供了范本，在全社会发挥了模范先锋作用和正面宣传效应，呈现出良好发展前景。

六 民营企业廉洁治理的进一步思考

(一) 廉洁文化是民营企业廉洁治理的内生动力

廉洁是促进企业健康发展的"隐形资产",建设清廉企业已经成为民营企业的价值追求。以德润心,以文化人,清廉企业建设离不开廉洁文化的积极宣传。对于廉洁治理方面,廉洁文化是土壤,坚持廉洁创新文化是保证企业可持续发展的必要条件和内在要求。从企业自身发展来说,加强企业廉洁文化建设,有助于减少不必要的资源支出,从而确保既有资源的合理利用,还可以有效保障企业员工的合法权益,从而有助于实现企业经营效益的最大化,最终促进企业的全面进步与发展。

在廉洁文化的推广和宣传上,京东集团建立了以"廉洁京东"为主线的廉洁文化宣传体系。2016 年 1 月,公司推出了"廉洁京东"微信公众号,经过 2 年多努力,目前"廉洁京东"微信公众号关注量已经超过 14 万,该微信公众号不仅让内部员工广泛关注,还对供应商及合作伙伴进行高度覆盖,对内对外及时传递公司反腐最新动态、颁布公司最新制度、展示宣教多元化工作,让大家深刻体会到京东集团诚信文化,将"诚信经营、正道成功"的发展理念贯穿企业发展全过程,推动以廉洁从业为核心的廉洁理念深入人心,形成广泛共识,对于加强自律意识、提高自觉抵制腐败能力具有重要意义,最终实现从源头上预防企业腐败行为的产生,达到治本的目的。

(二) 制度化是民营企业廉洁治理的前提保障

民营企业的廉洁治理不能仅仅依靠短期突击,更应立足长远,将其融入企业日常管理中,形成常态化手段,才能使企业内部的廉洁治理效果持续发挥。制度建设是企业廉洁治理的前提保障,新形势下民营企业廉洁治理需要在管理制度、监督机制等方面加大力度。京东集团在这方面明确建章立制,为集团内部廉洁治理奠定制度基础。

（三）行业共治是民营企业廉洁治理的发展方向

从民营企业自身腐败特点及反腐败实践来看，单纯依靠民营企业自身的力量并不能实现私营领域廉洁治理效益的最大化。民营企业的反腐败和廉洁治理并不是一蹴而就的，无论是以政府为主体的传统治理模式还是民营企业内部的内控合规举措都不能最大化遏制民营企业腐败蔓延。从理论上来说，治理理论是民营企业行业共治的重要理论基础。俞可平先生从政治学的角度出发，指出治理是公共权威为实现公共利益而进行的管理活动和管理过程，其本质意义就是国家（政府）之外的力量与国家共享权力的过程，它主要通过多元、合作、协商、伙伴关系及其他合作方式等开展活动。① 治理理论强调治理主体多元化及治理主体间协商合作，被认为是现代国家治理的良方。

在理论和实践基础上，以京东集团倡议发起的、以反腐败为核心的行业共治组织——阳光诚信联盟体现出其应用联合力量治理腐败的优势，通过联盟内失信名单共享系统威慑腐败者，一旦联盟成员企业内的员工因贪腐被辞退，黑档案如影随形，在圈内求职就会处处碰壁，这极大提高了腐败成本，挤压了腐败者生存空间，让腐败者无处可逃，有效规避单一企业反腐所存在的制约缺憾。这也是我国民营企业在廉洁治理方面迈出创新性的第一步，也是未来的重要发展方向。

（四）技术手段是民营企业廉洁治理的重要依托

随着经济快速发展，以互联网为核心的现代信息技术的发展成为不可抵挡的大趋势和潮流。信息化正深刻地改变着政治、经济和社会生活，新时代的腐败呈现隐蔽化、多元化、智能化、复杂化的趋势，民营企业廉洁治理离不开技术手段的支持。

在运用现代信息技术提升民营企业廉洁治理水平的过程中，应当注重

---

① 张磊、罗思洁、于洋航：《关于治理理论的研究综述》，《长春教育学院学报》2013 年第14 期。

"制度＋科技"的廉洁治理创新，借用信息技术手段，推动制度体系有效落实，促进制度的科学性与制度执行力有机统一，最终实现有效制约权力的目的。

京东集团充分利用信息化手段推动廉洁治理，通过大数据、云计算的运用，在案件管理、数据异常监控系统、腐败案件调查方面取得良好的效果。信息技术手段的应用让调查工作变得简单、高效，有效提升腐败调查的效能，实现了案件管理过程的数据化、可视化和可追溯，有效提升了企业防范和处置风险的能力。此外，依托互联网、大数据等技术手段能够实现资源共享，阳光诚信联盟建立失信名单共享系统，与企业人力资源系统对接，有效提升了企业识别失信人员的效率，提高员工腐败成本，也为廉洁自律的员工提供一个更加公平、透明的职业发展环境。大数据、云计算等信息技术手段为民营企业廉洁治理提供支持，成为民营企业一大反腐利剑。

社 会 组 织 篇

打造跨界融合共建的纪检监察教研一体化平台[*]

创新简介

　　四川省攀枝花市纪委监委联合全国公开发行的反腐败期刊《廉政瞭望》杂志社、攀枝花学院共同打造纪检监察教研一体化平台——攀枝花纪检监察学院，逐步成为廉洁理论研究、廉洁文化传播、廉洁精神传承、培养基层专业化纪检监察人才的重要阵地，为深入推进党风廉政建设、推动新时代纪检监察工作高质量发展提供了坚实支撑。

　　纪检监察干部处在全面从严治党、正风肃纪反腐的第一线，是推进全面从严治党、开展反腐败斗争的主力军。只有全面建设一支理论水平高、综合能力强、专业知识扎实的纪检监察队伍，才能从根本上保证纪检监察工作的有效性、专业性和规范性，从根本上巩固与扩大反腐败斗争取得的阶段性成果。2018 年 11 月 26 日，攀枝花正式挂牌成立了纪检监察学院，是全国地市（州）级第一家，也是四川省首家集干部党性教育、业务培训、素质培养于一体的纪检监察学院，在提升腐败治理效能方面进行了一系列实践探索。

一　纪检监察教研一体化平台建设的背景

　　党的十九大做出深化国家监察体制改革的重大战略部署，要求组建国

---

* 　作者简介：秦萌，清华大学公共管理硕士，现就职于山东省济宁市人民政府外事办公室。

家、省、市、县监察委员会，同党的纪律检查机关合署办公，实现对所有行使公权力的公职人员监察全覆盖。监察体制改革以来，各级各部门坚决落实党中央决策部署，整合反腐败力量，建立起党领导下的国家反腐败机构。各级纪委监委全部实现合署办公，一体履行纪检、监察两项职能，实现机构、职能、人员全面融合和战略性重塑，促进了新时代纪检监察工作整体性提升。随着国家监察体制改革进入新阶段，纪委监委如何全面履行纪检、监察两项职责，切实把制度优势转化为治理效能，是提升改革质量的关键所在和紧迫任务。当前，反腐败斗争虽然取得压倒性胜利，但还没有彻底胜利，反腐败斗争形势依然严峻复杂，"零容忍"的决心丝毫不能动摇，打击腐败的力度丝毫不能削减。面对新形势、新任务、新要求，各级党组织和纪检监察机构在思想、能力、素质等方面还面临许多迫切需要解决的问题，能力恐慌、本领恐慌在一定程度上依然存在，政治理论和专业素质亟须加强。

习近平总书记多次在中央纪委全会上对纪检监察干部队伍提出要求。在十九届中央纪委四次全会上，习近平总书记强调要"建设高素质专业化干部队伍，做忠诚干净担当、敢于善于斗争的战士"。在十九届中央纪委五次全会上，习近平总书记对纪检监察干部队伍寄予殷切期望，提出明确要求，指出要"努力建设一支政治素质高、忠诚干净担当、专业化能力强、敢于善于斗争的纪检监察铁军"。而国内紧密结合纪检监察学科建设和业务培训的平台较少，培训力量难以满足广大纪检监察干部培训需求。在这样的背景下，基于"高校＋媒体＋地方纪委"跨界融合新模式，打造了教育培训、科研学术、学科建设的纪检监察教研一体化平台——攀枝花纪检监察学院。

二　纪检监察教研一体化平台建设的探索与实践

攀枝花纪检监察学院由攀枝花市纪委监委发起，联合攀枝花学院、《廉政瞭望》杂志社共同筹建。经过三方充分协商和深入调研，形成攀枝花纪检监察学院筹建工作方案，在攀枝花市委、四川省纪委监委的帮助支持下开始筹备。同时，学院筹建工作组先后赴阿坝长征干部学院、中国纪检监察学院、中国人民大学等单位学习，拜访了国内反腐败领域的知名专家、学者，不断完善攀枝花纪检监察学院的目标定位、课程设置、办学管理、教学方案等内容。一切筹建工作准备完善后，攀枝花纪检监察学院正式挂牌成立。

（一）树立目标定位

攀枝花纪检监察学院坚持正确的政治立场，以习近平新时代中国特色社会主义思想为指导，对照《中国共产党章程》《中华人民共和国监察法》《中国共产党廉洁自律准则》《中国共产党纪律处分条例》等党规党纪和法律法规，坚持办学的政治性、理论性、实践性、创新性，充分利用攀枝花丰富的"三线"建设资源，传承"三线"红色基因，弘扬"三线"精神。确立了"贴近基层、有理论、有实务、有创新、能管用"的办学理念。"立足四川、面向全国"，推进党员干部廉洁从政、依法行政，面向社会开展廉洁文化教育，开展纪检监察实务的理论教学和具有"三线"特色的实践教学，培养德、智、体、美、劳全面发展，具有良好科学文化素养、扎实纪检监察学科功底和较强纪检监察实务技能，适应地方党建、社会治理、社会经济发展需要，面向一线的应用型纪检监察高级人才。同时，坚持加强党风廉政建设和反腐败工作理论研究以及交流合作，探索纪检监察学科建设，不断提升纪检监察干部党性素养和纪检监察实务工作水平。攀枝花纪检监察学院发展的近期目标是纳入四川省委组织部干部培训机构备案目录，建成四川省纪检监察学院，成为省内高校廉政研究基地，服务和保障纪检监察体制改革工作顺利推进。远期目标是办成中国纪检监察学院的分院或工作联系点，建成全国高校廉政研究基地，服务和推进廉政治理体系和治理能力现代化建设。

（二）确定办学模式

攀枝花纪检监察学院打破区域行业界限，发挥彼此优势，构建"高校＋媒体＋地方纪委"协作办学模式，在学院管理上做到既分工明确，又紧密协作。攀枝花学院发挥教学资源优势和学科建设优势，提供必要的办学条件、师资队伍、培训场所及食宿保障等，围绕学院发展目标和党风廉政建设总体要求，凝练和培育学科特色，形成学科优势，加快学科建设。《廉政瞭望》杂志社发挥媒体运作影响力，承担起学院教学策划、创新、宣传推介等工作，组建专门的运营团队对学院进行市场化管理，加强与政治理论、纪检监察综合业务、廉洁政府建设等方面专家联系，建立外聘专家库，适时聘请专家到学院进行教学。攀枝花市纪委监委发挥统筹协调和服务保障优势，加强内外沟通联络，整合纪检监察系统资源，拓展学院纪检监察实务方面的师资力量，监督各方严格按照规划和计划开展工作。三方各司其职又有机统一，共同助力攀枝花纪检监察学院建设顺利推进。

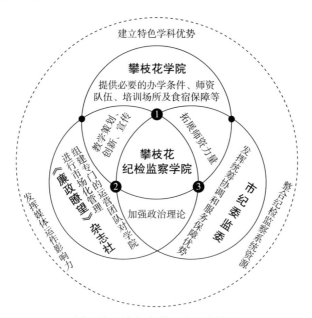

攀枝花纪检监察学院的办学模式

（三）加强组织保障

攀枝花纪检监察学院由攀枝花学院委派有关领导同志负责具体领导和管理工作。攀枝花纪检监察学院设院长1名，由攀枝花学院纪委书记担任；

设常务副院长1名，由攀枝花学院中国特色社会主义理论教育学院院长担任；设副院长4名，由攀枝花学院纪委副书记和攀枝花学院中国特色社会主义理论教育学院党支部书记担任，另外攀枝花市纪委监委1名纪委副书记（兼职不兼薪）、《廉政瞭望》杂志社1名副总编辑为聘任副院长。攀枝花纪检监察学院下设办公室、培训中心、教研中心，负责学院建设相关工作，办公室设在中国特色社会主义理论教育学院。在攀枝花市纪委监委设工作联络组，负责与攀枝花纪检监察学院及其办公室进行相关事宜的沟通协调，成员由攀枝花市纪委监委分管领导、有关室（部）负责人组成。同时，攀枝花学院委派干部具体负责攀枝花纪检监察学院教学管理工作，学院运营所需要的日常运行经费、专题培训经费、专项课题调研经费，纳入攀枝花市财政预算保障，统一管理、专款专用。

攀枝花纪检监察学院设有院本部、米易教学点、红格教学点3个常驻教学点，统筹覆盖了攀枝花学院学术交流中心宿舍、各教学点宿舍，为培训学员提供食宿保障。学院拥有14辆、大、中、小型客车、商务车的交通工具，保障不同规模的培训班次出行需求。目前，攀枝花纪检监察学院新基地已开工建设，总投资3.76亿元，建设占地面积81亩，主体建设内容包括教学行政楼、文献中心、体育中心、学院宿舍等，同时配套建设美术馆、图书馆、科技馆、非遗馆、文化馆、大剧院等"五馆一院"。新基地建成后，学院办学的软硬件设施、办学实力、办学水平均将大幅度提升。

与此同时，攀枝花纪检监察学院自开办以来，得到了攀枝花市委的大力支持，市委书记通过常委会专题研究、到学院调研、听取汇报、圈阅简报方式，十余次对学院各方面工作做出了指示、批示，极大地推动了相关问题的解决。市纪委监委、市委组织部、市委宣传部、市财政局、市交通局、市文化广播电视和旅游局、市城管局等单位通力协作，为学院建设快速发展提供了有力的保障。

（四）配强师资队伍

攀枝花纪检监察学院的教师队伍由3类教师组成：理论教育和人文素

养教师、实践专家教师、外聘专家教师。理论教育和人文素养教师队伍主要在攀枝花学院中国特色社会主义理论教育学院、人文社科学院、经济与管理学院、康养学院、艺术学院等学院中遴选优秀教师组成。实践专家教师队伍主要由四川省市两级领导、各级纪检监察干部、公检法和有关专业骨干、专兼职律师、乡镇管理干部等构成。外聘专家教师队伍主要由从省外聘请的领导、专家及高等院校和研究机构学术造诣深厚的学者、教授组成。

三 纪检监察教研一体化平台建设的特色与创新

攀枝花纪检监察学院致力于对党员干部进行廉政教育培训、对公职人员依法行政进行培训、对纪检监察干部进行业务能力培训，加强党风廉政建设重大理论和现实问题研究，为纪检监察工作提供有效参考和借鉴。在具体的办学过程中，学院加强传承和发扬"三线"精神，弘扬社会主义先进文化，增强文化自信；同时，开展大学生廉洁文化教育并对纪检监察干部进行学历提升教育。

(一) 创新办学模式

学院依托校、政、企三方优势，用好、用活廉政领域智力资源，《廉政瞭望》杂志社与攀枝花学院、攀枝花市纪委监委全方位、多领域合作，在廉政教育培训、纪检监察专业人才培养、反腐倡廉理论研究和反腐败交流与合作等方面提供支持。依托"三线"精神文化资源，凭借《廉政瞭望》杂志社独特的媒体资源，结合攀枝花学院师资、学科建设资源，融合攀枝花市纪委监委的党政资源，在全省率先创办纪检监察干部学院，是一种大胆的开拓创新，摸索出了一条"改革创新、跨界融合、开放共享、合作共赢"的办学路径。学院积极整合教学资源，组建研究团队，以集体备课、课程准入、课程评估等方式和制度，升级改造了教学点位，开发访谈教学、音像教学，建立纪检监察实务生动实践最新案例库，提升现场教学的针对性，力求把"三线"精神、"三线"故事讲好、讲深、讲精、讲活。

（二）彰显"三线"文化特色

攀枝花因矿而建、因钢而兴，是一座承载国家使命，因国家"三线"建设而兴起的新兴工业城市。攀枝花纪检监察学院充分利用攀枝花"三线"建设历史文化资源和攀枝花独特的"工业资源""红色文化资源""康养资源""暖冬资源"，以"三线"建设博物馆、相关"三线"建设时期遗留下来的纪念地址为主，开发"英雄本色"教学课程；以适宜康养、运动、竞训等项目的自然优势，开发"阳光味道"教学课程；以钢铁、煤炭、电力等工业内容，开发"钢铁是怎么炼成的"教学课程；以乡村振兴、现代农业方面的优势，开发"幸福是奋斗出来的"教学课程。吸引全国各地党员干部、纪检监察干部，到攀枝花学习培训，高质量地建设攀枝花纪检监察学院。学院开发了独特的现场教学、体验教学、模拟实战教学、主题教学、微党课教学等为主的复式教学方式，针对受训人群主体不同，做到因材施教、教学相长。设立攀枝花中国"三线"建设博物馆、攀钢百米长轨生产线、二滩水电站展览馆等18个现场实践教学点，由学院安排课程模块，选配好讲师，统筹好相关教育资源，实现教育资源共享。

（三）突出纪检监察学科建设

当前教育部《普通高等学校本科专业目录》、国务院学位委员会《授予博士、硕士学位和培养研究生的学科、专业目录》等，都没有把纪检监察学科纳入学科目录，也没有一所高校设置独立的"纪检监察学科"一、二级学科。部分高校开展了学科建设，但设置层级不统一，可参考、借鉴的经验少，探索开展难度大。因此，攀枝花纪检监察学院积极邀请国内廉政学、纪检监察等领域专家参与学科建设。到广西廉政建设研究中心、湖南大学廉政研究中心、江南大学廉政与治理研究中心等单位考察学习，推进"反腐倡廉建设理论与实践研究中心和反腐败交流与合作中心"的建设，打牢学科建设基础；到中国纪检监察学院、百色干部学院、夹金山干部学院等单位考察学习，分析纪检监察实务培训方式；到西南政法大学、云南纪检监察学院、西安文理学院等高校考察学习，完善纪检监察方向本科生的培养方案、课程设计、考核目标等主要内容。

攀枝花纪检监察学院引进党内法规研究方向的博士生 2 名，开展学科课程体系研究，在攀枝花学院人文社科学院法学专业设置纪检监察学科，以法学专业基本课程要求为核心，开设纪检监察方向的课程及教学，丰富学生法学理论基础和纪检监察理论知识；同时利用"学校＋纪委监委"模式，在学生完成基本理论和实务课程后，用1～1.5 年时间，对学生开展实训实践培养，深化理论知识、增强实践操作能力。

（四）注重理论与实务有机结合

攀枝花纪检监察学院针对不同层次、不同单位性质的送培对象和委托单位要求，采取理论与实践相结合、教学与实战相结合、政治与业务相结合，以实战课题选师、以名将授课教兵的方式，组合运用课堂教学、现场教学、体验教学、影视教学、访谈教学、拓展训练等教学模块，灵活设置"五天班""七天班""十天班"等课程，着重加强信访工作、执纪审查和监察调查技巧和方法、案件审理等业务培训。组建"专职教师＋兼职教师＋三线建设亲历者"的特色师资库，聘请95 名全国各地的专家学者、实践工作者前来授课、研讨交流。

四 纪检监察教研一体化平台取得的成效

攀枝花纪检监察学院通过对自身体制机制的创新与探索，逐步形成了一系列相对完善、成熟的纪检监察教研一体化平台教学管理经验，并结合当地特色，构建出文化特色明显、教学体系健全、理论实践相得益彰的精品课程系列。学院在教研一体化平台推动的实践中取得了颇为显著的成效。

（一）培训工作稳步开展

攀枝花纪检监察学院围绕全面从严治党、廉洁政府建设、传承"三线"精神三个方面设置课程,形成"课堂教学、现场教学、体验教学、影视教学、访谈教学、拓展训练"六大教学模块。同时坚持"贴近基层、有理论、有实务、有创新、能管用"的办学理念,重点针对纪检监察机关干部、派驻(出)纪检监察机构干部、巡视(巡察)机构干部、企事业单位干部分层分类设置课程,做到因人施教,契合了广大基层纪检监察干部教育培训需求。自成立以来,学院承办全省省直机关、企事业单位、高校及其他市(州)各类培训班 72 期,培训学员 7900 余人次。培训对象涵盖省、市、县、乡四个层级的纪检监察干部、巡察干部、党务工作者,包括党政机关、国有企业、中等职业学校等单位。

(二)工作获得社会各界充分肯定

攀枝花纪检监察学院始终围绕发展规划,坚持问题导向,及时研究解决工作中的困难和问题,积极稳妥推进决策部署落实落地。各参建单位充分发挥自身优势,互相监督、互相信任,对议定事项执行情况进行督促检查,每年开展评估分析工作,各项工作扎实推进、取得实效,工作获得社会各界的充分肯定。2019 年 9 月 25 日,攀枝花纪检监察学院被四川省委省直机关党校确定为"四川省直机关干部党性教育基地"。2019 年 11 月 23 日,攀枝花纪检监察学院被命名为"四川省纪检监察干部培训基地",被中国政法大学、北京航空航天大学、湖南大学、江南大学四所高校廉政研究中心确定为教育研究基地。2019 年 12 月 18 日,攀枝花纪检监察学院荣获攀枝花市"文旅工作先进集体"荣誉称号。2019 年 12 月 25 日,攀枝花纪检监察学院获授西南政法大学"教学科研实践基地"。

(三)举办廉政年会提高学院影响力

攀枝花纪检监察学院通过举办廉政年会提高学院的影响力,扩大宣传效果。2019 年 11 月 22~24 日成功举办了廉政研究 2019 年学术年会,来自北京大学、清华大学、北京航空航天大学、浙江大学、武汉大学等全国 84 所高校和廉政研究机构的学者,以及全国纪检监察系统富有实践经验的专家型干部共计 280 余人,围绕学习贯彻党的十九届四中全会精神,聚焦廉政治理体系和治理能力现代化建设，深入探讨当前巩固发展反腐败斗争压倒性胜利的理论与实践问题，为持续深化纪检监察体制改革、健全党和国家监督体系提供了理论支撑和实践经验。

（四）参训学员好评如潮

攀枝花纪检监察学院始终突出政治性，坚持正确的办学方向，紧紧围绕纪检监察实务主业，在办学过程中重点突出政治性、实践性、创新性，系统化加强学院的运行管理，高质量推进学院各项工作；同时，通过参观攀枝花中国"三线"建设博物馆、攀钢生产一线等方式，结合传承和发扬"三线"精神，弘扬中国特色社会主义先进文化，创新开展教学实践活动，让党员干部有所触、有所悟、有所获。参训学员对学院一致好评。来自全国各地的培训干部纷纷认为"三线"建设的精神值得深入传承，认为移动课堂让人为之动容，四川省高校纪检监察干部说："通过培训，我们对纪检监察工作中信访处置、问题线索管理、审查调查、审理等系列工作程序有了清晰的认知和深入的了解，对纪检监察形势政策、任务要求以及信息编报、公文写作、礼仪礼节等各方面工作有了更进一步的把握和更深层次的解读。"

五　对于纪检监察跨界融合模式的进一步思考

过勇教授在其著作《经济转轨、制度与腐败》中提出制度约束、腐败机会和腐败动机是产生腐败行为的三个要素。[1] 这三个要素是腐败行为发生的必要条件，但并不是孤立存在的，也不是单向的因果关系，而是彼此之间存在密切的互动关系。[2] 必须通过体制、机制、法制等手段强化"不能腐""不敢腐"的政治生态，而这个过程对纪检监察机构运行的有效性、专业性和合法性具有很高的要求。

---

[1]　过勇：《经济转轨、制度与腐败》，社会科学文献出版社，2007，第51页。
[2]　过勇：《经济转轨、制度与腐败》，社会科学文献出版社，2007，第51页。

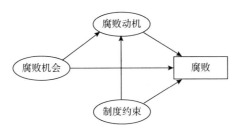

腐败的成因分析框架

因此，建立纪检监察学院，培训建立一支专业过硬、素质过硬的纪检监察铁军，是保障、巩固和扩大治理腐败取得的阶段性胜利成果的重要举措。当然，高压政策作为红线发挥着抵制贪腐行为的重要作用，可以有效治理贪腐行为，但并不能从根源上杜绝贪腐行为的发生。因为人的意识并不能简单地通过"高压线"而发生转变，制度约束和严惩机制有时会诱发更为隐蔽、复杂的贪腐关系网产生。根据过勇教授的研究，腐败动机、腐败机会和制度约束这三者共同作用产生腐败，腐败机会是前提，腐败动机是触发，制度约束是保障。① 腐败动机是腐败行为发生的动因。② 从外部环境去约束公职人员避免发生腐败行为非常必要，但是对于治理腐败行为，要想标本兼治，领导干部必须在外部约束的前提下做到自律和他律合一，这就要求领导干部既能对自己的思想和行为经常自我净化、自我完善、自我革新、自我提高，又能在制度的约束下规范权力运行。如果要从根源上杜绝贪腐行为，最终要解决的就是人的意识问题。要通过有效的廉政教育增强"不想腐"的自觉。

因此，建立纪检监察学院是进一步巩固反腐败斗争的阶段性成果的必然趋势与必要选择。同时，教育不是一蹴而就的，需要一个相对漫长的过程和合理健全的教学体系，来潜移默化地影响公职人员的思想意识。逐渐形成记忆的传承，就像人类学学科中定义的习俗一样，习俗是指一个民族对本族成员行为方式和生活方式具有的强大精神约束力，具有世代传承和相对稳定的特征，伴随着民族文明的发展缓慢生成，又难以改变。同样，

---

① 过勇：《经济转轨、制度与腐败》，社会科学文献出版社，2007，第51页。
② 过勇：《经济转轨、制度与腐败》，社会科学文献出版社，2007，第51页。

纪检监察学院的教育目的就是培养一支纪检监察铁军，同时在一个特定团体中形成对其成员行为方式具有强大约束能力的精神共识与行为共识，这个意识会在团体中传承并具有相对稳定的特性，短时期内不会发生重大变化。从这个层面看，攀枝花纪检监察学院的创新案例给我们提供了鲜活的样板。

（一）要融合更多具有区域特点的传统文化、红色文化和社会主义先进文化

中国在历史形成过程中，经历了多次民族大融合，最终形成了一个多民族融合的社会主义现代化国家。正是因为我国区域文化的多样性，不同地域、不同文化背景的人在接受教育的过程中，会对不同的文化意识产生共鸣，从而达到更好的学习效果。同样，在不同文化背景的熏陶下，人们也会形成不同的行为方式、价值认知及取向特征。在打造纪检监察学院的过程中，不同区域只有因地制宜挖掘地域人文资源，结合当地特点特色做到有的放矢，才能让纪检监察工作在当地得到有效提升与优化。

（二）要进一步强化理论教学与社会实践的融合发展

理论教学与社会实践融合发展贯穿纪检监察教育的始终，影响着教育质量，也反作用于教育发展过程。社会实践一方面是很好的教材，另一方面也是教学质量与教育本身的试金石。辩证唯物主义最基本的观点之一就是"理论来源于实践，实践是检验真理的唯一标准"。所以，强调理论教学的同时，绝不能忽视社会实践的重要作用。打造纪检监察学院的目的是塑造纪检监察干部优良的专业素养与业务能力，其过程以大量的、具体的社会实践作为支撑。攀枝花纪检监察学院把突出实践性、可操作性、针对性作为根本要求，在师资配备上坚持多元化原则，既注重安排长期奋战一线、实践经验丰富的领导干部和业务骨干授课，又邀请理论功底扎实、科研能力较强的专家学者授课，按照"学什么讲什么、缺什么补什么"的原则，根据不同层级和不同类别需求，量身打造一批贴近实际、务实管用的培训套餐。教学方式突出体验式、模拟式、案例式，把课堂教学、现场教

学等贯通融合起来，切实增强教育培训的科学性、实效性。其目的就是通过理论与实践融合教育模式，为当地纪检监察工作打造出一支政治过硬、本领高强的应用型纪检监察队伍。

（三）要用实际成效检验学习成效

纪检监察教研一体化平台建设的另一项重点工作就是建立一套切实、可行、有效的教学成果跟踪检验系统。因为教育传输的载体具有隐蔽、可复制、渐衰退的特征，而且教育过程中教学载体的有效输送具有隐蔽性。所以，在教研一体化平台建设发展的过程中，保证教学反馈的客观性，对平台的进一步提升具有决定性作用。只有客观、公正、真实的教学成果反馈意见，才能真正反映出教研一体化平台在建设发展过程中存在的问题，帮助平台进一步完善与提升，最终实现预期的建设目标。在一体推进"不敢腐、不能腐、不想腐"机制的过程中，需要内因与外因联合作用，一方面要不断加强纪检监察队伍的综合能力来强化办案能力；另一方面也要不断通过廉政教育坚定个人"不想腐"的意识。要实现这个双重目标，不仅需要开创性地建立与实践紧密结合的教学模式，还要以切身实践检验教学成果，不断总结大量的实践经验，持续对教育本身与教育过程进行优化，以达到更好的教学成效。攀枝花纪检监察学院以高校、媒体、地方纪委三方合作共建的模式，打破了区域界线，有效整合三方优势资源，相互监督、相互促进，对激发办学活力、突出学科建设、优化教学管理具有强大的推动作用，大力提升了综合办学实力和办学品质。形成类似于"产学研合作"的新模式，合作主体既能对纪检监察工作进行基于现实案例的学术研究，又可以通过实务工作对学术成果进行检验，同时可以有效掌握社会舆情对纪检工作的反馈。随着"校、地、企"融合新动能的持续释放，着力打通"教、学、研、用"通道，利用模式创新，在学生完成基本理论和实务课程后，对学生开展实训实践培养与跟踪，进一步完善纪检监察教学体系。在教学管理上实行"科目化管理、市场化运作"的模式，有效减少行政运行环节，提高了工作效率，使教学培训工作更加规范化、精细化，有利于学院健康持续发展。

（四）要按照学科建设要求不断强化纪检监察教育学术建设

反腐败工作随着廉洁社会建设的不断深入会持续凸显复杂性、持续性和重要性。结合不同地域文化的差异性，地方廉政工作还可能呈现出极强的区域特征、民族特征甚至极端个案特征。面对越来越复杂、越来越隐蔽、越来越精细化的纪检监察工作，理论转化显得尤为重要。攀枝花纪检监察学院的"两基地两中心"（党员干部廉政教育培训基地、纪检监察专业人才培养基地，反腐倡廉建设理论与实践研究中心、反腐败交流与合作中心），打造了教育培训、科研学术、学科建设的纪检监察教研一体化平台，搭建起学术与业务、纪检监察系统与学术研究机构的高水平研讨交流平台，通过定期举办廉洁教育、廉政理论讲坛、廉政论坛、研讨交流活动等，集中展示廉政理论研究的最新成果，推动廉政理论成果转化为实践。理论研究如何实现转化、推动实践，实践又如何提升理论，攀枝花纪检监察学院对此成功地给出了答案。

公立医院内部推行"直面问政"的创新与实践[*]

创新简介

　　华中科技大学附属协和医院纪委自 2013 年起在国内大型公立医院中首开先河，创新性地引入现场问政模式，以问题为导向，开展"直面问政"活动，对干部进行问责，推动干部变压力为动力，以达到以问促改、加强作风建设的目的。同时，这也是医院纪委践行监督执纪"四种形态"的大胆尝试，通过不定期的明察暗访、内部巡察等，及时发现、曝光、解决苗头性、倾向性问题，做到抓早抓小，防微杜渐，让"咬耳扯袖、红脸出汗"成为常态。

　　党的十九大将全面从严治党纳入坚持和发展中国特色社会主义的基本方略。2018 年 6 月 25 日，中共中央办公厅印发《关于加强公立医院党的建设工作的意见》，指出"医院纪委要全面履行监督执纪问责职责，建立健全责任追究制度"。问责既是全面从严治党的制度安排，也是管党治党的重要抓手，正成为中国新一轮政治改革的亮点。为着力解决群众普遍关心的医院管理和发展中的突出问题，切实履行医院纪委监督职能，2013 年起，华中科技大学附属协和医院（以下简称"华科附属医院"）纪委在国内大型公立医院中创新性地引入现场问政模式，以问题为导向，开展"直面问政"活动，对干部进行问责，推动干部变压力为动力，以达到以问促改、加强作风建设的目的。同时，这也是医院纪委践行监督执纪"四种形

---

　　* 作者简介：李松锋，中国政法大学法学院副教授。

态"的大胆尝试，通过不定期的明察暗访、内部巡察等，及时发现、曝光、解决苗头性、倾向性问题，做到抓早抓小，防微杜渐，让"咬耳扯袖、红脸出汗"成为常态。

一 公立医院推行"直面问政"的现实需要

监督职能如何发挥？责任追究如何落实？这是纪检监察工作需要不断探索的重要议题。卫生计生系统行风建设是建设健康中国、深化医药卫生体制改革的重要支撑，是构建和谐医患关系的重要政治基础和保证。早在2017年，由国家卫生计生委、国家中医药管理局联合印发的《关于加强卫生计生系统行风建设的意见》就明确提出：

> 以"四个全面"战略部署和"五大发展理念"为统领，紧紧围绕统筹推进"五位一体"总体布局，全面推进卫生与健康事业发展，坚持新时期卫生与健康工作方针，按照"转职能、转方式、转作风"的要求，坚持"谁主管、谁负责"和"管行业必须管行风"的原则，以保障全体人民健康为出发点，以提高人民群众获得感、增进和谐医患关系为目标，大力推动卫生计生系统行业作风建设，弘扬和践行社会主义核心价值观，强化医德医风建设和行业自律，打造一支党政放心、人民满意的卫生计生队伍，为打造健康中国、全面建成小康社会和实现中华民族伟大复兴的中国梦提供有力支撑。

因此，公立医院推行"直面问政"既是全面从严治党的需要，也是顺应深化医改的时代要求，通过落实加强卫生健康系统行风建设，实现医院内部治理的精细化和规范化。

（一）构建全面从严治党新格局的需要

全面从严治党是党的十八大以来党中央做出的重大战略部署，是"四个全面"战略布局的重要组成部分。习近平总书记在十九届中央纪委五次全会上指出，党风廉政建设永远在路上，反腐败斗争永远在路上。我们党作为百年大党，要永葆先进性和纯洁性、永葆生机活力，必须一刻不停地推进党风廉政建设和反腐败斗争。各级领导干部特别是主要负责同志必须切实担负起管党治党政治责任，始终保持"赶考"的清醒，保持对"腐蚀""围猎"的警觉，把严的主基调长期坚持下去，以系统施治、标本兼治的理念正风肃纪反腐，不断增强党自我净化、自我完善、自我革新、自我提高能力，跳出治乱兴衰的历史周期律，引领和保障中国特色社会主义巍巍巨轮行稳致远。

"工欲善其事，必先利其器。"管党治党的历史和现实反复告诉我们：没有问责，责任就会落空；动员千遍，不如问责一次。问责是全面从严治党的利器。公立医院亦不例外。"国有民营"的市场导向为医德沉沦、医疗腐败提供了土壤。[1] 医院也成了廉政风险的高发区域，基础建设、设备采购、耗材和药品购买等每一个环节，都是高风险点。[2] 随着国家监察体制改革，监察对象范围扩大，公办医疗卫生单位管理人员被纳入其中，公立医院外部问责在加强。公立医院实施内部问责，有利于医疗工作和管理规范化，督促有关责任人员严格履行职责，增强责任心，进而推动全面从严治党向纵深推进。

（二）顺应深化医改新形势的需要

公立医院实施内部问责，既是适应外部监管加强新形势的有效途径，也是建设现代医院管理体制的重要方式。根据国务院印发的《关于改革完善医疗卫生行业综合监管制度的指导意见》，我国基本医疗卫生制度建设进入一个新阶段，综合监管领域有了整体规划和统一部署，从重点监管公立医疗卫生机构转向全行业监管，从注重事前审批转向注重事中事后全流程监管，从主要运用行政手段转向统筹运用行政、法律、经济和信息等多种手段来提高监管能力和水平。医疗改革遵循"健康中国"战略要求，贯彻落实以人民健康为中心的理念，公立医院是改革的重中之重。国家提出

---

①　郑赫南：《医疗腐败根源于"市场导向"》，《检察日报》2015 年 3 月 6 日。
②　李寰：《多管齐下防范医疗腐败》，《四川日报》2019 年 4 月 23 日。

加快现代医院管理体制建设、加强综合监管体系建设等目标任务，明确了公立医院责任，严格责任考核、强化责任追究势在必行。

（三）落实卫生健康系统行风建设的需要

公立医院实施内部问责是卫生健康系统行风建设工作的明确要求。2020 年 5 月，国家卫生健康委等 9 部门联合印发《2020 年纠正医药购销领域和医疗服务中不正之风工作要点》，通过加强党对纠风工作的全面领导，严厉打击欺诈骗取医保基金的行为，巩固医药流通领域的改革成效，深入清理群众身边的医疗行业乱象，为医药购销领域和医疗服务划清行为红线。2020 年 7 月，国家卫生健康委办公厅发布了《2020 年医疗行业作风建设工作专项行动方案》（以下简称《方案》），将各级各类医疗机构从业人员（含医生、护士、医技人员、行政人员）都纳入专项行动范围，加强医疗机构及其从业人员执业行为监管，倡导廉洁从医；重点惩治医疗机构及其从业人员利用执业之便谋取不正当利益，收取回扣的行为；坚决查处诱导消费和不合理诊疗行为；严肃查处医药产品生产、经营企业的经销人员在医疗机构内的违规营销行为。《方案》还强化监管，严肃追查，要求对医疗机构和从业人员未贯彻执行"九不准"①的行为进行大力查究，切实履行行业监管职责，并要求各地各部门层层落实责任，建立问责机制，对存在不认真履行职责、失职、渎职等行为的主管部门和工作人员依法严肃问责；对工作不力导致严重问题的，追究医疗机构主要领导和直接领导责任。

（四）加强医院内部治理的需要

我国医院管理在经历长期粗放式管理后，逐步向精细化管理转变。公

---

① "九不准"是指 2013 年 12 月国家卫计委针对医疗卫生方面群众反映强烈的突出问题，与国家中医药管理局联合制定的《加强医疗卫生行风建设"九不准"》，并将执行"九不准"的情况列入医疗卫生机构以及人员年度考核、医德考核和医师定期考核的重要内容，作为职称晋升、评优评先的重要依据。"九不准"具体包括：一、不准将医疗卫生人员个人收入与药品和医学检查收入挂钩；二、不准开单提成；三、不准违规收费；四、不准违规接受社会捐赠资助；五、不准参与推销活动和违规发布医疗广告；六、不准为商业目的统方；七、不准违规私自采购使用医药产品；八、不准收受回扣；九、不准收受患者"红包"。

立医院既需要以不断的"变"来应对变化的需求，也需要根据自身情况，挖掘"不变"的核心竞争力。大型公立医院规模大、人员多，一般实行院科两级管理，科室层面实施科主任负责制，专家治院特点明显。科室管理者大多为以临床学术见长的技术骨干，对快速变化的政策、形势认知度不高，职责履行不到位现象屡见不鲜，甚至可能出现科主任负责制放大科室管理权力导致少数管理者独断专行、各自为政的现象。与此同时，医药购销领域商业贿赂呈现出多形式、多环节延伸的特点，不论是管理者的职务权力风险，还是医务人员职业权力的风险都在增加，公立医院风险防控任务日益艰巨。问责作为一种责任追究和承担机制，是极为有效的内部管理方式，能够有效约束权力运行并督促职责履行，从而降低风险，提升医院管理效能。

公立医院作为中国医疗服务体系的主体，不仅承担着做好公共医疗保障的重要任务，还肩负着做好疾病预防与治疗、救死扶伤及应对突发公共卫生事件的社会责任。公立医院的一举一动都受到社会关注，关系人民群众对党和政府的认知。以济南章丘首次举行电视问政的情况来看，在被问政的 6 个部门中，卫生局被举的"哭脸"牌最多。[1] 这与问政卫生局时，播放在医院暗访的视频不无关系。尽管可能是个别情况，但由此也看出群众对医院的关注。因此，加强公立医院问责制，落实和推进公立医院党建工作，既是贯彻党要管党、全面从严治党的根本要求，也是公立医院公益属性的必然要求。

二 华科附属医院"直面问政"的实践探索

华科附属医院作为一家大型委属委管医院，规模大（8000 余名职工）、院区分散（本部及三个分院区"一主三翼"模式）、内设机构多（47 个临

---

[1] 在济南章丘的这次电视问政中，"一把手"的表现要接受专家和问政团代表的检阅。25 位问政团代表可以用手中的"笑脸"牌和"哭脸"牌表达自己的态度。其中，公安局收到 8 张"哭脸"牌，教体局 2 张，卫生局 9 张，民政局 8 张，人社局 1 张，食药监局 6 张。见《直面问政不避问题 公开践诺当场整改》，《齐鲁晚报》2014 年 7 月 1 日，第 E4 - 5 版。

床医技科室及 40 个职能部门），风险点多且客观存在。为着力解决群众普遍关心的医院管理和发展中的突出问题，医院纪委在国内大医院中首开先河，创新性地引入现场问责模式，对中层干部进行问责，以内部问责的实施达到强作风、提效能的目的。华科附属医院的现场问责以"直面问政"为主题，每期聚焦当年度重点难点问题，以解决问题为导向，并不时进行"回头看"，针对此前问政过的焦点问题，再次抛出，用数据说话，既肯定职能部门问政改进后取得的成绩，也指出现存的问题，充分体现了问政"盯着问题抓落实，咬住问题不放松"的态度。

从 2013 年起，华科附属医院自创管理品牌"直面问政"，在医院党委的统一领导下，由纪委书记负责，由涵盖党务系统、医政、医管等主要部门的联合工作组具体实施。每次问政从前期筹备、现场问责到后期督办贯穿全年工作日常，形成"监督常在、形成常态"格局。迄今为止，华科附属医院的"直面问政"活动已举行 9 场，议题涉及医疗质量和服务理念，在开门办院中切实落实了为患者着想、以病人为中心的服务理念，充分说明了华科附属医院在深入开展党的群众路线教育实践活动和卫生计生服务专项治理中敢于担当、敢于动真、直面问题、解决问题的决心和态度。

2013 年以来华科附属医院"直面问政"情况

场次	举行年份	主题	聚焦问题
第一场	2013	就医环境与文化建设	文化建设、就医环境、便民措施
第二场	2013	医疗质量与安全	医疗质量、医疗安全、就医流程等
第三场	2014	窗口单位服务作风	窗口服务、就医流程等方面存在的问题
第四场	2014	临床科室管理"一岗双责"	医疗质量、人才培养、学科建设、医德医风与廉政建设
第五场	2015	手术室建设中的党风与行风	手术分级授权管理、术前评估与术前讨论制度、手术室效率、高值耗材管理、核心医疗技术、手术室环境
第六场	2016	改善医疗服务，提升就医感受	就诊环境、服务流程和医疗质量

场次	举行	主题	聚焦问题
第七场	2017	强化一体化管理，推进"四位一体"战略布局	医疗同质化、学科特色化和管理一体化
第八场	2018	构建优质、高效、有温度的医疗服务体系	优质医疗、高效服务、患者以及职工满意度
第九场	2019	坚持以人民健康为中心、全力推进医院高质量发展	群众反映的就医难、入院难问题；医德医风和行业作风建设

根据"直面问政"的实施流程，具体可分为问责前期的问题搜集、问责现场的对话和问责后期的整改落实。

（一）"直面问政"前期：强调问题搜集、责任定位

"直面问政"能否发挥作用，很大程度上取决于是否能够发现真问题，找准问题的根源。为此，华科附属医院从两个方面做了尝试。

第一，提供多渠道的民意搜集方式。问责是民主政治的产物，强调最广泛的民主参与。因此，问政前期以问题为导向开展大规模的民意调查，在全院公开征集问题线索，提供多种渠道，包括：建立民意征集平台、院领导对口联系临床科室调研访谈、联合工作组开展明察暗访等。以问题为导向，充分发现医院管理的薄弱环节与短板。

第二，突出调查的深度和广度。问责强调运用多种工具监测或评估履责情况，据此发展出了"证据文化"和"审计文化"。因此，问责要求以专业主义、量化与证据的科学精神去阐释问题。联合工作组将调研情况提炼总结为问责素材时，要通过影像资料、数据挖掘、制度比较、同行对比等多种手段，深入挖掘原因，界定责任。这一阶段强调问题梳理与责任呈现的条理性、逻辑性、说服力和客观性。

（二）"直面问政"现场：强调民主对话和信息公开

"直面问政"提供直接呈现问题并澄清问题的机会，既需要对问责对象形成压力，又需要为问题提供解决方案。

第一，开放式现场问责。华科附属医院的问责借鉴政府机构电视问责模式，通过全院周会平台，向全体职工公开，通过当场曝光前期调查的结论性资料，向问责客体（职能部门负责人、临床医技科室主任等相关责任人）发问并要求现场回答。群众可以通过信息互动平台现场提问、表态，所有意见通过大屏幕实时公布，以公开透明的运行机制对问责客体形成"红脸出汗"的高压态势。

第二，协商与对话的民主精神。问责体现的是参与、协商和对话的民主政治与精神。问责建立了民主对话与协商的平台，通过广泛参与、信息共享、公开讨论等途径，针对新形势下医院转型发展面临的问题、矛盾、风险，进行平等探讨、协商决策、达成共识。

第三，强调专家咨询作用。为了进一步加强监督对象的独立性，2019年的"直面问政"邀请了国内法学界知名专家、执业律师、大学医管学院教授等担任评委，就医院问责曝光问题进行现场述评，阐述可能存在的法律风险或管理风险，进一步强化以问责促改进的作用。

（三）"直面问政"后期：强调督促整改和责任落实

问责不是终点，落实责任、解决问题并形成有效机制，避免再次发生类似情况才是"直面问政"的主要目的。

第一，督办整改。联合工作组对问责内容及职工意见分门别类，形成责任清单，由院纪委正式向相关责任部门督办，要求限期整改并回复，跟踪督办。相关责任科室的答复在全院周会上反馈给全院职工。

第二，结果应用。问政结果纳入医院绩效考核体系范畴，影响群众对干部满意度测评，测评成绩直接与责任人的绩效挂钩，对明显履职不力的责任人予以约谈或轮岗。此外，问责调查结论及有效的群众意见汇总形成报告，作为医院党政领导班子决策的重要参考。

三 华科附属医院"直面问政"的成效及经验

华科附属医院"直面问政"自 2013 年起已连续开展 7 年，共举办 9

场，问责内容涉及医院党风、行风、医德医风等方方面面，例如，"一岗双责"落实、风险防控制度体系建设等。问责对象包括职能部门负责人、临床科室主任等中层干部 101 人次。共搜集群众意见或建议 200 余条。大型公立医院存在的问题具有普遍性、广泛性，即使是再健全的组织、再完善的制度，也需要不断强化内部监督机制，通过"直面问政"的形式，解决医院管理运行中存在的问题。

（一）有效约束和规范权力运行

问责要求当事人现场解释、回应、承诺整改，并通过事后纪委谈话、绩效惩罚等多种方式形成惩戒与约束，有力发挥了警示震慑作用，强化了监督制约，规范了权力运行。公立医院权力的风险点是一致的，例如，设备采购、资源配置、科室管理以及职业权力。以处方权为例，华科附属医院通过问政现场曝光当年度辅助用药前十名的科室及医疗组组长个人，对临床药师日常处方点评中发现的无指征、超范围超剂量用药以及不合理联合用药、不规范抗菌药物使用等典型案例予以曝光并问责，问政后纪委联合医管部门赴科室谈话并督导整改。这种强有力的形式对规范医务人员诊疗行为起到明显成效，其他医院可借鉴用于医院日常管理。

（二）增强决策的科学性和民主性

问政不仅是对干部履职情况的监督，更是以民主协商与对话平台的建立，有力促进医院民主决策的公众参与。在广大职工中沟通、交流、表达、协商，帮助医院决策层发现问题、获取信息、优化方案、谋求共识，从而形成理性的、高质量的决策。例如，华科附属医院以手术室为主题的专场问政，问政现场播放手术室护士、麻醉师、手术医师、物资供应人员、患者等多方采访录音及暗访录像，充分曝光手术室信息化建设滞后、流程不合理、首台手术准点监管难等问题，引起医院决策层高度关注，促进了整改共识的迅速达成，一系列决策得以出台。因此，医院可以将"直面问政"作为日常决策机制完善的一部分。

（三）强化作风建设，促进医院管理效能整体提高

"直面问政"以问责的倒逼机制督促整改，强化作风建设，撬动中层干部的积极性和主动性，对医院发展起到了强有力的推动作用。各医疗机构也可将其作为干部作风建设的日常举措。"直面问政"不仅是形式上的创新，更重要的是实现纪检监察部门督促检查相关部门执行医院重大政策制度的职能行使。对于每一次问政曝光的问题和观众提问，院纪委、监察科都以督办单的形式正式下文到相关责任部门，要求限期整改并回复，由专班人员负责问题的跟踪督办。相关责任科室的答复在周会上反馈给全院职工，选择部分有代表性的问题由相关部门负责人在周会上汇报整改措施。同时，问题整改落实与回复情况直接影响部门群众测评满意度，与部门负责人、五级以上核心职员考核成绩挂钩。这种方式使问政起到实效、落到实处。

（四）迅速解决暴露的问题

"直面问政"开展以来，在全院上下掀起了以问题为导向的自查自纠、整改落实浪潮，相关责任部门迅速行动起来，就暴露的问题进行解决落实，取得了巨大的成效。如今，全院标识标牌焕然一新，凡是患者指出的不清晰、不明确的导向牌均得以更换，患者来华科附属医院就医更加方便快捷。另外，门诊办公室根据患者的就医体验，也优化了就医流程，减少了患者就诊阻碍。医务办公室也通过强化病历点评制度加大对用药的检查曝光力度。

"直面问政"体现的是医院纪检监察部门切实担负起监督职责、抓小抓早、发现问题苗头及时曝光整改的工作魄力，也体现了华科附属医院领导班子敢于担当、敢于动真、敢于碰硬，坚决纠正不正之风的决心和勇气。

四 公立医院推行"直面问政"的基础与条件

"直面问政"活动既是华科附属医院监督执纪问责形式上的创新，也

是医院纪委督促检查医院重大政策制度落实情况的职能发挥，已经成为医院常态化问责机制的重要一环。从华科附属医院的经验来看，公立医院持续举行"直面问政"的基础和条件主要包括如下五个方面。

（一）完善的组织架构

华科附属医院拥有完善的组织架构，医院层级管理体系健全，其中，临床医技科室设置齐全，科主任负责制的管理架构清楚明确；行政职能部门分工细，权责清晰。负责问政前期调查的工作组，以纪委为牵头，涵盖了医务处、门诊办公室、党委办公室等多个职能部门，并且建立了健全的工作机制，为项目实施提供了坚实的组织保障。

（二）规范的职责制度

华科附属医院高度重视规章制度建设，先后编撰并修订完善《职责与制度》，制定行政后勤各岗位职责说明书，并结合医改新政的出台，不断修订完善制度，为责任的识别、界定与追究提供制度依据。因此，公立医院需要通过不断扎紧制度的笼子，为内部问责的持续实施提供可执行、可衡量的制度依据。

（三）清晰的流程管理

华科附属医院进行了全院职能部门工作流程的梳理，编制了职能部门工作流程图，并标注了风险环节和风险点，这也为医院对照流程查找执行中存在的问题，提供了可衡量的依据。

（四）健全的考核评价

华科附属医院建立了完善的考核评价机制，并与绩效奖金发放严格挂钩。"直面问政"群众满意度测评被直接纳入绩效考核体系，结果与责任人绩效挂钩。与此同时，将搜集与反馈的意见汇总为报告，既作为干部选拔任用的重要依据，也作为医院领导班子决策的参考。同时，医院纪委依据"四种形态"对责任人进行相应处理。这一机制有效保障了内部问责的

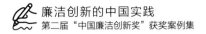
威慑力和权威性。

(五) 开明的管理氛围

医院领导班子管理文化开明，愿意并支持以问责的方式进行自我净化、自我完善、自我提高、自我革新，即使是暴露自己分管责任问题，也能够不护短、不遮丑，因此，问政能够通过"红脸出汗、咬耳扯袖"，实现抓早抓小、防微杜渐，让倾向性、苗头性的问题得到及时纠正。

长期以来，由于缺乏有效的理论指导和实践经验，问责在公立医院运用较少。经文献检索，中国知网、万方、维普数据库中以"医院＋问责"为篇名或关键词的文献仅 50 条。华科附属医院"直面问政"开创了国内大医院的"先河"，正是基于以上五项基础条件，并将"直面问政"作为常规的管理措施，建立了长效机制，确保能够持续开展。目前该活动已经连续开展七年，成为医院纪委监督执纪的常态化机制，围绕人民群众日益增长的健康需求，通过问政的问题导向，围绕管理监督、责任追究等内容，采取明责、履责、传责、督责、问责的做法，不断推动监督执纪"四种形态"在医院的落实。

五 公立医院推行"直面问政"的挑战与应对

随着问责模式的持续推进，问责内容的深度逐步拓展，责任识别与界定的难度越来越大，尤其是在外界形势与行业政策快速变化的背景下，医院管理制度稍有滞后就会导致职能交叉重叠、权责不分，从而出现问责难现象。此外，公立医院内部推行"直面问政"还存在"熟人社会"的监督难题，内部问责督导力度有限等都难以避免，需要持续改进。结合华科附属医院"直面问政"的实践经验，公立医院推行"直面问政"时可考虑采取下列应对举措。

(一) 不断健全内部问责制度

问责以健全的组织规章制度以及清晰明确的处理结果为基础。一旦管理制度不健全导致责任主体权力范围模糊、权责不清，就容易出现相互推诿、推卸责任、不了了之，无法做到责任到人，也就无法实施问责。为了健全问责的制度基础，华科附属医院出台了一系列管理办法、修订了《职工守则》、制定了岗位职责说明书，为责任的识别、界定与追究提供制度依据。然而，随着形势变化，尤其是医改新政的不断出台，制度的修订完善也必须与时俱进。为此华科附属医院还将启动医院章程、职责与制度的修订，目的是进一步扎紧制度的笼子，为内部问责的实施提供可执行、可衡量的制度依据。

（二）构建问责主体多元化机制

内部问责的问题之一是问责主体相对单一，无法起到异体问责、主体多元化产生的多层次、全方位的监督、影响作用。因此，引入多元问责机制，能够显著提升问责效果。为此，华科附属医院探索邀请法学界、医院管理界专家等各领域代表，以第三方视角，更加客观地行使监督权；以监督主体的多元化，实现医院内部问责效能的提升。

（三）加强持续追踪督导反馈机制

问责的最终目的不是责任追究与承担，而是督促履职、敦促整改、促进发展。持续的追踪追责与信息反馈是医院内部问责制落地的保障。为强化整改，华科附属医院每一场问责现场公示整改任务清单，明确整改事项、责任部门、整改期限，要求责任人向全院职工反馈，从而达到化压力为动力、以问促改的目的。然而，问责必须防止"一阵风""运动式"整改，需要通过信息化手段，常态化的"追踪—反馈—回应"，确保问责整改效果的持续。

"直面问政"活动虽然面临种种挑战，但效果非常明显，容易赢得人民群众的支持。武汉市从 2011 年开始就开展了"电视问政"活动，邀请群众做"考官"，干部当"考生"，把一个个突出问题活生生地展现在千万电视观众面前。这项活动有效促进了领导干部工作作风的转变，解决了许多困扰市民的棘手问题。武汉市委、市政府不怕"自曝家丑"，敢于"自

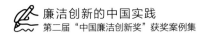

加压力",用实际行动赢得了老百姓的信任。① 华科附属医院实行的"直面问政"活动,实施条件简单、成本低,但取得的成效非常显著,基本在各级医疗机构或其他企事业单位都可以进行推广,不断推动医院治理体系和治理能力的现代化。

---

① 《聚焦武汉"电视问政"的创新实践》,武汉文明网站,http://hbwh. wenming. cn/wmlt/ 201209/t20120918_356281_1. html,2012 年 9 月 18 日。

附　录
第二届 "中国廉洁创新奖"
获奖、 提名奖、 特色创新项目名单

一　获奖名单

序号	获奖项目名称	获奖单位
1	地方政治生态监测预警与分析研判——"衡镜"系统	江苏省苏州市纪委监委
2	切实提高实名举报率的系列创新探索	广东省广州市纪委监委
3	全力打造"干事不受礼、办事不求人"的国际一流营商环境	浙江省金华市义乌市委
4	基层党员干部亲属涉权事项公开制度	重庆市大足区纪委监委
5	村社换届选举的"六公开"新模式	广东省广州市白云区纪委监委
6	智慧纪检数据接入标准化创新	广东省深圳市纪委监委

二　提名奖名单

序号	获奖项目名称	获奖单位
1	"三不"一体推进机制创新与探索	广东省深圳市光明区纪委监委
2	打造跨界融合共建的纪检监察教研一体化平台	四川省攀枝花市纪检监察学会
3	"硬科技＋软文化"　上、中、下游共同创建企业廉洁生态的世茂探索	世茂房地产控股有限公司
4	公立医院内部推行"直面问政"的创新与实践	华中科技大学附属协和医院
5	党内监督履责监督平台	四川省宜宾五粮液集团有限公司

续表

序号	获奖项目名称	获奖单位
6	政府投资小规模建设工程阳光平台	福建省宁德市纪委监委
7	创新开展信访匿名举报反馈	四川省凉山彝族自治州西昌市纪委监委
8	基于融媒体理念的国企体验式廉洁教育新探索	山东海洋集团有限公司
9	国有企业"上下联动、两级多维"巡察全覆盖工作管理体系创建	国网安徽省电力有限公司
10	建设反舞弊大数据云管理平台 开创"舞弊病毒"防控新局面	内蒙古伊利实业集团股份有限公司
11	"莲心驿站":打通监察监督"最后一公里"的探索	山东省济宁市曲阜市纪委监委
12	乡镇纪检监察组织"5533"工作模式的探索与实践	福建省泉州市纪委监委
13	民企廉洁治理的京东集团探索	北京京东集团世纪贸易有限公司

三 特色创新项目名单

序号	项目名称	项目单位
	一、党政机关	
1	北京市通州区政治生态评价指标体系创新探索	北京市通州区纪委监委
2	打造"家门口的监督哨"——推进全覆盖村(社区)监察站改革的广州模式	广东省广州市纪委监委
3	党纪政纪处分决定公开宣布"四个面对面"	四川省阿坝藏族羌族自治州纪委监委
4	地方政治生态动态监督实时预警系统	广西壮族自治区桂林市纪委监委
5	甘肃省扶贫(民生)领域监督信息平台	甘肃省纪委监委
6	构建"1+N"廉洁治理机制 打造自贸区清廉营商环境——浙江自贸区(舟山)的廉洁创新实践	浙江省舟山市纪委监委
7	基层公权力"三清单"运行法推动鄞州廉洁治理创新升级	浙江省宁波市鄞州区纪委监委

序号	项目名称	项目单位
一、党政机关		
8	江苏省宿迁市以"五方联谈"压紧压实"两个责任"	江苏省宿迁市纪委监委
9	开发运用智能监察大数据中心 助推纪检监察工作高质量发展	重庆市江北区纪委监委
10	廉洁南沙企业联盟	广东省广州市南沙区纪委监委
11	清廉单元专业化、标准化、体系化建设实践	浙江省金华市兰溪市委
12	全覆盖建设村（社区）纪检监督体系的宜宾实践	四川省宜宾市纪委监委
13	围串标乱象系统治理的制度与能力创新	四川省遂宁市纪委监委
14	信阳"阳光村务"：基层治理现代化的有效探索	河南省信阳市纪委监委
15	"一镇一孝廉"：新时代廉洁文化建设的漳州探索	福建省漳州市纪委监委 漳州人民广播电台
16	与时俱进开展廉洁文化建设的苏州实践	江苏省苏州市纪委监委
二、企业单位		
1	创建"六位一体"联合监督体系，助推主体责任落深落细落实	山东海洋集团有限公司
2	创新效能监督"3＋"模式　助推企业高质量发展	山东鲁华能源集团
3	广药集团"大监察"体系下集中归口统一采购"136"模式	广州医药集团有限公司
4	国有基层企业三级廉洁风险监督体系建设	陕西华电蒲城发电有限责任公司
5	"互联网＋"时代的企业廉洁体系再创新再提升	三只松鼠股份有限公司
6	借"文化自信"创合资企业"廉洁教育自主品牌"	广汽本田汽车有限公司纪委
7	科学构建国有企业廉洁风险防控工作体系	广汽商贸有限公司
8	民营企业纪委在廉洁体系构建中的引领作用	新希望集团有限公司纪委
9	民营企业派驻监察体系搭建项目	广东光大企业集团有限公司
10	数智化 U 审系列产品	同程控股集团股份有限公司
11	泰康"风清气正"反舞弊合规防控体系	泰康保险集团股份有限公司
12	阳光诚信联盟——互联网企业反腐的行业共治探索	阳光惟诚（北京）企业管理有限公司

四 "中国廉洁创新奖"评选委员会和组织委员会负责人名单

评选委员会

主　任：任建明，中国管理现代化研究会廉政建设与治理研究专业委
员会理事长，北京航空航天大学廉洁研究与教育中心主任、
教授

副主任：何增科，中国管理现代化研究会廉政建设与治理研究专业委
员会会长，北京大学中国政治学研究中心教授、学术委员会
主任

组织委员会

主　任：过勇，清华大学廉政与治理研究中心主任、公共管理学院
教授

副主任：宋伟，北京科技大学廉政研究中心主任、教授

致　谢

党的十八大以来，党中央把全面从严治党纳入"四个全面"战略布局，以前所未有的勇气和定力推进党风廉政建设和反腐败斗争，探索出依靠党的自我革命跳出历史周期率的成功路径。在这一过程中，党政机关、企事业单位和社会组织等积极发起各类廉洁创新项目，有的已经发挥了一定示范引领作用。为深入挖掘并系统提炼这些廉洁创新实践经验，推动先进经验的推广与应用，我们在 2018 年组织发起"中国廉洁创新奖"评选活动，至今已成功举办两届。呈现在读者面前的这本《廉洁创新的中国实践》，系统剖析了 2020 年第二届"中国廉洁创新奖"19 个获奖项目，代表了党的十八大以来特别是十九大以来我国地方廉洁创新实践的最新成果。

我们要衷心感谢中央纪委国家监委等中央国家机关相关领导对第二届"中国廉洁创新奖"评选活动及本书编撰工作给予的关心、帮助和指导，衷心感谢国家能源集团对评选活动给予的大力支持。同时，国内廉政学界相当一部分有影响力的学者和一批生力军，也都怀着推动理论和实践创新的责任感和使命感，投身到评选活动的相关环节中。新闻界也给予了热情关注和追踪采访，发表了一系列有分量的报道，在此一并表示感谢。

我们要感谢参加首轮评审的专家，他们是北京体育大学陈世阳副教授，国家能源集团纪检监察组副组长陈翌爽，北京航空航天大学杜治洲教授，重庆师范大学付晓容教授，深圳大学谷志军副教授，北京市西城区纪委副书记、监委副主任郝明，浙江水利水电学院胡大伟教授，浙江共产党员杂志社副总编辑胡丹，廉政瞭望杂志社总编辑胡桂林，企业内部控制协会副会长贾治尧，东北师范大学李红权教授，西安交通大学李景平教授，中国政法大学李莉副教授，南昌大学廖晓明教授，广西师范大学林春逸教授，吉林农业大学刘双山教授，广州大学刘雪明教授，西北政法大学罗新远教授，中国人民大学毛昭晖教授，青岛大学曲新英教授，上海师范大学商红日教授，河北工业大学商植桐教授，内蒙古大学孙凯民教授，西南交通大学田雪梅教授，江苏省委党校王世谊教授，检察日报社新闻中心主任王治国，江苏省睢宁县委副书记徐军，厦门大学徐雅芬教授，江南大学徐玉生教授，天津大学闫东玲副教授，西安文理学院杨永庚教授，北京联合大学张文杰研究员，中国科学技术大学张增田教授，长春师范大学朱明仕教授，北京大学庄德水副教授等。

我们要感谢参加最终评审的专家，他们是国家能源集团党组成员、纪检监察组组长卞宝驰，中国政法大学副校长常保国教授，香港城市大学公婷教授，福建省委巡视六组组长、正厅级巡视专员李成荣，奇安信科技集团副总裁李虎，中央纪委研究室原主任、中国纪检监察学院李雪勤教授，中国企业反舞弊联盟轮值主席、顺丰集团内审部负责人刘国华，华南师范大学倪星教授，纽约市立大学孙雁教授，检察日报社副总编辑魏星，人民日报社政治文化部主任温红彦，中央纪委国家监委信息化中心副主任肖云祥等。

我们也要感谢参加颁奖典礼的领导和专家，他们是十三届全国人大监察和司法委员会主任委员、中央纪委原副书记吴玉良，中央纪委原副局级纪检员、监察专员邵景均，司法部国际合作局副局长张晓鸣，中共中央党校（国家行政学院）报刊社副社长焦利，中国政法大学王建芹教授等。

我们还要感谢所有积极参加申报的党政机关、企事业单位和社会组织等单位及相关领导。由于篇幅所限，我们难以在此列出这份长长的名单，但他们推动廉洁创新的热情和责任感，以及持续不断的探索和努力，令我们备受感动也倍感振奋。特别是第二届"中国廉洁创新奖"6家获奖单位和13家提名奖获奖单位领导，分别对案例报告细节进行了核对，并提出了中肯的意见和建议，从而确保了本书内容的真实性和时效性。

最后需要感谢的是组织委员会和评选委员会的全体工作人员，他们为评选活动的顺利推进和案例的后续推广承担了大量细致的工作。评选委员会副主任何增科教授对具体评选工作进行了悉心指导，组织委员会副主任宋伟教授负责日常大量的统筹协调工作，组织委员会办公室陈升博士后承担了具体的协调联络、申报材料汇编、文稿起草和书稿编辑等工作，潘春玲老师、安家好老师承担了具体的会务协调等工作，评选委员会办公室彭舒新老师承担了专家联络及相关会务工作，冯旭同学承担了书稿的复核工作，崔瑜博士后、刘懿博士后、韩祥宇博士以及董昊、陈梦妮、朱海雯、扎西德吉等同学参与了具体的会务工作，李莉老师、李松锋老师、牛朝辉老师、周磊老师、李论博士、范舒瑞博士、刁兆杰博士、吴昌杰博士、张靖宇博士、张译文博士以及刘梦滢、吴彼伦、崔亮、秦萌、刘琨、韩玉川等同学，分别承担了部分案例撰写工作。出版社王玉霞老师为本书出版提供了许多具体帮助，在此也向她表示诚挚的谢意。

尽管我们付出了极大努力，但由于出版时间较为仓促，本书难免会有疏漏之处。同时，由于各地廉洁创新动力之强、进展之快，令人目不暇接，也难免存在一些遗珠之憾。恳请广大读者朋友不吝赐教，共同挖掘廉洁创新案例，提炼廉洁创新经验，讲好廉洁创新故事，推进中国廉洁创新！

编　者

2022 年 1 月 21 日

图书在版编目（CIP）数据

廉洁创新的中国实践. 第二届"中国廉洁创新奖"获
奖案例集／过勇，任建明，何增科主编. --北京：社
会科学文献出版社，2022.2（2024.12 重印）
　ISBN 978 - 7 - 5201 - 9822 - 6

　Ⅰ.①廉…　Ⅱ.①过…②任…③何…　Ⅲ.①廉政建
设 - 案例 - 中国　Ⅳ.①D630.9

　中国版本图书馆 CIP 数据核字（2022）第 034164 号

廉洁创新的中国实践

—— 第二届"中国廉洁创新奖"获奖案例集

主　　编／过　勇　任建明　何增科

出 版 人／冀祥德
责任编辑／王玉霞
责任印制／王京美

出　　版／社会科学文献出版社（010）59367143
　　　　　　地址：北京市北三环中路甲 29 号院华龙大厦　邮编：100029
　　　　　　网址：www. ssap. com. cn
发　　行／社会科学文献出版社（010）59367028
印　　装／唐山玺诚印务有限公司

规　　格／开　本：787mm × 1092mm　1/16
　　　　　　印　张：18.25　字　数：277 千字
版　　次／2022 年 2 月第 1 版　2024 年 12 月第 2 次印刷
书　　号／ISBN 978 - 7 - 5201 - 9822 - 6
定　　价／88.00 元

读者服务电话：4008918866